Lore Pfeiffer-Wentzel

»Ein recht mutiges Herz«

Lore Pfeiffer-Wentzel

»Ein recht mutiges Herz«

Mein Leben zwischen Willkür und Glück

mitteldeutscher verlag

Dieses Buch widme ich zwei Menschen, dem Oberamtmann Carl Wentzel, meinem Schwiegervater, und Rudolf Pfeiffer, meinem geliebten und leider viel zu früh verstorbenen Ehemann, zum Gedächtnis.

Inhalt

»Carl Wentzel, seine Person und sein Schicksal nehmen in meinem Rückblick einen bedeutenden Platz ein.«
Prolog 9

»Ich habe eine wunderbare Familie gehabt.«
Meine Kindheit 11

»Ich hatte schon immer den Hang Gutes zu tun.«
Meine Jugendzeit 26

»Ich wollte den unglücklichen Mann glücklich machen.«
Die erste Begegnung mit Carl-Friedrich Wentzel 41

»Über die Stränge zu schlagen war normal und wurde nachgesehen.«
Der Mensch Carl-Friedrich Wentzel und sein Pflegebruder Dieter von Kietzell 51

»Sein Vater hatte ihm gesagt: Die würde ich auch heiraten.«
Gemeinsam mit Carl-Friedrich Wentzel 54

»Doch ich wollte mehr tun, als die klassischen Aufgaben für eine Gutsfrau vorsahen.«
Unser gemeinsames Leben auf Schloss Schochwitz 62

»Das Besondere der Wentzelschen Landwirtschaft lag aber doch in ihrer konsequenten Verknüpfung mit den vor- und nachgelagerten Industrie- und Handelsbereichen.«
Die Unternehmen C. Wentzel/Teutschenthal & J. G. Boltze/Salzmünde 74

»Tatsächlich haben die beiden immer zueinandergestanden.«
Meine Schwiegereltern Carl und Ella Wentzel 81

»Zweifel, der Aufgabe nicht gewachsen zu sein, hatte ich nicht.«
Meine Arbeit in Fienstedt 93

»Was wir damals nicht wussten, war, dass Ludolf von Alvensleben einen abgrundtiefen Hass auf meinen Schwiegervater hegte.«
Unser Rauswurf aus Schochwitz 98

»Die Welt draußen hatte uns recht hart eingeholt.«
In Salzmünde 103

»Carl Wentzel hatte mir selbst gesagt, dass er einen Mord an Hitler nicht befürworten würde.«
Die Verhaftung von Carl Wentzel 112

»Es ist mir nicht gegeben, in Situationen, die meiner Überzeugung nach Handeln erfordern, untätig zu sein.«
Eine ungewisse Zeit 122

»Jeder schloss seine Gefühle in sein Herz ein, denn es war uns kaum möglich, das Unfassbare in Worte zu fassen und auf das Warum? gab es sowieso keine Antwort.«
Nach der Hinrichtung und Versuch einer Erklärung 141

»Sie zeigte kein Selbstmitleid. Sie klagte nie, auch jetzt nicht. Sie war ganz Dame.«
Ella kehrt zurück 157

»Endlich durften wir einen Nachruf für Carl Wentzel formulieren.«
Mit den Amerikanern kam die Freiheit 162

»Ich wusste sehr wohl, dass wir in den Augen der Kommunisten als Gutsbesitzer ein Eitergeschwür waren, das es zu entfernen galt.«
Die sowjetische Besatzung 167

»Ich hatte in meinem Haus nichts mehr zu sagen, sollte es in einer Stunde verlassen. Hausherren waren jetzt andere.«
Mein Rauswurf aus Boltzenhöhe 177

»Es gibt Momente im Leben, da fühlt sich der Mensch ganz klein und allein.«
Wieder in Halle 181

»... lassen Sie meinen Mann frei und nehmen Sie mich.«
Carl-Friedrichs Freilassung 189

»Nah an unseren Ohren rieb sich Metall auf Metall und das Knirschen und Knallen, das Rütteln, ist mir unvergesslich.«
Unsere Flucht 197

»Und dann geschah das für mich Unfassbare.«
Ein anderes Leben in Kringwehrum 203

»Das Geschäft florierte, ich war angesehen, selbstständig und vor allem: Ich konnte wieder lachen.«
Ein neues Leben in Düsseldorf 220

»Wenn ich heute nach Teutschenthal komme, ist es für mich, wie nach Hause zu kommen.«
Epilog 230

Anmerkungen 236
Quellen 238
Dokumente 239
Die Autorin 261
Danksagung 263

»Carl Wentzel, seine Person und sein Schicksal nehmen in meinem Rückblick einen bedeutenden Platz ein.«

Prolog

Erinnerung, das meint Vergangenheit und Vergangenes. Etwas, das war, nicht, das ist. Sicherlich ist das richtig, doch in mir ist das Erlebte ganz real präsent und auch Teil meiner Gegenwart. Die Vergangenheit lässt mich nicht los, und ich möchte sie auch nicht loslassen. Sie ist für mich ein Grund, meine ganz persönlichen Erinnerungen aufzuschreiben. Das vorliegende Buch ist mein Blick in die Geschichte, und es beinhaltet mehr als die Aneinanderreihung von Episoden, die ich erlebt habe und an die ich mich mehr oder weniger gut erinnere. Es enthält mein Schicksal.

Ich war massiv betroffen von den Schrecken zweier Diktaturen, der Naziherrschaft sowie dem anschließenden »Kommunismus« in der damaligen Ostzone, der späteren Deutschen Demokratischen Republik. Die Bitternis dieser Zeit und der Strudel der politischen Ereignisse ließen mir selten eine Wahl in meinem Tun. Es war eine Zeit, in der ich ohnmächtig dem Geschehen gegenüber immer versuchte, meinen ethischen und moralischen Grundsätzen nach das Richtige zu tun. Die Wucht und Unmittelbarkeit der Schreckensherrschaft, die Gewalt, dazu die menschliche Enttäuschung waren kaum vereinbar mit meiner vielleicht zu ehrlichen Weltsicht, die sicherlich in meiner Jugend begründet war. Dabei habe ich eins der elementarsten menschlichen Gefühle kennengelernt: Die Angst. Angst um geliebte Mitmenschen, Angst um das eigene Leben, Angst um die Zukunft. Aber auch die Freude und, ohne klischeehaft sein zu wollen, den starken Zusammenhalt der Familie, ein selbstloses Füreinandereinstehen, das mir Stärke gab.

Ich schildere meine Kindheit, meine Jugendjahre in Halle, berichte über mein Leben als junge Erwachsene und meine erste Ehe mit Carl-Friedrich Wentzel, den ich als Zwanzigjährige heiratete sowie deren Ende Jahre später. Die Begegnung mit meinen Schwiegereltern Ella und Carl Wentzel hat mich bis heute nicht losgelassen. Eine besondere Rolle nahm und nimmt mein Schwiegervater Oberamtmann Carl Wentzel ein, der mich in seiner Persönlichkeit stark beeindruckte, mir sehr viel bedeutete und dem ich versuchte, in seiner schweren Zeit der Gefangenschaft und vor dem Volksgerichtshof – mit dem schreckensherrschaftlich agierenden, unsäglichen Richter Roland Freisler – bis zu seiner Hinrichtung im Zusammenhang mit dem 20. Juli 1944, dem Datum des Attentats auf Adolf Hitler, trotz aller Widrigkeiten beizustehen. Carl Wentzel, seine Person und sein Schicksal nehmen in meinem Rückblick einen bedeutenden Platz ein. Für mich gibt es noch einen weiteren, sehr wichtigen Beweggrund, meine Erinnerungen in Worte zu fassen: Die Geschichtsschreibung hat sich diesem bedeutenden Mann wenig gewidmet. Die DDR wollte sie nicht kennen, die Helden und Opfer des Faschismus, besonders wenn sie namhaft und kritischen Geistes vorausschauend waren. Mit meinem Rückblick möchte ich das Gedenken an ihn neu stärken, denn noch heute bin ich dem Leben dafür dankbar, einen solch außergewöhnlichen Menschen kennengelernt zu haben.

Das Erlebte und Durchstandene in meinen Jugendjahren und als junge Erwachsene haben mich geprägt, doch nicht zerbrochen. Denn auch dies möchte ich mitteilen: Was ein junger Mensch, in dem Gefühl des Alleinseins und größter Einsamkeit aushalten und überwinden muss – und auch kann, wenn er will.

Lore Pfeiffer, im 90. Lebensjahr

»Ich habe eine wunderbare Familie gehabt.«

Meine Kindheit

Friedlich war sie nicht, die Zeit, in die ich hinein geboren wurde. Mein Geburtsjahr 1920 war geprägt durch die herrschende Unstetigkeit und die Unzufriedenheit mit der gebotenen Politik. Der Erste Weltkrieg lag erst wenige Jahre zurück, verloren vom Deutschen Reich. Die wirtschaftlichen wie gesellschaftspolitischen Folgen dieses Krieges beschäftigten die Menschen in hohem Maße, da sie einen jeden unmittelbar betrafen. Die erheblichen Auseinandersetzungen hinsichtlich einer notwendigen gesellschaftlichen wie politischen Neuorientierung basierten nicht wie selbstverständlich auf einer toleranten und freiheitlichen Grundlage, vielmehr wurde vor dem Einsatz von Gewalt nicht zurückgeschreckt. Die Bürger »bekriegten« sich durchaus. Im Nachhinein erscheint mir dies alles wie ein Omen für mein eigenes Leben, denn meine ersten drei Lebensjahrzehnte sind von der jeweils herrschenden Politik – in der Weimarer Republik mit ihrem Ende, im Dritten Reich mit dem Zweiten Weltkrieg und in der Zeit des aufkommenden »Kommunismus« in Mitteldeutschland – im höchsten Maße bestimmt worden.

In Halle an der Saale, meiner Geburtsstadt, gestaltete sich das tägliche Leben keinesfalls sicher und ruhig. Ein wild um sich schießender Mob hauste fürchterlich und es war ein Risiko für Leib und Leben, sich auf die Straßen zu begeben. Wer dieser Mob war? Nun, das hing davon ab, wie das jeweilige Lager politisch orientiert war. Der rechtsradikale Kapp-Putsch im März 1920 und der anschließende Aufstand der Linken versetzten die Stadt in einen Belagerungszustand. Regelrechte Straßenschlachten mit vielen Toten und Verletzten fanden statt. Mitteldeutschland – und damit auch mein Heimatgebiet – war eine Hochburg der Linken, zu denen die Sozialisten und die Kommunisten zählten. Diese linksgerichteten Lager standen sich jedoch konkurrierend gegenüber. Das rechte Lager konnte ebenfalls als extrem bezeichnet werden, die bürgerliche Mitte galt dagegen als schwach.

Ich weiß von dieser frühen Zeit das, was mir erzählt worden ist, und ich möchte es auch nur so wiedergeben. Denn natürlich hatten die politischen Unruhen dieser Jahre einen erheblichen Einfluss auf das Privatleben meiner Familie. Mein Vater Max Petzhold war zu jener Zeit Assistenzarzt im städtischen Elisabethkrankenhaus. Durch die Unsicherheit jener Tage war es notwendig, ihn täglich mit dem Krankenwagen zur Arbeit zu bringen und nach seinem Dienst wieder zurück, da der Weg zu gefährlich war. Als besonders kritisch galt die Situation auf und um den Martinsberg, einer Erhöhung mitten in der Stadt. Meine Mutter, die mit mir schwanger ging, muss fürchterliche Ängste ausgestanden haben.

Meine Familie, das waren meine Mutter Trude, mein Vater Max, meine sieben Jahre ältere Schwester Lilo und meine Großmutter Agnes Peters. Mein Vater stammte aus Rathenow bei Berlin und studierte in Göttingen Jura und in Halle Medizin. Meine Eltern heirateten 1912 in Halle und entschieden sich, dort zu leben, denn die Stadt und die Umgebung gefielen ihnen. Besonders meine Mutter hatte die Hochzeit herbeigesehnt, denn sie hatte – durchaus mit persönlichem Kummer verbunden – auf diese Ehe lange warten müssen. Heute bin ich mir sicher, dass dieser Umstand mein Elternhaus erheblich mitbestimmte und mich mit prägte.

Um dieses zu verstehen, sollte die Vorgeschichte meiner Eltern bekannt sein: Mein Großvater mütterlicherseits, Otto Peters, übte den Beruf des Rechtsanwaltes aus, bevor er recht früh an Diabetes verstarb. Meine Großtante Sophie, die Schwester meiner Großmutter Peters, war mit dem Notar Gustav Wernicke verheiratet, der ein Notariat und eine Rechtsanwaltskanzlei in Anklam bei Berlin unterhielt. Nun sollte laut Familienplanung der von Trude Peters auserwählte Mann als Jurist dort eintreten und die Kanzlei übernehmen.

Mein Vater willigte wohl ein und begann das Jurastudium. Die Gegebenheiten erschienen zu perfekt, um es nicht zu tun. Allein, die Rechtswissenschaft lag ihm nicht. Es dauerte Jahre bis bei allen Beteiligten die Einsicht reifte, dass Max Petzhold nie ein Jurist werden würde – denn er fiel zweimal durch das entsprechende Examen. Da mein Vater aus einem begüterten Hause stammte – seine Eltern Anna und Max Petzhold besaßen einen Fleischgroßhandel – wurde eine weitere Ausbildung möglich. Ein anschließend von ihm aufgenommenes Medizinstudium absolvierte und beendete er bravourös. Die Medizin lag ihm einfach, er war dazu berufen. Jedoch – zehn lange Jahre musste Trude Peters sich gedulden und auf die Ehe mit ihrem Max warten.

Großmutter Peters unterstützte die bei ihr lebende Tochter, wo immer möglich. Ihr »Trudchen«, wie sie sie herzlich nannte, war ihr Leben, und sie verwöhnte und tröstete ihr Kind. Bedingt durch die lange Wartezeit und eine fehlende Aufgabe während all dieser Jahre und das gut gemeinten Behüten und Verzärteln vonseiten meiner Großmutter entwickelte die junge Trude Peters jedoch einen eigenen, kapriziösen Lebensstil. Sie liebte das lange Schlafen in den Tag hinein, um am Abend das Leben in Gesellschaft zu genießen. Der Abend war ihre Zeit, am Abend waren die Stunden ihres Auftritts. Dann war das temperamentvolle Fräulein Peters aus Stendal fröhlich und liebreizend, lustig und hübsch. Ihr wurde quasi jeder Wunsch erfüllt und sie verstand es, ihren Willen durchzusetzen. Dass mein Vater die Juraexamen nicht bestand, muss von meiner Mutter als persönliche Tragödie empfunden worden sein. Sie selbst besaß zwar den höchstmöglichen schulischen Bildungsgrad, doch als Frau war an ein Weiterlernen oder an ein Studium nicht zu denken. Die jungen Damen erlernten die Haushaltsführung und bereiteten sich auf ein Leben als Gattin und Mutter vor. Und genau auf dieses Leben musste Trude Peters warten. Zehn lange Jahre.

Meine Eltern waren sehr verliebt ineinander, doch wie es damals gemäß ihrem gesellschaftlichen, gehobenen bürgerlichen Stand üblich war, durften sie sich erst verloben, wenn die berufliche Zukunft des angehenden Gatten gesichert war. Und dies war erst mit dem Bestehen des Examens gegeben. Eine Regel mit durchaus weitreichenden Konsequenzen, denn so lange sich die beiden nicht versprochen waren, durften sie kaum frei miteinander umgehen. Geduld und Anstand wurden erwartet, und beispielsweise galt es als unschicklich, einen Brief mit den vielleicht heißesten Liebesbeteuerungen und Vertraulichkeiten verschlossen zu schicken. Einzig offene Karten, für jedermann lesbar, waren möglich. Ich kann mich gut an die dicken Alben erinnern, in denen meine Mutter hunderte Postkarten von ihrem Max verwahrte.

Nach dem ersten Examen hätten sich die beiden verloben können, nach dem zweiten Examen heiraten. Als jedoch auch beim zweiten Anlauf die Prüfung von meinem Vater Max nicht bestanden wurde, musste das hoffnungsfroh zum glücklichen Einsatz vorbereitete Verlobungskleid wiederum ungenutzt im Schrank weggeschlossen werden. Meine Mutter war darüber verzweifelt und es frustrierte sie so sehr, dass sie einen Nervenzusammenbruch erlitt und ein Aufenthalt in einem Sanatorium zur Entspannung nötig wurde. Trude Peters hat sich allerdings nie von meinem Vater abgewandt, Max Petzhold ging ihr über alles. Wie sich bei all dem mein Vater gefühlt hat, vermag ich nicht zu sagen, vermutlich wird es auch ihn heftig erschüttert haben. Die Juristerei lag ihm einfach nicht, doch wurde er ein wunderbarer Arzt.

Im Jahre 1913 kam meine Schwester Lilo, Liselotte, auf die Welt, jedoch hat man den jung Vermählten ein trautes Glück nicht lange gewährt. 1914 wurde mein Vater zum Militär eingezogen, denn der Erste Weltkrieg begann, und das Paar erneut getrennt. Meine Mutter lebte allerdings nicht lange allein mit dem Baby. Meine Großmutter zog kurz entschlossen von Stendal zu ihr nach Halle, denn auch ihr Sohn und Bruder meiner Mutter musste in den Krieg – und er gehörte zu denen, die nicht zurückkamen. Die beiden Frauen lebten gemeinsam mit dem Kleinkind Lilo und natürlich war es ein reiner Frauenhaushalt. Wieder ohne Mann, wie all die Jahre vorher. Und doch war es in dieser Zeit die beste Entscheidung, immerhin dauerte dieser Weltkrieg bis 1918. Die Lebensumstände der Frauen waren allerdings sehr gut, an Geld mangelte es nicht. Ein Dienstmädchen übernahm die Hausarbeit, sodass meine Mutter auch hier keine Aufgabe selbst erledigen musste. Was meine Mutter allerdings mit der vielen freien Zeit machte, weiß ich nicht.

1918 kehrte mein Vater aus dem Krieg heim. Er war als Arzt eingesetzt und wer weiß, was er alles gesehen und durchlitten hat. Uns Kindern gegenüber hat er nie darüber gesprochen. Wieder zu Hause übernahm er die Stelle eines Assistenzarztes im Elisabethkrankenhaus und hatte doch den Wunsch, sich eines Tages mit einer eigenen Arztpraxis selbstständig zu machen. Als ich mich dann ankündigte wurde die vorherige Wohnung mit Bedauern aufgegeben. Sie lag in der Villengegend nahe der Pauluskirche und dort war es wirklich wunderschön, allein: Die Wohnung wurde zu klein und meine Familie zog in die Geiststraße.

Ich habe eine wunderbare Familie gehabt. 1928, ich war gerade acht Jahre alt, zogen wir in der Geiststraße in unser Nachbarhaus um, weil wir dort die erste und zweite Etage mieten konnten. Wir hatten nun nicht allein eine wahrlich große Wohnung; vielmehr konnte mein Vater die erwünschte eigene Arztpraxis dort einrichten, denn er hatte mittlerweile als Oberarzt den Dienst im Krankenhaus quittiert.

Unsere Wohnung war eine sogenannte »Berliner Wohnung« mit einem langen Flur, von dem die Zimmer abgingen. Zuerst kam das Zimmer von meiner Schwester und mir, dann das Esszimmer, das Herrenzimmer, ein Badezimmer und das Dienstmädchenzimmer, die Toilette und die Küche. Im hinteren Teil der Wohnung gab es noch drei weitere große Räume, wo meine Eltern schliefen und sich der private Bereich von Großmutter Peters befand. Nach hinten heraus hatten wir einen herrlichen Garten, in dem wir uns im Sommer ständig aufhielten und unsere Besucher und Gäste empfingen. Gefeiert haben wir dort und nachts wurden Lichter angezündet. Einer meiner Lieblingsplätze war hoch oben im Fliederbaum, auf den ich kletterte, denn von dort konnte ich über die Mauer auf einen Spielplatz und auf eine Turnhalle gucken, wo wir Kinder uns vergnügen konnten.

Zu Hause beschäftigten meine Eltern Personal. Da waren der Diener Alfred und das Mädchen Frieda, die die Hausarbeit erledigte und auch kochte. Nach der Schule, wenn ich heimkam, erwartete mich immer ein bestens zubereitetes Essen. Wenn ich es mir genau überlege, war Alfred wohl seinem eigenen Geschlecht zugetan, denn er saß abends immer mit Frieda zusammen und handarbeitete. Ganz gemütlich saßen sie in der Küche am Kachelofen, häkelten und strickten. Um elf Uhr abends kam Alfred immer noch einmal zu meinen Eltern und fragte, ob der Herr Doktor noch einen Wunsch hätte. Danach ging er schlafen. Sein Schlafraum war in der ersten, der von Frieda in der zweiten Etage.

Auf die Volksschule ging ich natürlich nicht, sondern auf die Privatschule von Alice Scheele in der Henriettenstraße. Ich hatte dort viele Freundinnen und auf die öffentliche Hermannschule schauten wir schon einmal hochnäsig herab. Selbstverständlich gingen wir nach der Grundschule gemeinsam auf das Lyzeum, wo die gehobene Mittelschicht ihre Kinder zur Erlangung der Reife hinschickte.

Als Kind kannte ich keine Langeweile, in den freien Nachmittagsstunden hatte ich immer etwas vor. Weil ich zu Hause ja quasi alleine war, bin ich zum Spielen häufig zu meiner Freundin Ingeborg Hartmann gegangen. Die Familie besaß eine große Farbenfabrik in Ammendorf, wo viel Industrie angesiedelt war, und der freundliche Herr Hartmann wurde auch der Farben-Hartmann genannt. Mit fünf Kindern lebte die Familie in einer schönen Villa in Halle in der Straße Am Neuwerk 18. Die Straße verlief direkt am Ufer der Saale und passte sich den Wendungen und Windungen des Flusses an. Es war eine prädestinierte Umgebung, sodass dort ausschließlich Villen standen. Hartmanns gegenüber wohnte der Onkel meiner Freundin Inge, der Konsul Walter Hartmann. Neben ihm wohnte die Familie Weise in einem imposanten Gebäude. Die Familie besaß eine bedeutende Pumpenfabrik und Herr Weise wurde auch der Pumpen-Weise genannt. Meine Freundin Inge sollte Jahre später in diese Familie einheiraten. Diese Straße Neuwerk war eine bevorzugte Wohngegend. Heimlich bewunderte ich die Villa des Bankiers Lehmann vom Bankhaus Lehmann, das in Halle eine herausragende Stellung einnahm. Sie wirkte auf mich wie ein großes Schloss und mir gefiel die Bauweise, die so anders war. Üblich war in der Gegend das Verputzen der Fassaden mit einem farbigen

Anstrich. Die Lehmann-Villa hingegen zeichnete sich durch die Verwendung hellgrauer Klinkersteine aus und erhielt dadurch eine schlossähnliche Anmutung, wozu natürlich auch ihre enorme Größe beitrug. Diese Villen stehen heute noch und beherbergen inzwischen mehr Institutionen als private Familien. Nicht weit davon entfernt hatten die meisten Studentencorps ihre »Häuser«. Es war wirklich eine vornehme Gegend. Im Hause der Hartmanns fühlte ich mich sehr wohl, aß auch zu Abend und verließ die Familie erst, wenn Alfred mich abholte. Frau Hartmann war über meine Anwesenheit durchaus glücklich, denn ich war in der Lage, die Kinderschar ruhig zu halten. Sicherlich lag das schlichtweg daran, dass ich mit den jüngeren Kindern spielte.

Leider sind wir als Familie nur selten in Urlaub gefahren. Meist nach Bad Soden, denn dort musste ich, weil ich viel Last mit den Ohren und der Nase hatte, kuren. Als meine Schwester mit zunehmendem Alter eine andere Gesellschaft suchte, hörten die gemeinsamen Reisen jedoch auf. Dies lag an meiner Mutter, die sich scheute, lange in einem Gefährt wie einem Auto zu sitzen. Der Grund für diese Abneigung war ein traumatisches Ereignis. Sie war einmal einer Straßenbahn nachgelaufen, wollte noch aufspringen, blieb dabei unglücklich hängen und musste sich außen auf dem Trittbrett halten, während die Straßenbahn fuhr. Sie erlebte eine Situation größter Hilflosigkeit. Die Bahn hielt zwar an der nächsten Station an und sie konnte einsteigen, doch hat dieses Erlebnis sie nie wieder losgelassen und sie hatte Angst vor dem Fahren. Die Erwachsenen konnten diesen Zustand der Unruhe durchaus verstehen, wir Kinder jedoch nicht. Wenn wir in unserem Auto fuhren, durfte unser Fahrer nie schneller fahren als vielleicht 40 oder 50 Stundenkilometer. »Sie fahren zu schnell« war das Häufigste, was meine Mutter sagte. Angst überfiel sie und diese hat sich mit all den

Jahren kaum gelegt, im Gegenteil, sie weitete sich noch aus, beispielsweise ging meine Mutter nur ins Theater, wenn sie einen Außenplatz in der Zuschauerreihe hatte. Wir Kinder amüsierten uns zwar darüber, doch machte es kein Vergnügen, eine längere Fahrt anzutreten. Tatsächlich hatten wir kein Verständnis, da unsere Mutter so weit ging, selbst das Zugfahren zu meiden.

In dieser Zeit nahm mich die Familie Hartmann als sechstes Kind mit in die Ferien. Der Ort Binz auf Rügen war ein beliebtes Ziel, wo sie sich in eine Pension einmieteten. Ich weiß noch, dass ein großer Wagen, ein Maybach, und ein Fahrer, ganz in Weiß gekleidet, uns dorthin fuhren. In der Pension hatten die Älteren wie die Jüngeren jeweils ein Zimmer. Ein Mädchen vom Personal war ebenfalls dabei. Ich denke schon, dass sich Familie Hartmann auch ein Hotel hätte leisten können, doch das machte sie nicht. Das entsprach nicht ihrer Grundeinstellung, die sich bei aller Bürgerlichkeit durch eine wohltuende Bescheidenheit auszeichnete. Die Zimmer der Pension waren ausgesucht schön und besonders gerne erinnere ich mich an die gemeinsamen Frühstücke im Wintergarten.

Unser Familienleben war sehr innig und meine Kindheit wäre für mich sehr glücklich gewesen, wenn meine Mutter nicht so schwierig gewesen wäre. Aber vielleicht muss ich es verstehen: Ihre Erlebnisse, die lange Wartezeit auf ihren Mann und die Erziehung hatten einen starken Einfluss auf sie ausgeübt. Dabei war sie eine wundervolle Frau, immer eine exzellente Gesellschafterin und Gastgeberin, einfach perfekt im gesellschaftlichen Auftritt. Von ihr habe ich diesbezüglich vieles gelernt. Leider zeigte sie ihren Sinn für Gemeinschaft und ihre Herzlichkeit ausschließlich in den Abendstunden, dann war sie wunderbar. Tagsüber lebte sie mehr für sich. Merkwürdigerweise hat sie es nicht geschafft, mit dem Eheleben ihren eigenen Tagesrhythmus zu ändern. Sie verschlief den Vormittag und wenn sie aufwachte, gab sie sich schwach und kränklich. Endlich aufgestanden ließ sie sich von Frau Else Künitz, der Friseuse, frisieren und tauschte den neuesten Klatsch mit ihr aus. Else Künitz gehörte zu den Friseusen, die damals noch von Haus zu Haus gingen und die Damen morgens frisierten. Somit kannte sie sich bestens im aktuellen Klatsch der Gemeinde aus. Als ich noch kleiner war, bin ich häufig in das leere Bett meiner Mutter gekrochen und habe zugesehen, wie sie sich für den Tag zurechtmachte. Sie war eine gut aussehende Frau, doch – wie in meiner Erinnerung fast alle Frauen damals – sehr beleibt. Wenn ich es mir genau überlege – jetzt und später waren wahrlich imposante Frauen um mich herum; meine Mutter, meine Großtante Sophie, auch meine Großmutter waren keinesfalls zierlich. Großmutti, wie wir sie immer nannten, trug zudem immer lange schwarze Kleidung mit einem hohen Halskragen. Meine Großmutter Peters war unglaublich lieb, anders kann ich sie nicht beschreiben. Sie gab Lilo und mir Wärme und verstand uns mit unseren Kindersorgen. Fast jeden Nachmittag trafen wir uns bei ihr. In ihrem Zimmer stand ein großer Esstisch und alles war sehr gemütlich. Unser Mädchen Frieda brachte uns dann Kaffee und Kuchen und eine herzliche Atmosphäre beherrschte die Runde. Selbst meine Mutter kam öfter hinzu, doch meine Großmutter war mir die Liebste, war mir einfach näher, denn anders als meine Mutter war sie für mich da. Leider verstarb sie im Jahre 1935 mit 85 Jahren.

Meine Mutter war mir wenig nahe, weil sie anders lebte. Sicherlich kam es vor, dass sie mal mit mir zum Konditor ging und mir etwas Leckeres schenkte, auch ging sie mit Lilo und mir unsere Kleidung in dem angesehenen Fachgeschäft Huth einkaufen. Das Bekleidungshaus Huth war ein großes mehrstöckiges Gebäude, wo alle Wünsche erfüllt wurden, von Strümpfen bis zum Abendkleid. Da der Inhaber Herr Huth Jude war, wurde es später, wie es hieß, arisiert und Herr Huth musste unbemerkt fliehen. Doch das erfuhr man mehr hinter vorgehaltener Hand. Mein Vater wusste um diesen Umstand, da er seit Jahren regelmäßig als Betriebsarzt das Unternehmen Huth betreute. Ähnlich ging es der Familie Lewin gegenüber, die am Marktplatz ebenfalls ein Kaufhaus betrieb.

Meiner Mutter waren diese Einkäufe nicht zu viel, aber eigentlich auch schon alles, was sie mit uns unternahm. Jedoch, die Kindergeburtstage wurden gefeiert. Und wie. Denn feiern, das konnte sie, und alles wurde für uns gemacht. So auch zu Weihnachten, da war sie kaum zu bändigen. Da wurde die große Tafel aufgebaut und alles, alles, was wir uns nur wünschen konnten, vorbereitet. Das war natürlich wunderbar für uns Kinder. Was hatten wir doch für ein geselliges Haus. Unser Gästebuch, das ich heute noch besitze, dokumentiert so manche Feier. Wir alle haben da hineingeschrieben. »Wir sind so schön unter uns. Heute Abend haben wir mit den Hasen (das waren Bekannte von meinen Eltern, Frau Hase war meine Patentante) einen wunderschönen Heiligen Abend verbracht. Wir wollen hoffen, dass wir noch oft so schöne Weihnacht mit Bescherung erleben dürfen.« Ich schrieb, ich war wohl gerade des Schreibens mächtig: »Ich bin auch noch auf, obwohl es zwei Uhr ist, ich freue mich zu sehr über die schönen Geschenke. Ich möchte gar nicht ins Bett gehen.« Poetischer verewigte sich meine Mutter: »Wein und Rosen lasst uns kosen …« Die Stimmung war immer bestens. Dazu hat sicherlich der Alkohol beigetragen, der zu diesen Anlässen genossen wurde. Nun denn – als Corpsbruder war mein Vater absolut trinkfest.

Es gibt Vorfälle im Leben, die sich jahrzehntelang mit einer Klarheit im Gedächtnis bewahren, als seien sie gestern gewesen. Einmal, ich muss ungefähr sechs Jahre alt gewesen sein, hatte ich mir einen Groschen aus der Küche stibitzt und mir davon ein Eis gekauft. Doch mein schlechtes Gewissen ließ mir keine Ruhe und ich versteckte mich mitsamt der Eistüte auf der Hintertreppe. Als ich in dem Moment von meiner Schwester gerufen wurde: »Lore, wo bist du?«, da habe ich die Eistüte weggeschmissen und fürchterlich geweint. Lilo suchte und fand mich in diesem verzweifelten Zustand. Schwestern können wenig zartfühlend sein, und Lilo war kaum anders. Tatsächlich sagte sie zu mir: »Das hast du von der Muttermilch, die hat ja auch gestohlen, deine Amme.« Damit traf sie mich bis ins Mark, und ich fühlte mich richtig schlecht. Hierzu muss man wissen, dass ich als Säugling von einer Amme genährt wurde, die selbst ein Kind hatte. Und dieser Frau wurde nachgesagt, dass sie stahl.

Trotzdem denke ich, dass das Verhältnis zwischen Lilo und mir damals nicht besser oder schlechter war als unter Geschwistern üblich. Sie war nun mal sieben Jahre älter und es ging ganz gut mit uns – bis Lilo in die Pubertät kam. Da wurde ihr die kleine Schwester lästig, die mit dem Rädchen hinter ihr herfuhr, wenn sie zu einem Treffen mit Gleichaltrigen ging, zum Beispiel zur Tanzstunde. Sie scheuchte mich regelrecht weg. »Fahr du wieder zurück, wir wollen dich hier nicht haben.« Natürlich fuhr ich, so angeherrscht, verbittert und schluchzend zurück.

So eine ältere Schwester kann schon recht ärgerlich sein. Sie war zwar lieb, wollte jedoch immer über mich bestimmen. Sicherlich neigte sie dazu, weil meine Mutter zum Erziehen ja quasi ausfiel. Immerhin war es meine Schwester, die mich bei vielen notwendigen Gängen begleitete – wie jenen zum Ohrenarzt. Ich litt häufig unter Ohrenschmerzen und mir wurden deshalb auch die Mandeln entfernt. Eigentlich war ich nicht kränklich, bis auf diese Sache mit den Ohren. Ich wollte mich nicht behandeln lassen, hatte panische Furcht vor dem Arzt, wenn er meine entzündeten Ohren untersuchte, denn das tat höllisch weh. Oft habe ich mich vor dem Eintritt in seine Praxis einfach im Hausflur auf die Erde geworfen und wollte nicht hinein. Lilo wusste manchmal nicht, wie sie mich überreden sollte. Das war auch nicht einfach für sie.

Von meiner Schwester regelmäßig von ihren Unternehmungen ausgeschlossen, fuhr ich eben zu meinen Freundinnen, meist zu Hartmanns. Mit meinem Fahrrad war ich mobil. Die ganze Gegend fuhr ich rauf und runter und war auf diesen Wegen meist allein. Allerdings hatte ich keine Angst, da ich gewohnt war, auf mich selbst gestellt zu sein. Auch bin ich viel herumgewandert, fast gestromert. Wenn ich heute daran denke, wie ich allein durch die Schlüppen, wie wir die kleinen Wege nannten, um das Gefängnis in Halle herumgegangen bin. Unheimlich. Die Gefangenen, die mich sahen, fingen an zu winken und ich winkte arglos zurück.

Max Petzhold war ein sehr, sehr gutherziger Mensch und zeigte seiner Frau nie Grenzen auf. Er fühlte sich auch wohl schuldig an ihrem Zustand, weil seine berufliche Karriere so unglücklich startete. Mein Vater liebte seine Frau, doch war er ein sehr beschäftigter Arzt. Abends, nachdem die Praxis geschlossen war, machte er noch Hausbesuche. Erst spät, so gegen neun oder zehn Uhr abends, kehrte er zurück. Mittags nach dem Essen gönnte er sich wohl eine kleine Pause und ruhte kurze Zeit auf einem Sofa, denn ab 15 Uhr musste er wieder bereit für die Sprechstunde sein. Alfred, unser Diener, war gleichzeitig sein Fahrer und half auch in der Praxis mit. Wenn die Patienten kamen, öffnete er ihnen die Tür und geleitete sie in das jeweilige Wartezimmer, denn damals gab es noch unterschiedliche Räume für die Privat- und die Kassenpatienten. Das war nichts Außergewöhnliches, das war normal und keiner nahm daran Anstoß. Das Sprechzimmer, in dem

Schwester Rita immer alles vorbereitet hatte, war für alle da. Mein Vater wurde gerne konsultiert, war er doch ein freundlicher und kompetenter Arzt, dem die Leute vertrauten. Selbst sonntags fuhr mein Vater zu seinen Patienten, manchmal nur zu Besuch, manchmal zur Behandlung. Weil er Allgemeinmediziner war, kam dies häufiger vor.

Jeder Patient hatte eine Karteikarte. Abends nahm er sich den Stapel aus der Praxis mit herauf und setzte sich gemütlich in den Sessel. Dann sah er die Karten der Privatpatienten durch und bestimmte die Höhe der Rechnungen. Dabei ging er sehr individuell vor. Ärmere Leute ohne Krankenversicherung bekamen auch schon einmal keine Rechnung.

Meine Heimatstadt Halle war gesellschaftlich betrachtet eine zweigeteilte Stadt. Links vom Markt, im Süden der Stadt, befand sich das Arbeiterviertel. Auf der anderen, nach Norden liegenden Seite zur Saale hin lebten die besser gestellten Bürger. Dort existierten die herrschaftlichen Häuser, gab es großzügige Gärten und die angesehenen Schulen. Uns Kindern war es keinesfalls erlaubt, in das Arbeiterviertel zu gehen. Eigentlich bedurfte es keines Verbotes, es wurde einfach nicht gemacht. Die Gegend südlich des Marktes war für uns tabu. Diesen Bereich kannte ich gar nicht, denn selbst das heimliche »mal gucken« kam nicht vor. Dort lebten die Menschen, die in den Werken der chemischen Großindustrie, bekannt unter den Namen Leuna und später auch Buna, südlich der Stadt Halle gelegen, ihren Lebensunterhalt verdienten. Eigentlich mussten diese Arbeiter ihr Viertel kaum verlassen. Die eingesetzten Züge brachten sie vom eigens gebauten Südbahnhof auf direktem Wege zu ihren Arbeitsstätten. Politisch waren diese Menschen links orientiert, denn die sozialistische und kommunistische Gesinnung wurde hoch gehalten und gelebt.

Doch zu meinem Vater in die Praxis kamen sie alle. Die Arbeiter wie auch die besser gestellten Bürger. Da ich natürlich das Kommen und Gehen in der Arztpraxis mitbekam, war für mich der Kontakt zur Arbeiterklasse absolut gegeben. Eigentlich empfand ich das Verhältnis als gar nicht so getrennt. Irgendwie hatte ich das Gefühl, dass die Welt durchaus ihre Ordnung hatte. Die Arbeiter kamen zu meinem Vater in die Praxis und er war der Herr Doktor und der andere war eben der Herr Müller oder wie sie auch immer hießen. Es herrschte ein beidseitiges Verständnis und mein Vater nannte so manchen Patienten beim Vornamen. Die Arbeiter akzeptierten weitgehend die Bessergestellten und Besitzenden. Neid oder Aggressivität habe ich als Kind bei meinen Kontakten zur Arbeiterklasse nicht bewusst erfahren. Ich spielte ganz selbstverständlich mit den Hausmeisterkindern draußen auf dem Hof. Natürlich bin ich mit ihnen hinaufgegangen in ihre Wohnung. Niemals dachten wir: Ach, dass sind ja nur die. Nein. Das gab es nicht. Wir bildeten durchaus eine Gemeinschaft. Doch die herrschende Armut vor allem unter den Arbeitslosen sah ich schon, sie wurde ja auch nicht verborgen.

Gegenüber meinem Elternhaus in der Geiststraße gab es einen Bäcker, bei dem im Hinterhof eine arme Familie lebte. Der Vater war arbeitslos, doch die Frau bekam ein Kind nach dem anderen. Der Familie stand praktisch nur eine Stube zur Verfügung. In dieser stand das Bett und an einer durch das Zimmer gezogenen Leine hingen die Windeln. Die Eltern hatten für ihre Kinder wirklich so wenige Paar Schuhe, dass immer nur drei Kinder in die Schule gehen konnten. Die sieben Kinder mussten sich mit dem Schuheanziehen abwechseln. Natürlich wurden wir häufig nach Essen gefragt. Es war eine Zeit, in der viel gebettelt wurde. Manchmal klingelten die Kinder einfach an der Tür, hielten die Hand auf oder fragten nach einer Stulle. Wir hatten immer einen großen braunen Steintopf mit Schmalz und Grieben in der Küche, also bin ich hingegangen und habe Schmalzschnitten geschmiert, so eine doppelte Stulle, wie wir in Halle sagten. Die gab ich dann den Kleinen, die bedankten sich artig und verschwanden.

Das war nicht außergewöhnlich, das war normal. Es gab einfach eine ärmere Bevölkerungsschicht. Die betroffenen Menschen hatten Hunger. Also gaben wir, sicherlich manches Mal genötigt, weil wir eine drohende Randale vermeiden wollten. Diese kamen häufiger vor und besonders unangenehm wurde es, wenn selbst dann vor der Tür randaliert wurde, wenn jemand willig im Haus nach einer entsprechenden Gabe suchte und nicht sofort zurückkam. Das fand ich schon sehr erschreckend. Die Häuser waren auf der Straßenseite mit Kreuzen und anderen Symbolen von und für die Bettelnden gekennzeichnet; hier gibt's was oder nicht, war daran zu erkennen.

»Ich hatte schon immer den Hang Gutes zu tun.«

Meine Jugendzeit

Die politische und wirtschaftliche Situation änderte sich für mich bemerkbar so ab 1931/32. Als Heranwachsende in meinem Elternhaus war ich doch gut behütet und von vielem unbehelligt. Die weltweite Wirtschaftskrise, die bereits 1929 mit dem Zusammenbruch der New Yorker Börse ihren Anfang nahm, weitete sich aus und verschonte auch Deutschland nicht. Der wirtschaftliche Abschwung ließ die Menschen verarmen, denn die Zahl der Arbeitslosen stieg dramatisch an. Natürlich hatte ich von all diesen Vorgängen nicht wirklich Ahnung, doch spürte ich schon eine steigende Unruhe unter der Bevölkerung und eine Aggression derer, die nichts oder wenig hatten, gegen die Verdienenden und Besitzenden. Plötzlich standen gut gekleidete Herren mit Hut auf den Straßen, die ein Schild mit der Aufschrift »Suche Arbeit, egal welche« trugen. Das hatte für mich schon etwas Erschreckendes. Die Verelendung so vieler Familien sah auch ich mit meinen jungen Augen.

Die Menschen, besonders die Hoffnungslosen unter ihnen, waren unzufrieden, murrten und begehrten auf. Die Politik der Weimarer Republik erwies sich als zu schwach, um positive Veränderungen herbeizuführen. Die friedliche Zeit war vorbei. Besonders in unserer Gegend bekam der kommunistische Gedanke wiederholt Auftrieb. Sicherlich waren die Entwicklungen und Vorkommnisse in Deutschland von Region zu Region unterschiedlich, doch die Stadt Halle und ihre Umgebung waren schon vor dem Ersten Weltkrieg ein Zentrum derjenigen mit politisch linksorientierter Gesinnung gewesen. Während der ökonomischen Krise der dreißiger Jahre schritt die linke Radikalisierung allerdings weiter fort und die Kommunistische Partei erhielt starken Zulauf. Die politische Mitte, die traditionell das Bürgertum vertrat, begegnete dem kommunistischen Gedanken mit einer Orientierung nach rechts und gab sich damit selbst schleichend auf. Eine fatale Entwicklung. Politische Vereinigungen wie der stark rechtsorientierte »Stahlhelm«, der sich für die deutschnationale Gesinnung vehement und radikal einsetzte, oder die Sturmabteilung SA der Nationalsozialisten wollten den stärker werdenden Linken keinesfalls die Macht überlassen. »Die Linken« – wurden sowohl die Sozialdemokraten als auch die Kommunisten bezeichnet. Sie wurden pauschal in einen »linken« Topf geworfen, dabei verfolgten diese Parteien unterschiedliche Interessen und vertraten verschiedene Ansichten. Sozialdemokratie meint nicht Kommunismus und umgekehrt. Das Schimpfwort »Kommunistenschweine« wurde vermehrt vernommen. Mit den Linken und Rechten existierten politische Extreme, die sich gegenseitig kaum anerkannten und sich auch nicht einigen konnten, wobei die politische Mitte verblasste. Selbst angesichts der herrschenden Krise waren die Parteien nicht in der Lage, sich auf einen Kompromiss zu verständigen. Die politischen Verhältnisse waren alles andere als stabil. In dieser Situation mischte sich verstärkt eine Farbe in das Straßenbild, die es vorher so nicht gab: die Farbe Braun.

Und wieder tobten Straßenschlachten in Halle, diesmal musste mir nicht darüber berichtet werden, ich erlebte sie in ihren Auswirkungen unmittelbar mit. Wie diese Schlägereien auch immer organisiert wurden, ob überhaupt oder ob alles mehr oder weniger zufällig geschah, vermag ich nicht zu sagen. Für mich sah es so aus, dass auf der einen Seite die Rechten mit dem »Stahlhelm« und die Sturmabteilung SA der Nationalsozialisten aufmarschierten und von der anderen Seite die Kommunisten kamen. Trafen diese Gruppen aufeinander, wurde mit Gummiknüppeln und anderem Gerät geprügelt, bis das Blut floss. Ich kann dies nur so beschreiben, weil mein Vater als Arzt und damit ja auch wir, seine Familie, hier durchaus involviert waren. In meiner Erinnerung klingelte es an solchen Schlägereiabenden so ab 22 Uhr bei uns in der Praxis. Die windelweich geprügelten Opfer wurden zur ärztlichen Versorgung gebracht. Sicherlich, wir wohnten zentral an einer großen Straße und die Arztpraxis von Dr. Petzhold war schnell erreicht. Mein Vater lief immer sofort nach unten in die Praxis und ließ die Verletzten herein. Meine Schwester Lilo half ihm bei der Arbeit und ich ging ebenfalls – ganz stolz, aber auch bestürzt – mit. Auch ich konnte schon das eine oder andere tun: Watte zum Verbinden reichen, Pflaster kleben und anderes. Was mich trieb? Neugierde, Staunen? Sicherlich auch mein Wunsch zu helfen. Jedenfalls hat mich mein Vater nicht weggeschickt.

Die Männer hatten überall Wunden, am Kopf, am Arm, an der Seite. Max Petzhold blieb die Ruhe selbst, im Krieg hatte er zweifelsohne Schlimmeres gesehen. Doch eine Besonderheit zeichnete ihn aus. Er sprach alle Männer mit »Kamerad« an, gleich ob Nationaler oder Kommunist. »Kamerad, was habt ihr hier schon wieder gemacht?« war seinerseits ein gängiger Spruch. Mit der persönlichen Ansprache und dem gemeinten Plural urteilte er nicht über den Einzelnen und das schaffte Vertrautheit, beruhigte die Malträtierten und ließ sie sich verstanden und gut aufgehoben fühlen. Übrigens hockten die Gegner von der Straße in unserem Wartezimmer schon mal friedlich nebeneinander und warteten, bis sie behandelt wurden. Tja, so war das, wir wurden herausgeklingelt, wenn sie fertig waren mit der Schlägerei.

Die Braunen waren eine neue Ära. Wir konnten weder einordnen noch abschätzen, wie stark sie waren, und es waren politisch sehr brisante Jahre. Anfang März 1933 wurde die Nationalsozialistische Deutsche Arbeiterpartei NSDAP, mit Adolf Hitler an der Spitze, stärkste Partei. Hitler wurde Reichskanzler. Wir ahnten ja nicht im Entferntesten, was uns erwartete. Dass Hitler eine Kriegsmaschinerie aufbauen wollte, kam den Menschen nicht in den Sinn, zumindest war in meinem Umfeld nie die Rede davon.

Am Wahltag begleitete ich meine Eltern in die Klosterschule in der Klosterstraße, wo unser Wahllokal lag. Ich war neugierig, wie eine solche Wahl, an der ich nicht teilnehmen durfte, die aber in aller Munde war, ablief. Ich beobachtete, was vor sich ging und sah die Menschen vor dem Wahllokal viel miteinander reden. Sie bestätigten sich gegenseitig, dass sie richtig gewählt hatten. Wen? – Den Hitler natürlich, der drängt die linke Front hinunter. Die, die uns im Nacken sitzen. Der wird das beseitigen, Schluss machen mit denen. – Das war der Tenor vor meiner Haustür.

Gehe ich von meiner Familie aus, führten wir in diesen Jahren ein auf uns konzentriertes, überschaubares und geregeltes Leben. Die politischen Vorkommnisse störten uns erst, als das öffentliche Geschehen unmittelbar an uns herantrat. Die Nachteinsätze in der Praxis waren aufregend. Die Schlägereien, die Lastwagen – bestückt mit den roten Kommunistenfahnen oder den Nazifahnen mit dem Hakenkreuz –, die durch die Straßen rasten, die Männer, die ihre jeweiligen Lieder sangen …, das war auch gefährlich, und wir spürten, dass irgendetwas im Gange war. Wir ahnten nicht, was es war, wir Heranwachsende schon gar nicht.

So ist es in meiner Erinnerung: Die Konservativen und Rechten hielten zusammen gegen die Linken. Sicherlich tat auch der Reichstagsbrand im Februar des Jahres sein Übriges. Die Propagandamaschine der NSDAP vermittelte den Eindruck, dass dieser Brand von Kommunisten gelegt wurde. Da loderten die Emotionen so hoch wie die Flammen im Reichstag. Die Stimmungsmache gegen die Kommunisten – und in diesem Fahrwasser auch gegen die Sozialdemokraten – war keinesfalls harmlos. Es begann eine beispiellose rechte Hetzkampagne.

Als es dann wirklich passierte, dass Adolf Hitler gewählt wurde, ging ein merkliches Aufatmen durch meine Umgebung. Die Menschen hofften auf mehr Ruhe und Beständigkeit. Der Sieg wurde natürlich mit den für die Nationalsozialisten bekannten strotzenden Umzügen gefeiert und auch ich – mit dreizehn Jahren – bin auf die Straße gegangen, zusammen mit unserem Diener Alfred, denn alleine war es zu gefährlich und mir auch nicht erlaubt. Die Luft knisterte vor Spannung, die Menschen waren wie elektrisiert, lagen sich freudestrahlend in den Armen. Und diese Aufmärsche der Partei, mit all den Fackeln, es war schon sagenhaft und beeindruckte mich sehr. Sicherlich ist mir heute eins klar: Es feierten die Sieger, die neuen Machthaber. Die Verlierer dieser Wahl standen nicht am Straßenrand und jubelten.

Mit den Nazis wurde alles anders. Unser Leben veränderte sich. Langsam entstand ein neues Gesellschaftsgefüge. Unser Alltagsleben wurde geprägt durch die Reglementierung in den neuen Massenorganisationen. Die Jugendlichen mussten sich bei der Vereinigung Deutsches Jungvolk anmelden, wir Mädchen waren im Bund Deutscher Mädel, BDM, organisiert und die Jungen in der Hitlerjugend, HJ. Parteimitglied wurde man sehr schnell. Doch die Menschen fragten nicht danach, der Wohlstand wuchs. Plötzlich hatten alle Arbeit, auch die Herren von der Straße mit den Schildern und der arbeitslose Vater mit den sieben Kindern vom Hinterhof der Bäckerei.

Und noch etwas änderte sich. Zum Gruß hieß es jetzt immer »Heil Hitler«. »Heil Hitler, Herr Doktor.« Immer wurde mein Vater so begrüßt. Das war alles in Ordnung, die Stimmung war positiv und wirklich störte es zumindest in meinem Umfeld keinen.

Die Menschen nahmen die neuen Regeln hin und waren vielfach froh, weil eben Ordnung herrschte. Dass es so geschehen konnte, dass die von den Parteivereinigungen diktierten Verhaltensvorschriften ohne nachhaltiges Aufbegehren von der Bevölkerung angenommen wurden, hat nach meiner Überzeugung auch damit zu tun, dass die Situation vorher – zumindest bei uns in Halle – wahrlich nur als »gefährlich« bezeichnet werden konnte.

Ich weiß noch, dass Jahre später der Reichsjugendführer Baldur von Schierach nach Halle kam und im Stadion sprach. Wir, die HJ und der BDM, mussten geschlossen dorthin und gefällig aufmarschieren. Und es schallte nur so »Heil Hitler«. Alle bestätigten sich, wie schön alles sei. Es geht vorwärts, es geht aufwärts. Rückblickend gesehen habe ich wirklich Momente erlebt, wo der Slogan »Ein Volk, ein Reich, ein Führer« gelebte Wahrheit war. Die gelungene Organisation des gemeinschaftlichen Lebens war wirklich ein Stützpfeiler dieses Regimes, das die Menschen auch forderte. So mussten die Jugendlichen, sobald sie 18 Jahre alt wurden und damit aus der HJ bzw. dem BDM aus Altersgründen austraten, ein halbes Jahr freiwilligen Arbeitsdienst leisten. Das beängstigende Straßenbild mit herumlungernden, arbeitslosen Jugendlichen bot sich nicht mehr. Das gab es einfach nicht mehr, die Menschen bekamen ein Auskommen, Arbeit und eine Aufgabe.

Wer sprach schon davon, wo plötzlich die Kommunisten waren? Viele von ihnen änderten ihre Gesinnung und wurden Nationalsozialisten, andere wurden auch verhaftet. Als »in Schutzhaft nehmen« hat man das dann bezeichnet. Ich weiß, die – inoffiziellen – Lager waren voll. Die überzeugten Kommunisten waren als solche bekannt und ihre Freiheit war gefährdet. Erst recht seit der schwärzesten Stunde der Demokratie in Deutschland, zu der das sogenannte »Ermächtigungsgesetz« vom Reichstag verabschiedet wurde. Dieses Gesetz »zur Behebung der Not von Volk und Staat« ermächtigte die Regierung Adolf Hitlers, ohne die Mitwirkung des Reichstags Gesetze zu erlassen, auch solche, die gegen die Bestimmungen der Weimarer Verfassung verstießen. Damit wurde die Demokratie faktisch abgeschafft, die Weimarer Verfassung begraben. Was blieb, war die NSDAP als alleinige politische, herrschende Partei, die ihre Gegner unerbittlich verfolgte.

Viele Arbeiter aus dem südlichen Halle gehörten der politischen Linken an, doch war nicht jeder gleich ein aktiver Kommunist. Mein Vater änderte nach der Machtergreifung Hitlers das Verhältnis zu seinen Patienten eigentlich nicht. Die Arbeiter suchten ihn nach wie vor auf. Er war der »Doktor« und er nannte alle weiterhin »Kamerad«. »Kamerad, na, komm rein!« Wie oft habe ich das gehört und wie stark hat mich dieses in meinem Gerechtigkeitssinn beeinflusst. Mein Vater respektierte seine Patienten. Er war wahrlich ein Volksarzt, im besten Sinne des Wortes. Seine Warmherzigkeit und Menschlichkeit waren unglaublich. Er interessierte sich wirklich für seine Mitmenschen. Dabei war er stets höflich und hilfsbereit und die Menschen vertrauten ihm. Zudem war er anständig. Anstand als Haltung war ihm wichtig. Ich bin ihm diesbezüglich ähnlich und bin fest überzeugt, dass mir diese freundliche, wenn gleichwohl manchmal unverbindliche Art in meinem Leben vieles erleichtert hat.

Ich hatte schon immer den Hang, Gutes zu tun, eine Eigenschaft, die mir bis heute eigen ist. In der Praxis meines Vaters hatte ich die ersten Kontakte mit Kranken und Bedürftigen, und sicherlich kam dieser Umstand meinem helfenden Wesen entgegen. Ich war ein richtiger »Kümmerer« und als Arzttochter war mir beigebracht worden, wenn möglich zu helfen. Als ich 1933 gefragt wurde, ob ich mich einer Gruppe Mädchen anschließen möchte, die für arme Leute Essen organisiert, stimmte ich begeistert zu. Natürlich wollte ich. Die Mädchengruppe tat nichts anderes, als einfach Lebensmittel von zu Hause zu den Treffen mitzubringen und sie dann an Bedürftige weiterzugeben. Das lag mir, weil es eine gute Sache war und zudem: Ein jeder wurde mit einbezogen und ich gehörte eben dazu. Die Gemeinschaft tat mir als quasi Einzelkind wohl und arme Leute waren genug da.

In der Geiststraße, drei Häuser von uns entfernt, wurde eine SA-Wache eingerichtet. Dort absolvierten vier bis fünf junge Leute in SA-Uniformen ihren Dienst. Denen brachte ich regelmäßig Kaffee in einer großen Metallkanne und ab und zu Plätzchen. Die begrüßten mich freundlich, waren höflich und bedankten sich bei mir. Wen wundert es: Ich brachte denen gerne Kaffee. Mit der Zeit lernte ich die jungen Männer besser kennen, doch habe ich später nie einen von ihnen wieder getroffen. Sie stammten aus ärmlichen Verhältnissen, waren arbeitslos gewesen und jetzt für die SA tätig. Ich denke, sie wurden dafür entlohnt. Bemerkenswert war allerdings ihre Macht. Erstaunlicherweise bestimmten diese jungen Leute die Hausmeister unserer Gegend. War ein Hausmeister der Partei nicht genehm, wurde er einfach ausgetauscht. Ein neuer kam. Der andere? – Weg. Ganz einfach. Wohin? Ich weiß nicht. Gefragt wurde nicht.

Öffentliche Feiern waren hervorragend organisiert und wahrlich ein Erlebnis. Uns hat das richtig Spaß gemacht, das gebe ich gerne zu. Die Partei hat es verstanden, der Bevölkerung viele Dinge zu bieten, die ankamen, die gefielen. Brot und Spiele, das war schon aus dem alten Rom bekannt.

Wir Jugendlichen trugen zwar keine Schuluniformen, doch zu besonderen Anlässen kleideten wir uns mit einem blauen Rock, einer weißen Bluse und dem schwarzen Dreieckstuch mit dem BDM-Knoten. Schick sah das aus. Der BDM griff mit seinen Aktivitäten natürlich auch in mein Leben ein. Für meine Begriffe etwas zu reichlich, war ich doch die freie Gestaltung meiner Zeit gewohnt. Der Gemeinschaftssinn war bei mir schon da, doch ging meine Gruppe oft an die Saale, um dort am Ufer Lieder zu singen. Lieder wie »An der Saale hellem Strande …« Na ja, das war mir als Zeitvertreib zu wenig und irgendwie auch zu dumm. So kam es mir gut zupass, dass ich als sehr gute Tennisspielerin für unseren Gau Turniere spielte und ich natürlich viel trainieren musste. Dann war ich entschuldigt.

Ich liebte den Sport. Er war mir wichtig und eigentlich für meine BDM-Gruppe deshalb in Ordnung, weil ich mich entsprechend benahm. Nie verpasste ich, bei der notwendigerweise persönlich vorgetragenen Abmeldung zu sagen, wie leid es mir tue, dass ich schon wieder nicht an dem bevorstehenden Treffen teilnehmen könne. Meiner Gruppenführerin Fräulein Jensch konnte ich glaubhaft versichern, dass mein Herz für den BDM schlägt und sie war erst einmal zufrieden. Doch der Druck war groß und regelmäßig überfiel mich ziemlicher Bammel, wenn ich an die nächste Entschuldigung und meinen Weg zu Fräulein Jensch dachte. Also übertrieb ich es nicht.

Meine Tage waren mit so vielen Aktivitäten angefüllt, ich kannte doch keine Langweile. Zum Unterricht im Klavierspiel erhielt ich im Winter Unterricht im Eislaufen und im Sommer ging ich öfter Reiten. Der Umgang mit Pferden wurde mir in der Akademischen Reitschule in Halle beigebracht und ich liebte die wunderbaren Ausritte durch die Natur, die uns oft über die Peißnitzer Wiesen, über die Saale und auf einem Reitweg durch die Dölauer Heide führten. Oft war unser Ziel der »Waldkater«, ein Restaurant, wo wir die Pferde draußen ausruhen ließen und gemütlich Kaffee trinken konnten, bevor wir uns auf den Heimritt machten. Überhaupt, wie schön waren die Sommer! Mit meinen Freundinnen verabredete ich mich häufig zum Schwimmen an der Saale. Das Schwimmen hatte mich meine Schwester Lilo gelehrt, die mich in unserem modernen, blau gekachelten, öffentlichen Schwimmbad an die sogenannte Angel nahm – das war ein Brustgeschirr, das ich mir umband – und mich, die ich mich im Becken an den Schwimmzügen versuchte, vom Beckenrand aus instruierte und damit anfänglich über Wasser hielt.

In den Herbstferien fuhr ich regelmäßig zu meiner Großtante Sophie Wernicke nach Gransee bei Berlin. Sie besaß dort ein wunderschönes Landhaus hoch auf einer Anhöhe und ich war eingeladen, die kleinen Ferien im Herbst bei ihr auf dem Land zu verbringen. Das Landhaus war eigentlich eine Villa und hatte eine wunderbare überdachte Veranda, einen Salon und einen Speisesaal. Ich fuhr allein dorthin. Sobald ich den dortigen Bahnhof erreichte, wurde ich von einem

Kutscher abgeholt. Eingespannt war ein herrlicher Rotfuchs, der dann mit mir als Gast die Kutsche den Berg hinaufzog. Das hatte für mich als Stadtkind etwas Erhebendes. Meine Zeit verbrachte ich mit leichter Landarbeit. Ich lernte Ziegen zu melken und Hühnereier unbeschadet einzusammeln. Natürlich half ich ebenfalls bei der Obsternte, denn Tante Phiechen, wie ich sie nannte, unterhielt Plantagen mit Kirsch-, Birnen- und Apfelbäumen. Ich hielt mich sehr gerne dort auf und verbrachte den ganzen Tag draußen mit den Leuten. Das Einzige, was mir etwas unheimlich erschien, war die Grabanlage meines Großonkels Gustav Wernicke im Park. In einem mit Tannen umwachsenen Rondell stand ein Brunnen, der immer Wasser sprühte. Eigentlich schaute ich mir die Anlage gerne an, es wirkte alles so friedlich, doch ich hatte etwas Respekt vor dieser Atmosphäre der Einsamkeit.

Meine Großtante war mit einer enormen Leibesfülle gesegnet. Sie übertraf an Rundlichkeit manch beleibte Frau, die mir in meinem Leben begegnet ist. Sie war eine wirkliche Dame, nannte sich Frau Justizrat und ging in fantastischen Roben aus schweren Brokatstoffen, dazu die Haare elegant hochgesteckt, gerne ins Theater. Sie war im Wesen ganz anders als ihre Schwester, meine Großmutter, die sie Nesschen nannte. Tante Phiechen war eher streng und konnte es nicht unterlassen, einen immer zurechtzuweisen und zu belehren, wie man etwas zu erledigen hatte. Gut, ich nahm es hin, lernte ich doch viel dabei. Davon einmal abgesehen, war sie in ihrer Art bewundernswert, anders kann ich es nicht sagen.

Aufgrund ihrer Leibesfülle passte sie nur schwerlich in ein Auto hinein. Selbst das Zugfahren war problematisch. Es soll ihr wirklich passiert sein, dass ihr das Aussteigen aus einem Personenzug einmal einfach nicht gelingen wollte. Die Züge der damaligen Reichsbahn hatten noch alle Einzeltüren in den Abteilen zum Ein- und Aussteigen. Aufgrund ihrer Beleibtheit musste Tante Phiechen immer rückwärts aussteigen, was natürlich dauerte. Sie war nicht so schnell. Doch sie kam gar nicht heraus, weil sie von schnelleren Leuten, die in das Abteil hinein wollten, von außen immer wieder hineingeschoben wurde. Eh sie sich versah, fuhr der Zug auch schon wieder an. So kam sie denn wohl etliche Stationen weiter, als sie eigentlich wollte. Die Familiengeschichte sagt, bis nach Berlin. Ob sich dies tatsächlich zugetragen hat oder ob dies nur eine Anekdote der Familie ist, vermag ich nicht zu beurteilen. Jedenfalls wurde diese Geschichte rundum erzählt und gerne zum Besten gegeben.

In meiner Welt war ich durchaus glücklich. Meinen Altersgenossinnen und mir ging es gut, keine Frage. Als wir älter wurden, war bei uns das Würstchenessen an der Bude sehr beliebt, und ebenfalls ein attraktives Ziel war der Flughafen Schkeuditz bei Halle. Hier gab es ein Café, in dem Musik aufgespielt wurde und wir alle, meine Freundinnen, Freunde und ich, fuhren die kurze Strecke mit dem Zug gerne dorthin. Natürlich gab es die ersten Kontakte zum männlichen Geschlecht, die eindeutig nicht rein platonisch waren. Ich war attraktiv und die Jungen schauten mir schon nach. Doch wie das damals so war – meine sexuelle Aufklärung war eigentlich kaum erfolgt, noch gar nicht geschehen. Wenn mich ein Verehrer nach Hause begleitete, wurde gerne ein mit viel Grün besäumter, nicht einsehbarer Weg, gewählt. Dort erhielt ich wie vermutlich viele andere auch, meinen ersten Kuss. Das schlechte Gewissen stellte sich prompt ein und ich dachte, wenn ich nach Hause komme, sieht meine Mutter mir den Kuss an. Dem war natürlich nicht so und meine Panik legte sich schnell.

Mitte der dreißiger Jahre, es waren die Jahre meiner Jugend, erlebte ich fürwahr eine herrliche Zeit. Es dachte noch keiner an Krieg, die Stimmung in der Bevölkerung war sehr positiv und kein Verbot engte mich ein. Da ich in vielen Dingen auf mich allein gestellt war, wuchsen mein Selbstvertrauen, meine Selbstständigkeit und das Leben war für mich aufregend und schön. In meinem Mädchenkreis waren besonders jene Tanzstunden ein Ereignis, die mit den jungen Fähnrichen gestaltet wurden. Es war schick und toll, mit ihnen zu tanzen. Beim Nachhausegehen trugen sie ihre Säbel an der Seite, was ein junges Mädchen wie mich sehr beeindruckte. Natürlich war auch ein Fähnrich meine erste Liebe, eine Tanzstundenliebe. Nach der Tanzstunde gingen wir noch einmal um den Park und dann brachte mein Fähnrich mich nach Hause. Bis zur Haustür brachte er mich, was ich wirklich genoss. Überhaupt, mit so einem schmucken Fähnrich durch die Stadt zu gehen, das hatte etwas Besonderes. Hätten wir damals gewusst, was alles auf uns zukommt … So haben wir wirklich alles genossen, irgendwie waren wir eine gackernde Jugendschar. Wir konnten richtig ein bisschen fröhlich sein. Selbst in der anfänglichen Kriegszeit bin ich noch mit ins Theater gegangen. Wir mussten zwar durch die Dunkelheit gehen, denn es gab bereits die Vorschrift, die Beleuchtung nicht zu benutzen. Schon im ersten Kriegsjahr gab es die erste Verdunklung, die mich allerdings nicht schreckte, denn ich war zu jung, um mir Krieg in seiner schrecklichen Bedeutung vorzustellen und zu unbekümmert, um zu denken, dass er mich betreffen könnte.

Im Laufe der Zeit besserte sich auch das Verhältnis zu meiner Schwester Lilo. Sie schickte mich nun nicht mehr immer weg. Sie hatte Jochen Schmidt kennengelernt. Die Bindung der beiden war sehr eng und eine zukünftige Ehe geplant. Jochen Schmidt ging also in meinem Elternhaus regelmäßig ein und aus. Ähnliches galt für seinen Bruder, Gerhard Schmidt. Dieser war sieben Jahre jünger als sein Bruder Jochen, ein Jahr älter als ich und wir wurden das »kleine Paar« genannt. Mit ihm habe ich immer viel Tennis gespielt und er hat mir bei meinen Schularbeiten geholfen, aber an eine Heirat hätte ich nicht gedacht. Wir haben uns natürlich häufig gesehen, weil wir uns immer bei allen möglichen Anlässen der Verwandtschaft trafen. Was ihn charakterisierte war, dass er gerne viel redete, was er glänzend konnte, und was ihn auch wohl mit veranlasste, später Jura zu studieren, um ein guter Anwalt zu werden. Wenn uns die Gesellschaft bei seinen Eltern zu langweilig wurde, sind wir nach oben auf den Dachboden gegangen und haben stundenlang Tischtennis gespielt. Dass die Familie Schmidt in meinem Leben eine bemerkenswerte Rolle spielen würde, war damals noch nicht zu ahnen.

Für mich entwickelte sich das Tanzen im Laufe der Zeit immer mehr zu einem wichtigen Lebensinhalt. Schon als ich noch jünger war, habe ich viel Musik gehört und dazu für mich allein getanzt. Es machte mir Freude. Tanzen konnte ich wirklich gut und so durfte ich bei unserem Abschlussball von der Oberprima einen eigenen Tanzauftritt gestalten. Ich wurde im Tanz vom Tanzmeister Steinbach unterrichtet, der den neuen, fließenden Tanz der Mary Wigmann lehrte. Moderner Tanz wurde das von uns genannt. Ich hatte damals eine Nenntante, die Mitglied im Schauspielhaus war und mich tanzen sah. Sie meinte, ich müsse unbedingt eine Tanzausbildung machen.

Jedoch bereitete mir meine Gesundheit einige Probleme. Da ich unter einer furchtbaren Mundschleimhautentzündung, der Mundfäule litt, die durch einen Milchvirus übertragen worden war, musste ich schwere Medikamente wie Penicillin einnehmen. Tatsächlich war ich gezwungen, eine längere Zeit auf den Schulbesuch zu verzichten. Um nicht in den Arbeitsdienst zu müssen, regelte mein Vater gleich nach meinem Erwerb des Reifezeugnisses für mich den Besuch eines Rot-Kreuz-Lehrganges, denn als Frau wurde mir bei den Nationalsozialisten ein Studium nicht erlaubt. Vorher war dies anders gewesen. Meine Schwester Lilo hatte Jahre zuvor in Leipzig ein Medizinstudium aufgenommen, das sie leider nicht zu Ende brachte, da die Medizin ihr doch wohl nicht lag. Dafür erlernte sie die italienische und spanische Sprache. Meine Ausbildung zur Rot-Kreuz-Schwester dauerte ein Jahr und wurde von meinem Vater bezahlt. Allerdings begann der Krieg und als ausgebildete Rot-Kreuz-Schwester wurde ich zum Bahnhofsdienst eingeteilt, was bedeutete, dass meine Gruppe sich um die verletzten Soldaten in den ankommenden Lazarettwagen zu kümmern hatte. Mein Dienst begann schon morgens früh um sechs Uhr und dauerte bis in den Nachmittag. Mittlerweile wohnte ich zeitweise bei meiner Schwester Lilo, die ihren langjährigen Freund Jochen Schmidt im Jahre 1936 geheiratet hatte. Leider wurde Lilo eine Zeitlang bettlägerig und ich pflegte und betreute sie und ihr Baby Reinhart, mein Patenkind. Sicherlich hatte ich manchmal etwas vor, doch es klappte schon. So habe ich vom Tanzen nicht lassen mögen und bekam Privatunterricht. Meister Steinbach erlaubte mir bei großen Ballettaufführungen in der Gruppe mitzutanzen, was für mich hochinteressant war. Das Schminken, die Atmosphäre, diese ganze Welt hinter der Bühne begeisterten mich. Da passierte es, es muss 1939 gewesen sein, dass mich, ein Solotänzer aus Berlin, Bernhardt von Wosien, bei einer Aufführung bemerkte. Er sah mich, hatte sich wohl in mich verliebt und brachte mich, nachdem wir noch zusammen gegessen hatten, nach Hause zu meiner Schwester. Er meinte, ich müsste unbedingt zur Tanzausbildung nach Berlin kommen. An die Staatsoper. So bestärkt, war das natürlich ab da mein Wunsch. Mein Vater meinte dazu: »Bevor du das machst, musst du gesund werden.« Gesund sein, ja, dass wollte ich. Eigentlich war ich ja nicht wirklich krank, doch hatte ich seit der Mundschleimhautbehandlung einige frauliche Schwierigkeiten. Und darum brachte er mich zum Kuren in ein Kurhaus nach Bad Wörrishofen.

Meine Kindheit und Jugend haben mich so gesehen bestens auf mein Leben vorbereitet. Meine wunderschöne, schöne Kindheit und Jugendzeit. Ich war wie eine gerade erblühte Rose. Und dann kommt ein Herr Wentzel und pflückt die Rose ab. Die sich auch nicht gewehrt hat.

»Ich wollte den unglücklichen Mann glücklich machen.«

Die erste Begegnung mit Carl-Friedrich Wentzel

Mein Vater entschied, dass ich zur Genesung einen Kuraufenthalt in Bad Wörrishofen wahrnehmen sollte, zu dem ein Arztkollege ihm geraten hatte. Dringende Verpflichtungen hatte ich nicht. Aus Rücksicht auf meine Mutter, die lange Fahrten mied, brachte mich mein Vater persönlich zur Kur nach Bayern. Ich weiß es noch wie heute. Wir mussten nachts fahren und stiegen abends in Halle in den Zug ein. Kein Licht erhellte die Stadt, den Bahnhof oder den Zug. Wir hatten Krieg und die Verdunklungsvorschrift griff. Ich hatte den Eindruck, dass es keine ausschließlich zivilen Züge mehr gab. Hinter den Personenwagen waren Lazarettwagen angehängt und überall saßen Soldaten eng aneinandergedrängt.

Mein Vater fragte den Schaffner auf die ihm eigene Art: »Na, Kamerad, haben Sie nicht ein Plätzchen für meine Tochter und mich?« Und tatsächlich bot dieser hilfsbereite Schaffner uns seine eigene Sitzbank im Gang an. Wir bedankten uns und setzten uns. Allzu bequem war die schmale, hölzerne Schaffnerbank nicht. Da geschah es, dass in allerletzter Sekunde, bevor sich der Zug in Bewegung setzte, noch einmal die Tür aufging und ein Herr eintrat, hereinspazierte, möchte ich sagen. Er war sehr elegant in einen tiefgrünen Mantel gekleidet, trug den Kragen hochgeschlagen, einen passenden Hut und eine Sonnenbrille trotz der Dunkelheit. Schick sah er aus, wie er sich nach einem freien Platz umsah. Da sagte mein Vater zu ihm, er möge doch herkommen: »Kommen Sie her, Kamerad, kommen Sie her. Wir rücken zusammen. Sie können hier auch noch Platz nehmen.« Der gut gekleidete Mann folgte dem Angebot und setzte sich. Mein Vater nannte sofort seinen Namen und stellte sich vor: »Dr. Petzhold« und der Herr tat dies ebenfalls und sagte: »Wentzel«. – »Ach, Herr Wentzel, ich kenne Ihre Verwandten, die Zimmermanns in Benckendorf«, erwiderte mein Vater und stellte auch mich vor: »Meine Tochter Lore.« Ich war ja noch so blutjung, gerade mal zwanzig Jahre alt. Und ich trug ein elegantes beigefarbenes Kostüm mit Nadelstreifen, dazu einen knallgrünen Hut, knallgrüne Schuhe und eine grüne Wildlederhandtasche. Irgendwie war ich froh, dass auch ich schick war.

Der Zug fuhr an und mein Vater meinte: »Na, Kamerad Wentzel, wie wäre es, ich habe hier einen kleinen Jägermeister, es sind ja noch einige Stunden, dann wird es nicht so langweilig.« – »Ja«, sagte Herr Wentzel, »ich wollte schon immer einmal in Ihre Praxis kommen, ich habe von meinen Verwandten von Ihnen gehört.« An dem Gespräch der beiden Männer nahm ich nicht teil, hielt mich zurück und hörte nur zu. Irgendwann wurde das Gespräch einsilbiger, denn mein Vater schien einzunicken und Herr Wentzel und ich begannen uns zu unterhalten. Ich war nicht müde und redete, erzählte, dass ich die Schule beendet hätte, ausgebildete Rot-Kreuz-Schwester sei und dass ich beabsichtige, eine Tanzausbildung zu machen. »Das ist ja wunderbar, gnädiges Fräulein.« Gnädiges Fräulein! So hatte mich noch nie einer genannt. Der Ausdruck amüsierte mich, kannte ich doch nur die Jungs vom Tennis und vom Tanzen. Da gab es Freunde, eben Jungs. »Gnädig« nannten wir uns nicht.

Ich erzählte also alles, was ich so mache, vollkommen harmlos und dann sagte er plötzlich zu mir: »Sie sind eine Frau mit Herz.« Eine Frau? Für alle war ich noch ein Mädchen. Frau?, dachte ich, wer hätte denn schon jemals »Frau« zu mir gesagt. Ich war ganz verlegen ob dieser Äußerung, weil sie für mich vollkommen neu war, und dann sagte er, er hätte eigentlich auch vor, einmal eine Kur zu machen. Doch er sei mitten in der Ernte und es wäre zeitlich nicht möglich. Leider konnte ich sein Gesicht kaum sehen, hörte nur seine Stimme in der Dunkelheit.

Wir fuhren die Nacht hindurch. Ich blieb wach, während mein Vater neben mir schlief und irgendwann schlief auch Herr Wentzel etwas ein. Aber geredet haben wir viel in dieser Nacht. Als es hell wurde, erreichten wir Augsburg, wo mein Vater und ich in einen anderen Zug umstiegen und uns von unserem Reisebegleiter verabschiedeten. Herr Wentzel und ich winkten uns zum Abschied zu und mein Vater winkte auch. In Bad Wörrishofen angekommen, begaben wir uns gleich in das Sanatorium und das Hotel, wo ich untergebracht wurde. Ganz fürsorglich kümmerte sich mein Vater noch darum, dass ich im Speisesaal an einen Tisch mit einer ebenfalls allein kurenden Patientin kam. Die Dame hieß Trude Kraus, war bereits etwas älter und wir verstanden uns sehr gut. Es dauerte nur wenige Tage, da erreichte mich ein Brief von Carl-Friedrich Wentzel. In diesem schrieb er: »Sehr geehrtes gnädiges Fräulein Lore, da auch ich beabsichtige in ein Sanatorium zu gehen, möchte ich Sie bitten, so freundlich zu sein, und mir einen Prospekt Ihres Sanatoriums zu schicken.« So ungefähr war der Wortlaut und ich fand es mehr unhöflich, nicht diesem Wunsche nachzukommen, als unschicklich, auf diesen Brief zu antworten. Also habe ich nach kurzem Überlegen einen Brief mit dem Inhalt zurückgeschrieben, dass ich das Sanatorium empfehlen kann, dass das Haus ordentlich geführt wird, dass ich mich wohlfühle; was man halt so schreibt. Ich fand nichts weiter dabei, immerhin hatten wir uns im Zug nett unterhalten und er wandte sich mit einer Bitte an mich. Aber gewundert hatte es mich schon und ein wenig geschmeichelt fühlte ich mich auch.

Die Kuranlage war ein Kneipp-Sanatorium und Trude Kraus und ich verbrachten viel Zeit miteinander. Zum Kneippen gingen wir mit dem Badetuch über der Schulter und während wir einmal unterwegs waren, erreichte mich plötzlich ein Telegramm. – »Kann leider noch nicht kommen wegen der Ernte. Ihr Wentzel« – Die Nachricht erstaunte meine ältere Begleiterin und mich schon, auch wenn ich durchaus ein bisschen stolz war, ein Telegramm zu erhalten. Trude Kraus fragte jetzt mehr nach dem Herrn Wentzel. Wer das denn sei. Warum er mir ein Telegramm schicken würde. Warum, das wusste ich auch nicht, und ich erzählte ihr vom Kennenlernen im Zug, zusammen mit meinem Vater, dass er der Herr Wentzel aus Teutschenthal sei. Die Familie Wentzel war mir insofern namentlich bekannt, da sie große Besitzungen hatte.

Dann hörte ich nichts weiter von Herrn Wentzel und die Tage vergingen. Der Aufenthalt der mir mittlerweile zur Freundin gewordenen Trude Kraus näherte sich dem Ende. Just an ihrem Abreisetag erreichte mich erneut ein Telegramm, Carl-Friedrich Wentzel kündigte sein Kommen an. »Tja, also weißt du, das ist gar nicht schön, dass ich Herrn Wentzel nicht kennenlerne. Was will er denn von dir? Was sollen die vielen Telegramme? Du kennst ihn doch gar nicht«, waren die besorgten Kommentare von Trude Kraus. Ich wusste auch wirklich nicht, warum er mir die schickte.

Meine Freundin reiste ab und ich war ein bisschen traurig über ihren Abschied. Eigentlich fühlte ich mich etwas einsam. Am Abend, als ich auf dem Rückweg vom Sanatorium zum Hotel war, kam ein Taxi angefahren. Das Auto hielt, die Tür ging auf und Herr Wentzel mit seiner dunklen Brille, die, wie ich alsbald erfahren sollte, sein Kennzeichen war, stieg aus. Er nahm die Brille ab und sagte: »Sie sind Fräulein Petzhold.« Und ich sagte: »Herr Wentzel?« Was sollte ich auch sonst sagen. Er lud mich ein, mit ihm in seinem Taxi zum Hotel zu fahren. Ich zögerte, doch diese Freundlichkeit konnte ich nicht zurückweisen. Im Hotel angekommen waren plötzlich alle Pagen um uns herum, er hatte aber auch eine Menge Koffer dabei und zu meiner großen Überraschung auch Proviant. Schinken, Würste, Eier – alles ließ er gleich in die Küche bringen. Unglaublich. Im Sanatorium gab es doch nur vegetarische Kost. Seine Suite war bereits fertig und er bat mich, ihn doch in seine Unterkunft zu begleiten und sie mir anzuschauen. Ich war etwas erschrocken, stand da in meinem Dirndlkleidchen, aber folgte der Einladung. Eine Suite. Meine Familie war gut situiert, aber eine Suite mit Salon, Schlafzimmer und Bad hatte ich noch nie gesehen. Ich war beeindruckt.

Doch für mich wurde es Zeit, mich zum Abendessen umzuziehen und ich entschuldigte mich. Er meinte, wir würden uns dann schon sehen, heute Abend. Ich zog ein hübsches Kleidchen an, nichts Raffiniertes, und begab mich in den Speisesaal. Da saß er bereits an meinem Tisch. Klar, Trude Kraus war abgereist. Da war ja auch Platz, sonst hätte er wohl einen anderen Tisch zugewiesen bekommen. So saß er dann bei mir. Ich empfand das frech. Die alten Damen und Herren um uns herum, die guckten ganz erstaunt. Ich konnte ihre

Gedanken an ihren Augen ablesen. Was soll das denn? stand darin geschrieben. Etwas verlegen trat ich an den Tisch heran und er stand auf und gab mir galant einen Handkuss. Mir! So etwas hatte ich noch nie erlebt. Ich wusste gar nicht, wie ich reagieren sollte. Er bat mich, Platz zu nehmen und forderte die Bedienung auf, aus seinen mitgebrachten Lebensmitteln eine schöne Platte für uns fertig zu machen. Die Fleischplatte, die dann kam, war das Interessanteste für alle um uns herum. Da fehlte es an nichts. Ich wusste aus lauter Verlegenheit gar nicht, was ich sagen sollte und darum plauderte ich einfach drauf los. Die Kunst der Konversation beherrschte ich. Ich erzählte ihm also, was man den ganzen Tag so macht, dass er sich sicher auch bald dem Arzt vorstellen müsse usw. Trotz meiner Befangenheit wurde es eine sehr nette, lockere Unterhaltung.

Nach dem Essen gingen wir in die Lounge hinüber, ich betrat sie zum ersten Mal und zu meiner Überraschung kannte er da zahlreiche Gäste. Anwesend waren der Besitzer der großen Zuckerfabriken aus der elitären Gesellschaft, dieser und jener mit bekanntem Gesicht. Und ich in seinem Geleit wurde vorgestellt. Doch gesagt habe ich nichts, denn die Männer unterhielten sich über die Landwirtschaft, den Krieg etc. Für mich war es eigentlich eher ermüdend, doch dachte ich mir, besser als allein sein.

Nach dem dritten, vierten Tag meinte Carl-Friedrich – mittlerweile hatte er mir das Du angeboten –, es wäre doch etwas langweilig, ob wir nicht einmal in die Bar vor Ort gehen könnten? Oh ja, sagte ich, um zehn Uhr müssen wir aber zurück sein. Darüber lachte er und gab dem Portier ein Trinkgeld, dass er uns auch später hereinlassen möge. In der Bar erzählte er mir dann von seinem ganz persönlichen Unglück. Dass er unglücklich verheiratet sei und in Scheidung lebe. Scheidung! So etwas war damals völlig unüblich. Ich kannte niemanden, der sich hatte scheiden lassen. Für mich war dies eine völlig neue Welt. Er erzählte mir von seinen zwei Töchtern, dass seine Frau gefühlsmäßig kalt und er sehr unglücklich sei. Mich befremdete dies nicht, nein, ich bekam Mitleid mit ihm. Ich bedauerte ihn in seinem Unglück. War das naiv? Vielleicht, aber ehrlich. Ich hatte vorher von solch komplizierten Dingen nie gehört.

Zwei Wochen lang verbrachten wir gemeinsam unsere Zeit. Wir gingen Schwimmen, Kneippen, Tanzen, und er schilderte mir sein Leben mit seinem Elend und Unglück und dass er dringend eine Frau suche, die eben Herz hat. Und er erzählte von den vielen Frauen, die versuchten, ihn für sich zu gewinnen, hinter ihm her waren, salopp ausgedrückt. Einmal sei die Filmschauspielerin Mady Rahl aus einem Flugzeug wieder ausgestiegen, weil sie einfach nicht von ihm, der noch draußen stand, lassen wollte. Tausend solcher Geschichten. Und zu mir sagte er: »Ja, Sie sind eine Frau mit Herz!« Darin lag viel Wärme und ich genoss seine Begleitung. Zwischen uns war alles so schön. Wir haben getanzt zu dem Lied »Ich tanze mit dir in den Himmel hinein, in den Himmel der Liebe …« Einmal nahm er mich und drückte mich an sich, worüber ich dann doch sehr erschrak. So selbstbewusst und einnehmend hatte ich vorher noch keinen Mann erlebt. Ich fühlte mich überrollt und plötzlich bekam ich Angst vor Zuhause. Was tat ich nur! Einfach mit einem fremden Mann tanzen und allein mit ihm ausgehen. Sorge überkam mich, was meine Eltern wohl sagen würden und dass ich hier etwas mache, was so nicht erlaubt war. Man kurte als junges Mädchen einfach nicht zusammen mit einem verheirateten, mit einem fremden Mann und man ging auch nicht mit ihm tanzen. Ich bekam ein schlechtes Gewissen, fühlte mich innerlich zerrissen. Ich hatte doch noch keinen richtigen Freund gehabt, kannte nur den heimlichen, verstohlenen und schnellen Kuss bei uns in Halle am grünen Weg. Und hier war ein erwachsener Mann, der mich behandelte wie eine erwachsene Frau. Das Vertrauen, dass er mir in diesen Tagen schenkte, erfüllte mich mit Stolz und seine Geschichte rührte mich.

Carl-Friedrich Wentzel war zehn Jahre älter als ich. Natürlich fühlte ich mich mit jedem Tag mehr mit ihm verbunden. Letztendlich habe ich mich in ihn verliebt. Er war ein galanter Mann und eine überaus schicke Erscheinung, in die sich ein junges Mädchen durchaus verlieben kann. Außerdem wollte ich ihm helfen – den unglücklichen Mann glücklich machen – und in meiner Gegenwart war er fröhlich und aufmerksam. Was ich natürlich nicht wusste, war, dass er ganz klare Heiratsabsichten hatte. Der postalische Wunsch nach der Zusendung eines Prospekts vom Sanatorium hatte ihm natürlich einen, wenn auch kurzen, aber handschriftlichen Brief von mir gebracht. Dass er meine Handschrift hatte analysieren lassen und dass er sich bei meinem Arzt erkundigte, ob ich gesunden würde, war mir nicht bekannt. Natürlich fragte er mich nach meiner Gesundheit, immerhin war ich zur Kur. Dass er sich dafür interessierte, war unter den gegebenen Umständen normal. Er hatte sogar bei einem Frauenarzt im Sanatorium einen Termin für mich gemacht. Dies allerdings, ohne es mit mir abzusprechen. Als ich den Termin genannt bekam, ging ich davon aus, dass der Arztkollege meines Vaters, auf dessen Rat ich immerhin hier war, ihn veranlasst hatte. Ja, ich würde gesunden, war die Mitteilung an ihn, und die Charakterdeutung mittels meiner Handschrift war in seinen Augen wohl ebenfalls positiv ausgefallen. Erst sehr viel später fiel mir eine persönliche Mappe in die Hände. Darauf stand mein Name und darin fand ich die Handschriftanalyse (s. S. 239) und den Vermerk darauf – »Voraussetzung für Heiratsantrag«. Er wollte ganz sicher sein, bevor er nach Bad Wörrishofen kam und um mich warb. Er war sehr verliebt in mich. Ich war ein weißes Blatt, das er beschreiben konnte. Und dann sagte er: »Du bist eine Frau für mich, dich möchte ich gerne heiraten.« Ich war überwältigt. Carl-Friedrich hatte sich entschieden und fragte dann nicht mehr lange nach. So telefonierte er mit seinem Vater und teilte diesem mit, dass er glaube, die Frau fürs Leben gefunden zu haben. Da hatte er mir allerdings noch gar keinen Heiratsantrag gemacht. Mir zu sagen, dass er mich liebte, das definierte ich nicht unbedingt als Heiratsantrag, er hingegen schon. Eine Antwort von mir gab es nicht, denn wirklich gefragt, ob ich ihn heirate, hat er mich nicht. In einer gewissen Weise hat er einfach bestimmt. Ich wurde vereinnahmt und ließ es zu. Es war irgendwie kein tolles Gefühl, doch die offizielle Heiratsabsicht, die er auch seinem Vater gegenüber formulierte, schmeichelte mir schon.

Meiner Familie gegenüber hatte ich die Person Wentzel bereits erwähnt. Ich hatte natürlich mit meiner Schwester telefoniert, der ich von der Bekanntschaft erzählte und auch äußerte, dass ich Herrn Wentzel gern hätte. Meine Schwester reagierte sehr aufgebracht und verlangte von mir Aufklärung. Sie wollte unbedingt wissen, welcher Wentzel das denn sei, da es offensichtlich noch einen Pflegesohn gab und der junge Herr Wentzel wohl in dem Rufe stand, ein Frauenheld zu sein. Mein Vater war die ganze Kurzeit hindurch nicht informiert, dass ein Herr Wentzel in Wörrishofen war. Er erfuhr es erst durch meine Schwester Lilo und fand dies unmöglich, er machte mir am Telefon Vorwürfe, da dieser Mann ja verheiratet war. Doch ich sagte ihm, dass dies ein unglücklicher Mensch sei. In mir war schon das Gefühl und auch der Wunsch, diesen unglücklichen Mann durch meine Anwesenheit glücklich zu machen, was mir ja auch gelang, wie er mir gegenüber immer beteuerte. Zudem konnte er ja keine andere Frau finden, die zu ihm passte. Dieses naive Gefühl machte mich durchaus stark, besonders meinen Eltern gegenüber, die von mir allerdings die sofortige Rückkehr forderten.

Da die Kurzeit sowieso um war und ich auch wegen meiner Eltern zurück musste, bestimmte er, dass wir gemeinsam über München nach Hause fahren. Wir mussten einmal übernachten und zum Glück hatte die Suite in dem Hotel »Bayerischer Hof« in München einen Salon, wo ich ein Einzelbett hineinstellen ließ. Die gemeinsamen Räume erschienen mir schon unangemessen, Heiratsabsicht hin oder her. Ich wollte nicht auf dem Bahnhof in Halle ankommen und die letzte Nacht mit einem Mann im gleichen Zimmer verbracht haben. Mein Ehr- und Schamgefühl verboten mir das.

Einige Tage später zu Hause, nachdem die Fragen drängender wurden, sagte ich, dass Carl-Friedrich Wentzel mich heiraten möchte. Davon waren meine Eltern zunächst nicht begeistert, immerhin lebte der Mann in Scheidung und sie fanden mich noch zu jung und unerfahren. Zudem hegten sie arge Bedenken wegen seines Rufes – diplomatisch ausgedrückt – dem anderen Geschlecht sehr zugewandt zu sein. Asche auf mein Haupt ließ ich mir allerdings nicht gefallen. Natürlich hat meine Familie gegen einen Carl-Friedrich Wentzel als möglichen Schwiegersohn nicht wirklich opponiert, doch verlangte sie strikt, dass die Verhältnisse klar sein müssten. Solange der Mann nicht frei war, stand eine nähere Verbindung außer Frage.

Eine ähnliche Stimmung herrschte in der Familie Wentzel, bei Ella und Carl Wentzel, den Eltern von Charly, wie ich ihn mittlerweile in Koseform nannte. Auch meine zukünftigen Schwiegereltern waren überrascht, sahen jedoch ein, dass die gegenwärtige Frau ihres Sohnes in der Tat nicht die richtige Lebensgefährtin für ihn war.

»Über die Stränge zu schlagen war normal und wurde nachgesehen.«

Der Mensch Carl-Friedrich Wentzel und sein Pflegebruder Dieter von Kietzell

Carl-Friedrich Wentzel, Jahrgang 1909, wuchs gemeinsam mit Dietrich von Kietzell auf. Dieter hatte seinen Vater im Ersten Weltkrieg verloren und alsbald verstarb auch seine Mutter. Im Alter von sechs Jahren kam er zu Ella und Carl Wentzel, einem Freund seines verstorbenen Vaters, nach Teutschenthal, um mit Carl-Friedrich gemeinsam aufzuwachsen und erzogen zu werden. Zunächst wurden die beiden Jungen privat im Hause unterrichtet, anschließend besuchten sie die Schule in Potsdam. Dort wohnten sie bei Herrn Oberstudiendirektor Wüllenweber, dem Direktor des Gymnasiums, der ihre sowie die Betreuung anderer Sprösslinge aus besserem Hause übernommen hatte. Wie Charly mir erzählte, war die Erziehung durchaus streng, doch Freiheiten gab es viele. Dazu gehörte, keinerlei Mangel zu leiden. Zum Beispiel bestellten sich die Jungs alles Mögliche in Berlin, von dem sie glaubten, es zu brauchen, und ließen die Rechnungen einfach zur Mutter schicken. Ein Limit gab es nicht, eine Rüge seitens der Mutter Ella auch nicht. Alles stand diesen jungen Menschen offen, denn es ging in der Hauptsache darum, das Leben kennenzulernen und zu genießen und weniger, sich mit vorbildlichen Noten hervorzutun. Über die Stränge zu schlagen, wie es so schön heißt, war normal und wurde nachgesehen. Rückblickend waren es für Charly Jahre des Genusses. Die beiden jungen Männer verkehrten nur mit namhaften und vermögenden Menschen aus der Gesellschaft. Die Potsdamer Adresse hatte einen guten Ruf, denn die Söhne von Kaiser Wilhelm besuchten ebenfalls dieses Potsdamer Gymnasium.

Im Jahre 1927 gingen Carl-Friedrich und Dieter gemeinsam nach England, wo sie auf einem College in London ihre englischen Sprachkenntnisse vertieften. Im Anschluss absolvierten beide eine landwirtschaftliche Lehre bei dem Onkel von Zimmermann-Nischwitz.

Charly heiratete sehr jung. Die Verbundenheit mit Dietrich von Kietzell dokumentiert auch, dass bei seiner ersten Vermählung eine Doppelhochzeit gefeiert wurde, denn Dieter heiratete gleichfalls an diesem Tage. Die beiden jungvermählten Paare unternahmen ebenfalls die Hochzeitsreise gemeinsam, jedoch muss diese Idee nach Charlys Erzählungen nicht die allerbeste gewesen sein. Leider habe ich Dietrich von Kietzell nie kennengelernt, er war in diesen Jahren im Kriegseinsatz. Alles, was ich von ihm weiß, ist, dass er sich wegen Kinderlosigkeit von seiner ersten Frau trennte, um dann eine Pfarrerstochter zu heirateten, mit der er fünf Kinder hatte.

Carl-Friedrich und seine Frau Rose lebten zunächst im Herrenhaus von Salzmünde und waren bekannt dafür, gerne und viele Feste sehr ausgelassen zu feiern und dabei natürlich, besonders in den Augen hart arbeitender, disziplinierter und älterer Herren, die Kultur des Unsinns zu pflegen. Es gibt Geschichten, wie die, dass Carl-Friedrich bei einem Erntedankfest auf einem Lipizzaner die Treppe zum Festsaal im Gasthof »Fortuna« hinaufritt und ähnliche. Solche Vorkommnisse sprachen sich natürlich in dem kleinen Ort schnell herum. In Salzmünde als Standort der Firma J. G. Boltze existierten verschiedene Betriebe wie die Saatzuchtanstalt und die große Zuckerfabrik, neben der sich direkt das Herrenhaus, das Geburtshaus seiner Mutter Ella von Zimmermann, befand. Fabrik und Herrenhaus waren mitten im Ort angesiedelt und es gab keinen Park um das Herrenhaus herum, der dieses vielleicht ein bisschen separiert und mehr Privatsphäre möglich gemacht hätte. Es existierte nur ein großer Garten hinter dem Haus. Die in Salzmünde verantwortlichen Inspektoren der Boltzeschen Unternehmen bekamen unweigerlich den gesamten Unfug des jungen Paares mit. Wie Charly mir ungern, doch manchmal amüsiert eingestand, gab es gegenüber seinem Vater Carl Wentzel wohl reichlich Beschwerden über seine Person.

Nun traf es sich, dass Carl Wentzel während der Woche fast täglich ins Herrenhaus zu Mittag einkehrte, weil sich dort der Verwaltungssitz der Boltzeschen Betriebe befand. Vater und Sohn begegneten sich somit sehr häufig und Carl-Friedrich muss sich aufgrund dieses Umstandes kontrolliert gefühlt haben. Sein Vater sparte nun nicht an Vorwürfen, wenn mal wieder eine Beschwerde vorlag. Charly, dem als mittlerweile erwachsenen Mann viel an seiner persönlichen Freiheit lag und der die gefühlte Beobachtung ablehnte, begehrte gegen diesen Zustand auf, der, wie ich vermute, auch noch Jahre später unvergessen war und mit dazu beitrug, dass das Verhältnis zwischen Vater und Sohn nicht das beste war.

In der Konsequenz – wie viele Auseinandersetzungen dem wohl vorausgegangen sein mögen, kann ich nur erahnen – bekam Charly die Güter Boltzenhöhe und Erbhof Fienstedt sowie das in Ostpreußen gelegene Gut Althof-Didlacken aus dem Besitz der Familie Boltze als Eigentum übertragen. Der Hintergrund war, dass er mit dieser Aufgabe Verantwortung entwickeln und sich als Unternehmer bewähren sollte. Leider existierte auf beiden Gütern kein angemessener Wohnraum für ihn und seine Familie, denn dort befanden sich lediglich die üblichen Inspektorenwohnungen. Dies war der Grund, dass die jungen Eheleute mit den beiden Töchtern Marietta und Eva in die Räume von Schloss Schochwitz zogen, das in der Mitte der beiden Güter lag und von dem aus sie einfach zu erreichen waren. Carl Wentzel ließ das Schloss als Wohnstatt für seinen Sohn sanieren, baute eine Heizung und Bäder ein. Das Gut Schochwitz befand sich seit Jahrzehnten in der Pacht der Familie von Zimmermann und war durch Heirat Teil der J. G.-Boltze-Unternehmen geworden, die in diesen Jahren durch Carl Wentzel geführt wurden. Die Pachtsituation erlaubte es ihm, die notwendigen Umbauten und Sanierungen im Schloss vorzunehmen. Mit diesen Maßnahmen wurde Charly endlich sein eigener Herr und zwar privat wie auch als Unternehmer, denn er bewirtschaftete seine Güter selbst. Das machte er gut, doch ging seine Ehe nach einem Jahrzehnt dem Ende entgegen. Und dann traf er mich.

»Sein Vater hatte ihm gesagt:
Die würde ich auch heiraten.«

Gemeinsam mit Carl-Friedrich Wentzel

Für mich begann nach meinem Kuraufenthalt in Bad Wörishoven eine aufregende Zeit, und ich war sehr glücklich. Ich wurde innigst geliebt und ich erwiderte diese Liebe mit meinem ganzen jugendlichen Herzen. Dass die Welt und auch meine Eltern gegen unsere Verbindung waren, schweißte Charly und mich nur noch mehr zusammen und wir erlebten in unseren gemeinsamen Stunden eine Nähe, nach der ich mich sehnte, sobald wir uns trennen mussten. Der erste, an den ich frühmorgens beim Aufwachen dachte, war Charly, genau wie er abends mein letzter Gedanke war. Ich war wirklich sehr verliebt.

Charly hatte bereits die Scheidung von seiner Frau Rose eingereicht, sodass der erste wirklich wichtige Schritt für unsere gemeinsame Zukunft getan war. Womit wir allerdings nicht rechneten, waren die Hindernisse, die uns in den Weg gelegt wurden. Von verschiedenen Personen wurde durchaus daran gedacht, ihn von mir zu trennen, und dies geschah dann auf höchst unelegante Weise. Tatsächlich wurde Charly noch im gleichen Jahr zum Militär eingezogen. Sicherlich, wir hatten Krieg, doch die Landwirte wurden eher zu Hause auf ihren Höfen und Gütern gebraucht, galten in der Regel als »unabkömmlich« und wurden nicht eingezogen. Ich vermute, dass diese unschöne Entwicklung durch Mitglieder der doch recht großen Familien Wentzel oder von Zimmermann eingeleitet wurde. Dieser Vorgang war ziemlich heimtückisch, und ich fühlte mich mit verantwortlich für dieses Ereignis, denn immerhin galt ich als der Scheidungsgrund. Man wollte uns offensichtlich auseinanderbringen, was mich kränkte. Wollte man ihn oder mich vor einer Dummheit schützen?

Was mir zwar häufig gesagt wurde, mich in seiner wirklichen Tragweite jedoch nie erreichte und was ich auch nicht wahrhaben wollte, war, dass er als Frauenliebling galt und sich auch gefiel in dieser Rolle. So hoffte man auch diesmal, dass ich für ihn nur eine Affäre war. Doch Charly und ich hatten keine Affäre, wir waren verliebt.

Der Einberufungsbefehl wurde zugestellt und Charly in Chemnitz stationiert. Sicherlich, dass war nicht allzu weit, aber immerhin war er für mich nicht mehr da. Er wurde sozusagen »Arschsoldat« und musste plötzlich strammstehen. Zusammen mit anderen 19- und 20-Jährigen musste er exerzieren und das Kriegshandwerk üben. Natürlich fiel ihm das sehr schwer. Eigentlich war er ziemlich verzweifelt. So schrieb er mir denn auch viele Postkarten, in denen er mich immer seine »liebste Blacky« nannte, »Blacky« – das war wegen meiner schwarzen Haare. Er hatte Sehnsucht nach mir und ich wollte doch alles für diesen Mann tun, der auf mich trotz seines Alters so oft wie ein kleiner Junge wirkte, den es zu beschützen galt.

Sehnlichst wünschte er sich, dass ich ihn besuchen sollte, doch meine Eltern verweigerten mir ihre Zustimmung. Nun passierte etwas ganz Außergewöhnliches. Eines Tages wurde ich tatsächlich von seiner Mutter Ella Wentzel angerufen. Auch sie richtete den Wunsch an mich, ich möge Carl-Friedrich besuchen. Wahrscheinlich ertrug sie es nicht, ihren Sohn, der seinen Kummer nicht vor ihr verbarg, so leiden zu sehen. Wie Mütter nun mal sind, wollte sie nur das Beste für ihren Sohn. Sie hatte in ihrer gesellschaftlichen Position und noch mehr aber als Mutter erlebt, dass Charlys erste Frau allgemein keine Zustimmung fand und diese Ehe nicht glücklich war. Sie glaubte den Beteuerungen ihres Sohnes, dass er mich liebte. Ella Wentzel rief mich mehrfach an und nannte mich, ich kann mich gut entsinnen, Fräulein Lore. Kurzerhand stellte sie mir ihren Mercedes plus ihren Fahrer Hase zur Verfügung, um nach Chemnitz zu gelangen. Nun konnten sich meine Eltern auch nicht mehr groß gegen ein Zusammentreffen wehren, denn ich bekam Unterstützung »von der anderen Seite«. Dieser Schritt war für sie ein Signal, dass ein Kontakt gewollt war. Was soll ich sagen, ich fuhr tatsächlich nach Chemnitz, wo Charly sich einen Tag Urlaub genommen hatte. Dort haben wir uns noch einmal fest versprochen und es kam, wie es kommen musste: Ich fuhr nun häufiger nach Chemnitz.

Genauso entschlossen, wie ich meinen Eltern erklärte, dass ich es mit Charly ernst meinte, trat er seinen Eltern gegenüber auf. Unsere Entschlossenheit imponierte schon. So war es ebenfalls unvermeidlich und ein weiterer Schritt hin zu unserem Glück, dass sein Vater Carl Wentzel wünschte, mich kennenzulernen. Es war damals so üblich, dass der angehende Schwiegervater die zukünftige Schwiegertochter erst einmal in Augenschein nahm und ich wurde zu einem Treffen in das Hotel »Zum Kronprinzen« in Halle bestellt. Eigentlich war das erste Haus am Platze das Hotel »Stadt Hamburg« gegenüber der Dresdner Bank, doch um mich dort zu empfangen, war Carl Wentzel sich meiner Person wohl noch nicht sicher genug. Natürlich war ich aufgeregt, aber auch selbstbewusst. Für alles, was hätte schief gehen können, war kein Platz in meinem Kopf. Also bin ich hoch erhobenen Hauptes in das Hotel »Zum Kronprinzen« gegangen. Carl Wentzel empfing mich freundlich. »So, Fräulein Lore. Sie möchten meinen Sohn heiraten!« So direkt gefragt konnte ich auch nur direkt antworten. »Nein, Ihr Sohn möchte mich heiraten.« Das habe ich gesagt. Ihr Sohn möchte mich heiraten! Ganz intuitiv. Meine schnelle Antwort fand bei ihm Gefallen und unser anschließendes Gespräch führten wir recht offen, waren wir doch beide neugierig auf den anderen. Von ihm erfuhr ich vom Problem der »alten Tanten« aus der Familie Wentzel. Die munkelten einiges über mich, welche »Person« ich sei und so. Stellten mich infrage. Plötzlich war ich im Tratsch der Damen eine Tänzerin mit einem wohl sehr leichten Leben. Wer weiß, was alles Negatives über mich erzählt wurde. Mich persönlich hat das weniger gestört. Ich war stark, ich war die Lore Petzhold.

Carl Wentzel war ausgesprochen nett zu mir und unser erstes Gespräch ist mir in sehr angenehmer Erinnerung. Freimütig erzählte ich ihm, dass ich eigentlich nach Berlin zur Tanzausbildung wollte, dank der Kur sei ich ja jetzt gesund. Er erwähnte schon, dass ich im Falle einer Heirat natürlich auf dem Lande leben würde und der Traum vom Tanzen ein Traum bleiben müsste, denn das Landleben sei nicht einfach. Damit hatte ich keinerlei Problem und ich berichtete ihm von meinen Aufenthalten in den Herbstferien bei meiner Großtante in Gransee. So ganz unbedarft, was das Landleben betraf, war ich ja nicht. Zudem ging ich davon aus, dass Teutschenthal, das ich automatisch als Zentrum meines zukünftigen Lebens sah, nur fünfundzwanzig Kilometer von Halle entfernt liegt. Ich wäre ja nicht aus der Welt.

Ich habe als junge Frau und in der Rolle einer angehenden Schwiegertochter auf den Unternehmer und Großgrundbesitzer Carl Wentzel wohl einen guten Eindruck gemacht. Als ich danach nach Hause kam, rief mich natürlich sofort Charly an. Er hatte bereits mit Pappelchen, so nannte er seinen Vater, gesprochen. Charly war überglücklich, denn sein Vater hatte ihm gesagt: »Die würde ich auch heiraten.« Genau in diesem Wortlaut und ein schöneres Kompliment konnte es für mich nicht geben. Ich war überglücklich, als ich dies hörte, und schwebte auf Wolke sieben.

Doch es gab immer noch weitere Probleme. Nicht genug, dass Charly in Chemnitz den Militärdienst leisten musste, nein, er kam tatsächlich in den Kriegseinsatz nach Serbien. Da war nun Schluss mit lustig. Seine Mutter war natürlich todunglücklich und voller Sorge, denn das war schlicht lebensgefährlich. Das einzig Gute daran war, dass Ella Wentzel und ich uns durch unsere gemeinsame Sorge um den geliebten Menschen sehr nahekamen. Die Postkarten, die mich in jener Zeit von Charly erreichten, waren herzerweichend. – Liebe Blacky, hol mich hier raus! – Natürlich habe ich Vater Wentzel angerufen und ihn gebeten, etwas zu tun. Es waren so viele landwirtschaftliche Inspektoren und Gutsherren freigestellt, warum sollte denn ausgerechnet sein Sohn, sein Erbe, im Krieg sein? Ich ahnte, dass es meinem zukünftigen Schwiegervater nur wenige Anrufe kosten würde und mein Carl wäre wieder zurück. Und tatsächlich bewegte sich Carl Wentzel, die Situation pressierte wohl auch aus seiner Sicht zu sehr. Alsbald kam Charly zurück.

Meine zukünftigen gesellschaftlichen Kreise waren schon anders, als ich es gewohnt war, aber vieles kannte ich auch schon von zu Hause. Ich war gestählt, denn die Umstände in meiner Kindheit hatten mich doch reifen lassen. Auch wenn diese neue Gesellschaft natürlich elitärer war, bewegte ich mich darin sehr sicher. Ich war total sicher. Auch wir hatten einen Diener, ein Hausmädchen, auch wir feierten Feste. Ich war fit.

Als versprochenes Paar konnten wir nun endlich unsere Hochzeit planen. Charly hielt wie erwartet bei meinem Vater offiziell um meine Hand an. Er kam eines Sonntags im dunklen Anzug, wie es sich gehört.

Kirchlich geheiratet haben wir am 14. September 1941. Es dauerte also nach unserer ersten Begegnung im Sommer 1940 noch ein ganzes Jahr, bis wir heiraten konnten. Unsere standesamtliche Trauung fand am 12. September 1941 in der Gemeinde Schochwitz statt, dort, wo wir auch im Schloss wohnen wollten. Getraut hat uns der Bürgermeister Rosenbaum.

Ich kann mich genau an eine Episode erinnern, die sich kurz nach der standesamtlichen Trauung ereignete. Meine Schwiegereltern, mein Vater und wir saßen nach der Trauung im Schloss Schochwitz beim Glas Champagner zusammen, als das Telefon klingelte. Ich ging an den Apparat, stockte, und wusste erst gar nicht, was ich sagen sollte. Mein Schwiegervater erkannte meine Verlegenheit und half mir etwas amüsiert: »Du darfst jetzt ruhig sagen ›Hier Frau Wentzel‹«. Das war für mich im ersten Moment schon eine Umstellung. Ich zögerte leicht.

Unseren Polterabend feierten wir am Tag darauf in der Wohnung meiner Eltern. Die war riesengroß, bot also genug Platz, und überall standen und hingen Blumen. Die herrlichsten Blumengirlanden und Sträuße waren vom Obergärtner Busch der Familie Wentzel herangeschafft worden. Unsere

Besucher wurden mit einem üppigen kalten Büfett bewirtet, das ebenfalls aus Teutschenthal kam. Meine Familie hätte es selbst gar nicht so reichlich organisieren können, denn es war ja Krieg und der Mangel spürbar. Doch auf Teutschenthal gab es immer etwas zum Essen, denn Wild war mehr als genug vorhanden. Zum Polterabend ergab es sich, dass sich meine Eltern mit den Schwiegereltern näher bekannt machten, und es dauerte nicht lange, da duzten sie sich. Max und Carl, Ella und Trude. Gepoltert wurde reichlich und Klavierspiel und Gesang begleiteten den Abend. Es herrschte eine herrliche Stimmung unter unseren zahlreichen Gästen. Die Gesellschaft war wahrlich groß, denn sämtliche Mitglieder beider Familien waren auch aus der Ferne angereist.

Die kirchliche Trauung erfolgte in der Stephanuskirche in Halle, der Zweitkirche meiner Gemeinde. Die Familien Petzhold und Wentzel gehörten beide der evangelischen Christengemeinde an. Wenigstens hier hatten wir keine Probleme. Gerne hätte ich in der Laurentiuskirche, der eigentlichen Gemeindekirche meiner Familie geheiratet, doch sie lag mitten in dem Friedhof, wo meine liebe Großmutti beerdigt worden war. Ich wollte zu meiner Heirat nicht über einen Friedhof und am Grab meiner Großmutti Agnes vorbeigehen. Ich denke, das ist nachvollziehbar und auch Carl-Friedrich verstand dies. Die eigentliche Hochzeitsfeier fand im Haus Broskowski statt. Die Familie Broskowski war in Halle sehr bekannt, da sie mehrere geschäftliche Unternehmen hatte. Ihr Feinkostgeschäft Pottel & Broskowski lag an der alten Promenade direkt gegenüber dem Ufa-Theater. Das Unternehmen gründete eine weitere Filiale in der Leipziger Straße gegenüber dem Leipziger Turm, wo wir auch feierten. Im Erdgeschoss befand sich die Feinkostabteilung und im ersten Stockwerk lagen die Gesellschaftsräume mit einem großen Saal, einem Salon und einem runden Raum zum Tanzen.

Aus ethischen Gründen verbot es sich mittlerweile, öffentlich zu tanzen, denn der Krieg dauerte an und viele Männer waren im Feld. Etwas schlicht war unsere Feier schon, aber sehr schön. An diesem Tag lernte ich auch Major Otto Schaumburg kennen. Er hatte die Organisation der Feier übernommen, denn er wickelte fast alle gesellschaftlichen Anlässe des Hauses Wentzel ab und vertrat, wenn nötig, schon einmal bei Feierlichkeiten den Hausherrn. Major Schaumburg hatte ein lebenslanges Wohnrecht bei der Familie Wentzel und war ein ehemaliger Schulkollege meines Schwiegervaters. Zu unseren Gästen zählte ebenfalls der Cousin Carl Wentzels, Major Karl Gall. Was ich damals noch nicht wusste: Mein Schwiegervater hatte unter dessen Namen in Österreich ein Gut gekauft, das die Familie Gall bewohnte. Auf Handschlag zwischen den beiden Ehrenmännern. Carl Wentzel hatte dieses Gut vorsorglich erworben für den Fall, dass der Krieg eskalierte und wir Frauen flüchten müssten. Da die Nationalsozialisten ihm als Großgrundbesitzer nicht erlaubten, noch mehr Eigentum zu erwerben, hatte er den Kauf auf den Namen seines Cousins getätigt. Carl Wentzel hatte in den Augen der Partei NSDAP genug Besitz. Die Nazis hätten ihm gerne eher etwas weggenommen.

Mein Mann Charly trug zur Hochzeit seine neue stattliche Uniform. Er war zwar aus dem Militärdienst entlassen worden, doch sollte er zum Sonderführer für die östlichen Gebiete ernannt werden. Dahinter steckte der Gedanke, dass die im Krieg eroberten und besetzten Länder von deutschen Landwirten besiedelt und bearbeitet werden. Und für diese Aufgabe, so der Duktus der Partei, brauche man hochkarätige Deutsche. Die Erwählten trugen den Titel Sonderführer Ernährung und Landwirtschaft und standen im Offiziersrang. Eine Ehre und Anerkennung, keine Frage. Ich wusste nicht, dass Charly zum Zeitpunkt unserer Hochzeit noch gar nicht berufen war. Er hatte dieser Ernennung vorgegriffen und sich schon mal die Offiziersuniform schneidern lassen, um sie zur Hochzeit zu tragen. Schick war diese. Selbst der Säbel fehlte nicht, der allerdings nicht recht zu ihm passen wollte. Er war doch eher ein Sunnyboy, auch ohne Sonnenbrille, die er tatsächlich an diesem Tag ablegte.

Manche unserer Gäste seitens der Familie Wentzel waren mir kaum bekannt. Woher auch. Doch sollte ich in den kommenden Jahren einige von ihnen näher kennenlernen und ihre Bedeutung für mein Leben sollte zunehmen. Manchmal mehr als mir lieb war.

»Doch ich wollte mehr tun, als die klassischen Aufgaben für eine Gutsfrau vorsahen.«

Unser gemeinsames Leben auf Schloss Schochwitz

Charly und ich bezogen die Räume des Schlosses Schochwitz. Wir hatten dieses Renaissanceschloss nicht allein für uns. In dem Gebäudetrakt rechter Hand lebte Frau Generalin Antoinette von Alvensleben, während wir den linken und den vorderen Teil bewohnten. Antoinette von Alvensleben war eine freundliche alte Dame, mit der ich mich hin und wieder zum Kaffee traf, denn wir waren engste Nachbarn. Ihr Mann, der preußische Generalmajor Ludolf von Alvensleben, starb bereits 1912. Sie war auch die Mutter von Ludolf-Hermann von Alvensleben, der unter dem Namen »Bubi« eher unrühmlich bekannt war. »Bubi« hatte mit dem Ableben seines Vaters Gut und Schloss Schochwitz geerbt, das sich seit 1849 als Pachtgut im Besitz der Firma J. G. Boltze befand und nun von meinem Schwiegervater Carl Wentzel verwaltet wurde.

Mein Mann und ich waren sehr glücklich darüber, zusammen zu sein und unsere Ehe begann vielversprechend. Wir richteten uns im Schloss neu ein, denn das wünschte ich mir schon. Ich wollte nicht mit dem bisherigen Mobiliar, das zu Charlys erster Ehe gehörte, leben. So schmückten herrliche neue Möbel unser gemeinsames Heim. Das Personal veränderten wir nicht, dazu bestand kein Anlass, jedoch stellte mir meine Schwiegermutter Ella Frau Agnes Richter als Mamsell zur Verfügung und mit ihr war im Haushalt für alles bestens gesorgt.

Langsam lernte ich den Beruf meines Mannes näher kennen. Sicherlich habe ich gewusst, dass wir auf dem Land leben würden, doch dass es mir so gut gefallen würde, hatte ich nicht geahnt. Ich ging voll und ganz in meiner neuen Rolle als Frau Wentzel und Gutsherrin auf. Auch durch meine Kleidung unterstrich ich den Charakter meiner Aufgabe. Täglich zog ich eine grüne Reithose, Reitstiefel und einen grünen taillierten Reitblazer an, denn das war die traditionelle und angemessene Kleidung auf dem Lande, die mein Mann auch trug. Ich kannte diesen Bekleidungsstil, der mir so gut stand, ja bereits durch mein Reiten in Halle und fühlte mich darin sehr, sehr wohl.

Mein Mann war ein modern ausgerichteter Landwirt, und oft sind wir zusammen über die Höfe gefahren. Er bewirtschaftete die Güter Boltzenhöhe und Erbhof Fienstedt. Beide Betriebe stammen aus dem Besitz der J. G. Boltze, wobei Fienstedt als Stammsitz der Familie Boltze bezeichnet werden kann. Er war ein von drei Seiten durch Gebäude abgeschlossener Hof mit dem Haupthaus an der Kopfseite, das, wenn auch nur kleine, so doch durchaus herrschaftliche Säulen vor dem schmalen Terrasseneingang schmückten. Rechts und links befanden sich die Tierställe und darüber die Wohneinheiten für die Arbeiter. Im Haupthaus gab es eine Wohnung für den Inspektor und die Büroräume der Verwaltung. Mit 342 Morgen Land bewirtschafteter Fläche war dieser Hof im Vergleich zum Gut Boltzenhöhe mit 1.706 Morgen wahrlich klein zu nennen, wobei sich dieser überschaubare Hof so selbstverständlich in die sanft geschwungene Landschaft einbrachte, dass man glauben konnte, er sei schon immer da gewesen. Boltzenhöhe hingegen war ein imposantes, majestätisch wirkendes Gut, etwas höher auf einer Kuppe gelegen, weshalb es auch die Bezeichnung »Höhe« im Namen trägt. Boltzenhöhe faszinierte schon allein durch seine großzügigen Abmessungen und war für landwirtschaftliche Großproduktion einfach prädestiniert. Von baulicher Schönheit war die gigantische Scheune aus Ziegelstein, die eine ganze lange Seite des vierkantigen Hofes dominierte. Das Gut präsentierte sich dem Betrachter mit seiner erhabenen Aura einfach herrschaftlich und beeindruckte mit der funktionierenden Wirtschaft nicht allein unsere Gäste, sondern ebenso immer wieder auch mich aufs Neue. Unsere Güter konnten sich sehen lassen und man konnte stolz darauf sein.

Als fortschrittlicher und innovativer Landwirt probierte Carl-Friedrich einiges in der landwirtschaftlichen Produktion aus. So ließ er zum Beispiel die Kuhställe weiß streichen und eine Radioanlage dort installieren. Er beschallte die Kühe mit Musik, weil er davon ausging, dass die Tiere sich dann wohler fühlten und sich dies positiv auf die Milchmenge auswirkte. Er ließ modernste Mistanlagen bauen, wobei der Boden mit riesigen Zementplatten ausgelegt wurde, die dank eingebrachter Schlitze durchlässig waren. Die durch die Spalten rinnende Jauche sammelte sich unten in einer Wanne, wo diese einfach abgepumpt und auf den Feldern als Dünger die

Die etwa einjährige Lore mit ihrem Vater Max Petzhold, 1921

Die Eltern Max und Gertrud Petzold, um 1915

Die kleine Lore auf ihrem Schaukelpferd, August 1922

Kein Kind von Traurigkeit – Lore mit einem Korpsstudenten, 1926

Im Kostüm für einen Maskenball, 1928

Die Familie in ihrem Zuhause in der Geiststraße, Lore 2. v. r., Juli 1926

Mit Mutter, Schwester Lilo und Jochen Schmidt, dem Freund und späteren Mann Lilos, 1931 in Braunlage, Lore r.

Die Achtzehnjährige, 1938

Die Familien zu Pfingsten 1934, Lore l.

Die Schwestern mit der Mutter in Bad Liebenstein, 1935, Lore l.

Man sieht ihr das Glück an – Lore im Jahr der Hochzeit 1941

Das Brautpaar am Tag der standesamtlichen Trauung am 12.9.1941

Die Hochzeitsgesellschaft in der Wohnung der Eltern, 12.9.1941

Vor der Stephanuskirche im halleschen Mühlwegviertel, 14.9.1941

Das Brautpaar bei der Zeremonie der Trauung, 14.9.1941

Das glückliche Hochzeitspaar mit den Eltern, 14.9.1941

Das Brautpaar mit zwei Blumenkindern, 14.9.1941

Nach der Hochzeit zog Lore zu Charly in das Renaissanceschloss Schochwitz

Familienwappen der Wentzels

Blick in einen Salon auf Schloss Schochwitz

Ankleidezimmer auf Schloss Schochwitz

Das Herrenzimmer auf Schloss Schochwitz

Schreibtisch im Herrenzimmer auf Schloss Schochwitz

Eingangstor zum Schloss Schochwitz

ihr zugedachte Verwendung fand. Der eigentliche, so trocken gelegte Mist wurde gestapelt und sah sehr ordentlich aus; den klassischen Misthaufen mit seinem unordentlichen Anblick und manchmal ja auch pikant-aufdringlichem Geruch gab es bei uns nicht. Weiterhin experimentierte Charly hinsichtlich der Fruchtfolge auf den Feldern und konnte durchaus auf Erfolge verweisen. Das wusste auch mein Schwiegervater und er kam oft mit seinen Gästen auf unsere Wirtschaften gefahren, um hier neue und moderne Methoden der Landwirtschaft zu dokumentieren.

Während unserer gemeinsamen Fahrten, die Charly und mich über unsere Güter führten, habe ich viel über die Leitung eines landwirtschaftlichen Betriebes gelernt. Ich war mit dabei, wenn Charly mit dem Inspektor über die tagesaktuellen Dinge sprach und erfuhr von den Aufgaben, den Problemen und deren Lösungen.

Als nachteilig empfand ich allerdings den Umstand, dass ich doch viel Zeit allein auf Schochwitz zubrachte. Es gab dort für mich nichts zu tun. Der Haushalt wurde gemanagt und ein Engagement meinerseits wäre vom Personal als Einmischung empfunden worden. »Das braucht gnä' Frau nicht zu tun«, wurde mir bei der Erledigung kleinster Aufgaben gesagt. Einmal sogar beim Verrücken einer Vase! Meine Aufgabe bestand lediglich in der monatlichen Kontrolle der Lebensmittel wie aller Konserven-, Mehl- und Apfelbestände. Und dabei ging mir meine Mamsell Agnes Richter zur Hand.

Sicherlich hatte ich weitere Verpflichtungen, denn als Frau Wentzel war ich Vorsitzende der Landfrauen und unsere Kontakte zur Bevölkerung möchte ich als sehr gut bezeichnen. Die Familie Wentzel war geachtet, und bei unseren Mitarbeitern waren wir, was mir ein ganz selbstverständliches Gefühl im respektvollen Umgang miteinander gab, gerne gesehen. So habe ich zum Beispiel bei Geburten in den

Arbeiterfamilien ganz traditionell die Wochensuppe für die Wöchnerin in die Häuser gebracht. Ich benutzte dazu ein kleines Pony namens Klein-Ella und einen ebenso winzigen Kutschwagen, womit ich mich schnell und umstandslos in der näheren Umgebung bewegen konnte. Für weitere Fahrten stand mir meine Stute Loretta nebst Kutsche zur Verfügung, aber Klein-Ella war schon praktisch. Loretta hatte mir Charly geschenkt. Sie war eine Kreuzung aus einem Lipizzaner mit ostpreußischem Warmblut und ihr edles Blut konnte man ihr ansehen, denn sie war eine Schönheit. Ich kam sehr gut mit ihr zurecht und fuhr oft auch allein mit ihr durch die Felder und Wälder. Ein Pferd mit Kutsche war damals noch ein ganz selbstverständliches Transportmittel. Das Automobil hatte diese traditionelle Art der Fortbewegung noch nicht ganz verdrängt und besonders auf dem Land war die bekannte Pferdekutsche oft das einzige, was zur Verfügung stand. Sicherlich hat dazu beigetragen, dass wir aus kriegsbedingten Gründen die meisten Automobile abgeben mussten. In den Ställen der Familie Wentzel wurden neben den Arbeitspferden ganz selbstverständlich auch edle Pferde und bevorzugt Lipizzaner gehalten. Diese herrlichen, barocken Pferde waren ohne Frage auch ein Statussymbol. Ich kann mich gut an das jährliche Reitturnier auf Gut Kreuz in Kröllwitz erinnern. Die Reitturniere waren ganz besondere Feste und die Teilnehmer rekrutierten sich ausschließlich aus den begüterten Gesellschaftskreisen. Man ritt, weil man es sich leisten konnte, denn der Reitsport war in jenen Jahren fürwahr eine elitäre Sportart. Demzufolge waren die Turniere auch mit viel gesellschaftlichem Glanz verbunden. Noch gut kann ich mich an mein freudiges Gefühl erinnern, wenn sich die Kutsche der Familie Wentzel, gezogen von drei weißen, über das Reitareal galoppierenden Lipizzanerhengsten und gelenkt von einem eleganten Kutscher in Frack und Zylinder, als ein Höhepunkt und beeindruckendes Abschlussbild eines solchen Festes, präsentierte. Diese herrliche Turnierveranstaltung wurde leider mit der Fortdauer des Krieges als Volksfest untersagt.

Natürlich sind Charly und ich häufig nach Teutschenthal gefahren, einmal der Familie wegen aber auch, um bei gesellschaftlichen Anlässen präsent zu sein. Von meinem Mann wurde erwartet, dass er als Sohn und Erbe der Wentzel-Boltze-Unternehmen bei Gesellschaften des Hauses zugegen war. Immer wieder staunte ich über dieses wunderbare Schloss. Unten an der Treppe zum Aufgang des Schlosses erwartete uns der Diener Friedrich, der uns die Treppe hinauf begleitete. Bei Regen schützte er uns mit einem Regenschirm. Die marmorne Vorhalle wurde durch eine große geschnitzte Holztür vom Eingang der großen Halle getrennt. In der Vorhalle befanden sich links und rechts die marmornen Toilettenräume für Damen und Herren. Die große Halle hatte eine lichte Höhe, denn sie ging über drei Stockwerke. Den Abschluss hoch oben bildete, einer Krone gleich, ein buntes Glasdach. Beim Eintritt führte der Weg geradeaus direkt zum steinernen Kamin, den zwei seitlich angebrachte Marmorsäulen einrahmten. Davor war eine Sitzgruppe mit sechs Sesseln, die zum Hinsetzen einluden, positioniert. Neben jedem Sessel war ein Tischchen platziert, wo die Besucher Gläser und Tassen abstellen konnten. Vornehmlich an diesem Orte fanden die Gespräche meines Schwiegervaters mit seinen Gästen statt. Waren wir eine kleine Runde, verbrachten wir den Abend nach dem Essen vor diesem Kamin. Die an die Halle grenzenden Räume wurden allesamt durch schwere Schiebetüren von dieser getrennt. Links vom Eingang befand sich der braune Salon. Er wurde als Sitzungsraum für Herrengesellschaften genutzt. Eine Tür weiter trat man in einen wunderbaren Musiksalon ein, der mit einem weißen Flügel

„Schloß Schochwitz"
12.04. 2009

ausgestattet war. Die Wände waren im fußbodennahen Bereich mit weißem Holz bekleidet und im oberen Teil mit rotem Samt bespannt. Diesem Raum folgte das Damenzimmer, ein blauer Salon, der in einen Erker mündete. Von dort aus gelangte man in die kleine Bibliothek, die mit Ebenholz ausgestattet war. In großen Schränken und mit Glasschiebetüren geschützt, befanden sich die Bücher des Hauses. Von hier aus wie auch von der Halle aus erreichte man das Arbeitszimmer meines Schwiegervaters. Dies war von eher schlichter Anmut. Sein Schreibtisch stand links am Fenster. Eine einladende Sitzgruppe erlaubte, in entspannter Atmosphäre intime Arbeitsbesprechungen zu führen.

Wandte man sich beim Eintritt in die Halle nach rechts, gelangte man in das Speisezimmer. Ein großer ovaler Esstisch beherrschte das Bild und die dazu gehörenden Stühle waren mit hohen geschnitzten Rückenlehnen ausgestattet. Dem Tisch saß zum Essen natürlich immer Carl Wentzel vor und zu seiner linken Hand hatte Ella ihren festen Platz. Rechts vom Gastgeber wurde die jeweilige Tischdame platziert. Waren Charly und ich alleine zugegen, wurde mir immer dieser Platz zugewiesen. Durch den Essraum erreichte man einen geschlossenen Terrassenraum, der durch große Fenster den Blick auf den Park erlaubte. Nach draußen gelangte man durch entsprechende Glastüren. Der Terrassenraum selbst wurde von den Damen der Gesellschaften sehr gerne genutzt. Sie nahmen hier ihren Mokka ein und widmeten sich ihren Gesprächen. Auch vom Herrenzimmer aus gelangte man in einen Terrassenraum, dem zweiten im Hause. In ihm stand ein sechseckiger Marmorbrunnen, der beständig sprudelte. Ihn zierte die marmorne Gestalt eines Jünglings, der in ein Horn blies. Ebenfalls von diesem Terrassenraum aus konnte man nach draußen auf die Terrasse treten.

Die eigentliche Küche befand sich im Keller und ein Fahrstuhl brachte die Speisen in den Vorbereitungsraum, der an das Esszimmer anschloss und von dem aus serviert wurde. Das Essen trug immer das Hauspersonal auf. Auch hierbei oblag dem Diener meiner Schwiegereltern Friedrich die Organisation.

Von der Eingangshalle führte eine breite Holztreppe mit einem geschnitzten Geländer in die oberen Stockwerke. Im ersten Geschoss linker Hand befand sich der große Saal, in dem sich alle zu Weihnachten und den Geburtstagen versammelten. Hier konnte eine große Schar Gäste Platz finden. Leider wurde dieser Raum in meiner Zeit wenig genutzt, da die Kriegszeit es nicht gebot, große private Feste zu feiern. Ich kenne den Raum zumeist still und stumm. Neben dem großen Saal, aber von außen begehbar, befand sich eine Trinkstube, auch Jagdzimmer genannt. Hier waren die Wände mit Holz und dunkelgrünem Tuch bekleidet.

Auf dieser Etage lagen ebenfalls die privaten Räume. Ella hatte hier ihren eigenen Bereich, in den sie sich zurückziehen konnte. Es war ein richtiggehend privates Gemach, in dem sie ihre persönlichen Dinge, die ihr wichtig waren, aufbewahrte. Auch hatte sie hier ein eigenes Telefon mit separater Telefonnummer, sodass sie ihre privaten Gespräche auch außerhalb der vom Personal bewirtschafteten Räume führen konnte. Und Charlys ehemaliges Kinderzimmer lag hier. In dem sehr großzügigen Badezimmer befand sich eine marmorne, in den Boden eingelassene Badewanne, in die der Badende über wenige Stufen einstieg. Das Bad war komplett mit hellgrauem Marmor ausgestattet. Dies alles gehörte zur selbstverständlichen Lebensart meiner Schwiegereltern. Stieg man die Treppe weiter hinauf, erreichte man die Gästezimmer. Sie wurden häufig und besonders gern von den geladenen Jagdgästen zu den veranstalteten Jagden in Anspruch genommen. Ein weiteres Geschoss höher befanden sich Kleiderkammern, in denen auch älteste Garderoben aufbewahrt wurden. Selbst die früheren Prachtroben der Anna von Zimmermann, Ellas Mutter, befanden sich darin.

Die gesellschaftlichen Treffen, an denen Charly und ich teilnahmen, fanden meist in einem überschaubaren Kreis statt und ich lernte dort so manche Wirtschaftsgröße, wie Herrn Kommerzienrat Reusch von der Gute-Hoffnungs-Hütte, Herrn Generaldirektor Vögler der Firma Stinnes, Herrn Tilo Freiherr von Wilmowsky, Schwager von Gustav Krupp von Bohlen und Halbach, Professor Sauerbruch aus Berlin und Herrn Otto Henkell von der Sektkellerei, persönlich kennen. Häufig war auch der Nachbar Dr. Max Schröder, ebenfalls Gutsbesitzer und Landwirt aus Etzdorf zugegen sowie der Kammergerichtsrat Dr. Drache mit seiner Frau, der sämtliche Rechtsangelegenheiten für das Haus Wentzel erledigte.

Ich weiß noch, dass ich einmal mit Herrn Otto Henkell anlässlich einer Jagd, zu der mein Schwiegervater geladen hatte, in einer Kutsche zur Jagdgesellschaft fuhr. Herr Henkell wirkte sehr bedrückt und ich erfuhr, dass er um seinen Sohn, der im Krieg gefallen war, trauerte. Er rührte wirklich mein Herz und mitfühlend fragte ich nach dem Namen seines Sohnes. »Stefan«, sagte er zu mir. Stefan, das gefiel mir und als unsere Fahrt zu Ende ging, versprach ich ihm, sollte ich, was wir alle hofften, einen Sohn gebären, würde ich ihn Carl-Stefan nennen.

Eine sehr enge Beziehung entwickelte ich auch zum Pfarrer unserer Gemeinde, Herrn Wolf von Biela und seiner Familie, die nur wenige Schritte dem Schloss Schochwitz gegenüber an der Kirche wohnte. Im Kreise dieser freundlichen Familie habe ich so manchen Nachmittag verbracht.

Doch ich wollte mehr tun als die klassischen Aufgaben für eine Gutsfrau vorsahen. Langsam fing ich an, auf unseren beiden Gütern jeweils eine kleine Krankenstube einzurichten. Als Rot-Kreuz-Schwester und Arzttochter sah ich doch, dass medizinische Hilfe notwendig war und durch meinen Vater war es mir möglich, an Verbandszeug, Jod und Salben zu kommen. Die Leute nahmen mein Angebot einer Behandlung gerne an. Jeder konnte zu mir kommen, ob mit einem eingerissenen Fingernagel oder mit einem Hautekzem. Hier konnte ich mich wirklich nützlich machen, hier wurde ich gebraucht und meine Bemühungen sind mir von meinen »Patienten« sehr gedankt worden.

Eine besondere Freude für mich war, dass auch mein Schwiegervater mit mir häufig über Land fuhr und mir die Besitztümer der Familie, die verschiedenen landwirtschaftlichen Güter, die Veredlungs- und Verarbeitungsbetriebe, die alle zusammen einen riesigen Wirtschaftskomplex bildeten, zeigte und mich mit den zuständigen Beamten bekannt machte. Ihm lag schon sehr daran, dass ich als Frau seines Sohnes Bescheid wusste. Ich war an allem interessiert, selbst an den verwaltungstechnischen Dingen und ihn freute es offensichtlich, dass seine Schwiegertochter so begeistert Anteil nahm. Carl Wentzel erklärte mir auch immer wieder die Zusammenhänge und langsam gewann ich einen Einblick in das umfangreiche Wirken der Unternehmen C. Wentzel/ Teutschenthal & J. G. Boltze/Salzmünde. Mir wurde die Bedeutung, die dieser Mann und sein Schaffen auch über die Grenzen unserer Region hinaus hatte, immer klarer. Ich war beeindruckt und fühlte mich durch das mir entgegengebrachte Vertrauen geehrt. Die Größe dieses Wirtschaftsimperiums und die damit verbundene und auch gelebte Verantwortung von Carl Wentzel und seiner Frau Ella der Gemeinschaft gegenüber war mir vorher so umfänglich nicht bewusst gewesen.

»Das Besondere der Wentzelschen Landwirtschaft lag aber doch in ihrer konsequenten Verknüpfung mit den vor- und nachgelagerten Industrie- und Handelsbereichen.«

Die Unternehmen C. Wentzel/Teutschenthal & J. G. Boltze/Salzmünde

Carl Wentzel war mehr als nur ein kenntnisreicher Landwirt. Auch wenn dies sicherlich seine Wurzeln waren, so verstand er es doch in einem wirklich bewundernswerten Maße, die Erzeugnisse aus der Landwirtschaft industriell weiter zu veredeln und so marktfähige Lebensmittelprodukte zu schaffen. Vereinfacht ausgedrückt heißt das: Aus Zuckerrüben gewann er Zucker, aus Korn Mehl und aus Wald gewann er Bauholz.

Die Unternehmen Wentzel und Boltze waren von einer Ausstattung und Größe, die seinesgleichen suchten. So umfangreiche und vielschichtige Unternehmen sind kaum in einem einzelnen Unternehmerleben aufzubauen, vielmehr sind sie das Lebenswerk von Generationen fähigster Menschen, die diese geschaffen haben. Ein kleines Heft mit dem schlichten Titel »C. Wentzel/Teutschenthal, J. G. Boltze/Salzmünde« aus dem Jahre 1935 vermittelt einen sehr genauen, auch historischen Überblick über die beiden Unternehmen. Leider ist hier kein Autor verzeichnet und so ist vielleicht dieses Heftchen als eine frühe umfangreiche Broschüre zu verstehen.

Als Gründer gelten Carl Emil Wentzel (1812–1882) und Johann Gottfried Boltze (1780–1868). Zu Beginn des 20. Jahrhunderts wurden diese beiden namhaften, räumlich sehr nah beieinanderliegenden Familienunternehmen aufgrund der bestehenden Ehe des Oberamtmanns Carl Wentzel mit Ella von Zimmermann, die 1906 geschlossen wurde, zusammengeführt.

Auslöser war das unerwartete Ableben des Bruders von Ella Wentzel, Julius von Zimmermann, dem eigentlichen Boltze-Erben, der aber ohne eigene Erben 1915 verstarb. Mit seinem Tode ging das gesamte Vermögen von Johann Gottfried Boltze auf Ella als Urenkelin über, die somit Alleinerbin war. Ella Wentzel, geb. von Zimmermann, bestimmte ihren Mann zum Generalbevollmächtigten ihres Vermögens. So kamen die beiden Familienerben zusammen und es entstand die J. G. Boltze/Salzmünde und C. Wentzel/Teutschenthal. Carl Wentzel oblag es nun, diesen für die Region so bedeutenden, gemeinsamen Wirtschaftskomplex zu führen und zu verwalten.

Dass diese Entwicklung weder für Carl Wentzel noch seiner Frau Ella selbstverständlich war, dokumentiert noch im Jahre 1915 die Gründung einer Erinnerungsstiftung zum Wohle der Beamten und Arbeiter, in der es heißt:

»*Zum Gedächtnis der Begründer und bisherigen Inhaber der Firma J. G. Boltze, Salzmünde und C. Wentzel, Teutschenthal errichten wir, die derzeitigen Inhaber dieser beiden Firmen, nämlich ich, Ella Wentzel geb. von Zimmermann, und ich, der Oberamtmann Carl Wentzel zu Teutschenthal, mit einem Kapital von zusammen Mk. 500.000, in Worten Mark Fünfhunderttausend, eine Stiftung, die den Namen ›Erinnerungsstiftung‹ tragen soll …*«

Der damalige Stellenwert der C. Wentzel- und J. G. Boltze-Unternehmen, die, obwohl rechtlich zwei Firmen, durch die Führung durch die eine Person Carl Wentzel vermehrt nun nur noch als ein Unternehmen wahrgenommen wurden, und das untrennbar mit den Unternehmen verbundene Wirken des Großunternehmers Oberamtmann Carl Wentzel ist in den Ausführungen »Zur Würdigung und Erinnerung an Carl

Wentzel-Teutschenthal (1876–1944)« durch den Autor Lothar Richter ausführlich beschrieben worden. Die Veröffentlichung erfolgte im »Fakultätsboten« der Gesellschaft der Freunde der Landwirtschaftlichen Fakultät e.V. der Martin-Luther-Universität in Halle-Wittenberg im Jahre 2003. Hier ein Auszug daraus:

»Was Wentzel lenkte, war ein Imperium, in dessen Mitte deutlich dominierend die Landwirtschaft stand. Dies allerdings auf höchstem Niveau, so daß man von Musterwirtschaften modernen, rationellen Landbaus sprechen konnte. Schon das bloße Ausmaß war gewaltig: Rund 10.000 ha (1 ha sind 10.000 qm, Anmerk. d. Verf.) wurden von ca. 18.000 Arbeitskräften bewirtschaftet, die auf mehrere Orte und Gutsbetriebe verteilt waren und entsprechender Leitung und Koordination bedurften. Die Bodengüte des Standortes bot die Voraussetzung für hohe Erträge bei entsprechend intensiver Bewirtschaftung, wie die sich dann auch im Arbeitskräfte-, Zugkräfte-, Maschinen- und Viehbesatz sowie im Dünger-, Saatgut- und Futteraufwand beziehungsweise im Ackerflächenverhältnis mit hohem Blatt- und Hackfruchtanteil ausdrückte und mit weit überdurchschnittlichen Leistungen belohnt wurde. Wentzel richtete eigene Saatzuchtstationen ein und organisierte in seinen Betrieben den Vermehrungsanbau. Seine Zusammenarbeit mit hochrangigen Wissenschaftlern wie Erwin Baur und Friedrich von Lochow beweist den Rang, den er auch in diesem Bereich einnahm.

Das Besondere der Wentzelschen Landwirtschaft lag aber doch in ihrer konsequenten Verknüpfung mit den vor- und nachgelagerten Industrie- und Handelsbereichen, so daß die typischen Beschaffungs- und Einsatzgüter landwirtschaftlicher Produktion wie Saatgut, Dünger und Futtermittel weitgehend aus dem eigenen Unternehmen kamen und die eigenen landwirtschaftlichen Erzeugnisse in den angeschlossenen eigenen Betrieben Verarbeitungs- und Veredelungsstufen in Zucker-, Stärke- und Flockenfabriken sowie in Mühlen, Mälzereien, Brennereien und Molkereien durchliefen und so Handelsstufen und Bewertungen gewannen, die sich deutlich gewinnsteigernd für das Gesamtunternehmen auswirkten. Dass eigene Werkstätten und Baubetriebe diese Produktionen begleiteten, versteht sich danach fast von selbst.

Zu Wentzels Industrieanlagen gehörten ferner ein Sägewerk, Ton- und Kaolingruben, Ziegeleien, Braunkohlengruben, Teerschwelereien, Kalkbrüche und Kalköfen sowie ein eigenes Elektrizitätswerk. Außerdem war Wentzel durch Aktien und Anteile an diversen anderen Unternehmen beteiligt, so daß der Integration seiner eigenen Produktion auf der einen Seite, die finanzwirtschaftliche Diversifikation auf der anderen gegenüberstand und seinem Unternehmen Beständigkeit und Sicherheit gab. Weitere 22.000 Arbeitskräfte waren in den außerlandwirtschaftlichen Betrieben Wentzels beschäftigt und machten ihn so zu einem der größten privaten Arbeitgeber Mitteldeutschlands überhaupt.

Die große Zahl der Beschäftigten weckte bei den Wentzels, aber auch schon bei Johann Gottfried Boltze frühzeitig das soziale Engagement des verantwortungsvollen Unternehmers, und das zu einer Zeit, als das noch keineswegs selbstverständlich war. So berichtet Hubert Olbrich (Carl Wentzel Teutschenthal – Zum Schicksal eines großen Lebenswerkes im Wandel der spezifisch deutschen Geschichte, Schriften aus dem Zuckermuseum, Heft 14 – Anm. d. Verf.) in seiner Carl Wentzel-Teutschenthal gewidmeten Monographie von einer bereits 1840 von Boltze eingerichteten Arbeiterbildungsanstalt, einer Kranken- und Unterstützungskasse sowie einem Kranken- und Invalidenhaus, das zugleich als Kindergarten diente. 1858 gründete Boltze für seine Arbeiter und Angestellten eine Sparkasse und verzinste deren Einlagen mit 4 Prozent, was in der damaligen Zeit als bemerkenswert großzügig zu gelten hatte.

Alle Einrichtungen wurden von Boltzes Nachfolgern fortgeführt und bestanden auch zu Carl Wentzels Zeiten. Überdies bot Wentzel seinen Leuten in Teutschenthal, Salzmünde, Langenbogen und Boltzenhöhe mustergültige Werkswohnungen in gärtnerischen Anlagen mit jeweils einem Stück Land zur Selbstbewirtschaftung an, um so zur Seßhaftigkeit eines Arbeitskräftestammes beizutragen.«[1]

Dass die Universität in Halle meinem Schwiegervater diese besondere Referenz gegen ein Vergessen seiner Person erweist, ist auf seine Verbundenheit mit der Universität zurückzuführen, denn Carl Wentzel unterhielt beste Beziehungen dorthin. Vorausdenkend wie er war, war ihm immer an neuesten Forschungen und guten Mitarbeitern gelegen, die er für seine Unternehmen gerne persönlich an der Universität rekrutierte. Dies bestätigt ein weiterer Auszug aus dem Fakultätsboten:

»Eine besonders enge Beziehung pflegte Wentzel zur Universität, die bis auf das Jahr 1914 zurückgeht. Aus diesem Jahr stammte die erste Wentzel-Stiftung, die er anlässlich des 50-Jährigen Bestehens des Landwirtschaftlichen Instituts in Halle ins Leben rief. Die Stiftung betrug jährlich 1.000 Mark, die für wissenschaftliche Arbeiten und zur Unterstützung fähiger und bedürftiger Studenten vorgesehen waren. 1921 überwies er 50.000 Mark an die hallesche Universität und lieferte Lebensmittel für die Studentenhilfe. Rektor und Senat ernannten ihn am 15. Mai 1922 zum Ehrensenator der Universität, was seinen Einfluß auf die Universität vergrößerte. Die von Wentzel geleitete ›Vereinigung mitteldeutscher Rohzuckerfabriken‹ überwies der Universität jährlich

15.000 Mark. 1938 zeichnete Wentzel erneut eine Stiftung in Höhe von 36.000 Mark, ausdrücklich zu Forschungszwecken, die auch im Interesse Wentzels lagen.

So wurde in der Satzung bestimmt, dass der Stifter über die Verwendung der Mittel jedes Jahr Rechenschaft erhält und die diplomierten und promovierten Studienabgänger sich bei Wentzel vorstellen, womit ihm Gelegenheit geboten wurde, für seine Betriebe gut ausgebildeten Nachwuchs auszuwählen.«[2]

Zur Wentzelschen Wirtschaft gehörten die Güter Teutschenthal, Langenbogen, Eisdorf, Stedten, Oberröblingen, Höhnstedt, Wentzelshöhe, Brachwitz, Möllendorf, Polleben und Seedorf. Zu den Boltzeschen Gütern zählten: Salzmünde, Benkendorf, Schochwitz, Boltzenhöhe, Haus Würdenburg, Döblitz, Lettin, Pfützthal, Althof Didlacken und der Erbhof Fienstedt.

Diese Güter konnte Carl Wentzel natürlich nicht alleine bewirtschaften, dazu brauchte er gute, vertrauenswürdige und treue Mitarbeiter. Ein sehr sorgsam aufgebautes, hierarchisches System machte die Verwaltung übersichtlich und transparent, wobei jeder seiner Verwalter weitestgehende Handlungsfreiheit bekam und Verantwortung für das ihm anvertraute Unternehmen trug. Ein weiterer Garant für seinen Erfolg war das Vertrauen, das Carl Wentzel seinen Mitarbeitern, dem Inspektor wie dem einfachen Arbeiter, entgegenbrachte und das er auch von ihnen wieder anerkennend zurückerhielt. Zu seinem herausragenden unternehmerischen Können waren Vertrauen und gegenseitiger Respekt wichtige Stützpfeiler, die dieses vielschichtige Wirtschaftsimperium so überaus erfolgreich funktionieren ließen und die ihm als Unternehmer auch international höchste Anerkennung einbrachten.

An der Spitze jeder landwirtschaftlichen Verwaltung der Unternehmen Boltze und Wentzel stand je ein Oberinspektor, dem für jeden zugehörigen landwirtschaftlichen Betrieb ein Inspektor unterstand. Auf fast 30 Prozent der Ackerfläche wurden Zuckerrüben angebaut, was den starken Einsatz für die Zuckerwirtschaft erklärt. Carl Wentzel war nicht nur ein Organisationstalent, sondern wahrlich ein fähiger Landwirt. Getreu dem Wentzelschen Motto und Ziel, dort, wo nur ein Halm wächst, drei zum Wachsen zu bringen, gelang ihm durch kluge Düngung und Bewässerung des Bodens eine weit über dem Reichsdurchschnitt liegende Ernte. Ein Beispiel: Wurden im Reichsdurchschnitt 20,5 Doppelzentner (dz) je Hektar Weizen geerntet, lieferten die Teutschenthal-Salzmünder Betriebe 32,08 dz. Das sind rund 50 Prozent mehr Ertrag als andere schafften. Ein weiteres Beispiel: Bei den Erbsen lag der Reichsdurchschnitt bei 14 dz, die Teutschenthal-Salzmünder Güter lieferten beachtenswerte 21,96 dz. In dem bereits erwähnten Heft über die Wentzel-Boltze-Wirtschaften ist nachzulesen, das 1935 gesagt werden konnte:

»Jeder 1.200ste Deutsche ißt Teutschenthal-Salzmünder Brot und

jeder 180ste Deutsche ißt Teutschenthal-Salzmünder Zucker.«[3]

Bei diesen enormen Erfolgen war es gegeben, dass mein Schwiegervater ein viel gefragter und geachteter Mann war, eine unternehmerische Persönlichkeit und eine Wirtschaftsgröße, deren Rat gerne eingeholt wurde. Seine Unternehmen hatten eine solche Bedeutung erlangt, dass die J. G. Boltze und C. Wentzel Unternehmen in den unruhigen Zeiten der zwanziger und dreißiger Jahre und darüber hinaus wahrlich als volkswichtig bezeichnet werden konnten, denn die Versorgungslage des deutschen Volkes galt als mangelhaft, da die gesamte deutsche Landwirtschaft nicht in der Lage war, die eigene Bevölkerung ausreichend mit Lebensmitteln zu versorgen.

Das Motto der Familie Wentzel »Aus einem mach drei Halme« findet sich auch in dem Familienwappen wieder.

»Tatsächlich haben die beiden immer zueinandergestanden.«

Meine Schwiegereltern Carl und Ella Wentzel

Mit meinen Schwiegereltern habe ich mich von Anfang an sehr gut verstanden. Besonders mit meinem Schwiegervater, den nun auch ich Pappel nannte, verband mich zunehmend ein vertrautes Verhältnis. Weniger vertraulich, aber von Respekt gekennzeichnet war die Beziehung zu meiner Schwiegermutter Ella. Sie war eine erstaunliche Person. Sie genoss die Anerkennung aller, die um sie herum waren, denn sie wusste sehr genau, was von ihr als Frau Oberamtmann erwartet wurde. Auf der anderen Seite lebte sie eine exzentrische Seite ihres Wesens aus. Ich glaube, dass ich bis heute aus ihr nicht wirklich klug geworden bin. So war eine Angewohnheit von ihr, für ihren Sohn, meinem doch erwachsenen Mann, immer mehrere Kleinigkeiten bereit zu haben und sie ihm zu schenken, wenn er »nach Hause« kam.

Meine Schwiegermutter wird in dem Buch »Das Geschlecht Wentzel« wie folgt beschrieben: »In der großen Arbeit, die Carl zu leisten hatte, erfuhr er ferner die kräftigste Hilfe durch seine Frau. Sie hatte ein besonderes Talent, der sozialen Arbeit der Betriebe vorzustehen und die Herzen der ihr Anvertrauten zu gewinnen. Ihre Tätigkeit im Luisenbund und im Vaterländischen Frauenverein wird im Herzen der Salzmünder fortleben. In ihrem untrüglichen Gedächtnis hatte jeder Gedenktag seinen Platz. So verdiente sie sich den Ehrennamen, Mutter des ganzen Betriebes zu sein. Ihr Wahlspruch war immer: ›Alles für die Anderen und nichts für mich‹.«[4]

Anfänglich erstaunte mich das Verhalten von Ella, die ihren Sohn gerne den »herzallerliebsten Kleinen« nannte. Der Kosename stammte aus Charlys Kindheit. Dass sie ihn noch immer so ansprach, ließ es mich erst ahnen und später erkannte ich dann auch an vielen anderen Dingen, wie sehr Ella ihren Sohn liebte. Hin und wieder war sie schon eigenartig, denn manchmal sagte sie immer dasselbe, ganz egal, ob man mit ihr telefonierte, sie mit Angestellten sprach oder sie Besuch empfing. Das spielte keine Rolle. Wenn sie mich anrief, sagte sie als Erstes: »Ach hallo, mein liebes Lorchen, wenn Pappelchen nur immer gesund ist und bleibt, dass ist meine Hauptsache.« Zu anderen sagte sie: »Wenn nur der Herr Oberamtmann immer gesund ist und bleibt, dass ist meine Hauptsache.« Im Nachhinein wirkt dieser Spruch auf mich wie eine dunkle Ahnung. Wenn man als Neuling in diesem Kreis diesen Ausspruch noch nicht kannte, wirkte er anfänglich etwas irritierend. Doch alsbald gewöhnte ich mich daran.

Andererseits war sie eine tatkräftige, entschlussfreudige und durchsetzungsstarke Person; sie hatte alles im Griff, den Haushalt wie die Gesellschaften. Sie war eine Dame, zwar ein eigenwilliger Mensch, aber sehr clever. Mit den Angestellten ging sie, wie ich fand, streng um. Sie war zwar freundlich zu ihnen wie auch zu Besuchern, aber es ging eine gewisse Kühle von ihr aus.

Ella gehörte zu jenen Frauen, die ihre Gestandenheit durch Wohlbeleibtheit dokumentierten, denn sie war sehr voluminös. Auf den alten Fotos von ihr sah ich, dass sie als junges

Mädchen schon mollig war, doch im Alter war sie dann wahrlich korpulent.

Die im Hause Wentzel herrschende Herzlichkeit war eine andere, als ich sie von meiner Familie her kannte. Die Zusammentreffen waren immer schön, allerdings habe ich keine ausgelassene, fröhliche Gesellschaft erlebt. Die Wentzelschen Familientreffen wirkten auf mich oft irgendwie offiziell. Sicherlich lag dies auch an den Themen, über die sich im Allgemeinen im Hause Wentzel unterhalten wurde. Diese betrafen in erster Linie die Politik, den Krieg, die Wirtschaft, die Ernte und das Wetter. Regen war für den Landwirt existentiell notwendig. Da die Wentzelschen und Boltzeschen Betriebe im Regenschatten des Harzes lagen, bot der meist ausbleibende Niederschlag immer ausreichend Gesprächsstoff. Übrigens hat mich die Intensität, mit der das Thema Witterung immer wieder neu diskutiert wurde dazu verleitet, täglich eine Notiz dazu in meine persönlichen Kalender zu machen. Eine Angewohnheit, von der ich bis heute nicht lassen mag.

Wie meine Schwiegereltern sich kennenlernten ist mir nicht bekannt. Erzählt wurde mir nur die Geschichte, wie der Heiratsantrag zustande kam: Carl Wentzel lebte damals als Pächter auf der Domäne Brachwitz in seinem Geburtshaus. Natürlich war er ein Heiratskandidat ersten Ranges. Nun lag die Domäne Brachwitz nahe der Saale, wo auf der gegenüberliegenden Seite der Besitz der Familie Zimmermann beheimatet war. Anna von Zimmermann, die Mutter Ellas, war als lebensfrohe und exzentrische Frau bekannt. Sie stand in dem Ruf, rauschende Feste zu feiern, wobei besonders die von ihr veranstalteten Offiziersfeste legendär waren. Wie dem auch immer sei, Anna von Zimmermann erwartete von Carl Wentzel, dass er, bevor er um die Hand ihrer Tochter anhielte, erst einmal durch die Saale schwimme. Das war eine Bedingung ihrerseits und wie bekannt, tat er das tatsächlich. Das muss damals schon eine beeindruckende Sache gewesen sein, etwas verrückt vielleicht. Ob Carl Wentzel letztendlich in der Badehose um Ellas Hand angehalten hat oder ob auf der anderen Uferseite Kleidung für ihn bereit lag, ist mir nicht bekannt. Sie heirateten 1906, und tatsächlich haben die beiden immer zueinandergestanden, etwas anderes kannte ich gar nicht. Zwar hatte ich hin und wieder den Eindruck, dass so manche Dame der Gesellschaft sich um die Aufmerksamkeit meines Schwiegervaters bemühte, doch denke ich, dies alles war vergebens. Abwege verboten ihm schon sein Ehrgefühl und seine Religion, denn er war ein tiefgläubiger Mensch. Die Kirchen in seiner Umgebung profitierten von seinen Spenden.

Die Biografie meines Schwiegervaters ist mir natürlich nur in Teilen genauer bekannt. Ich weiß, was er mir persönlich erzählt hat und das, was andere berichtet haben. Zur Ergänzung meiner eigenen Erinnerungen habe ich mich für ein besseres Gesamtbildes bei den folgenden Ausführungen des Buches »Das Geschlecht Wentzel« bedient.

Mein Schwiegervater hatte drei Schwestern, um die er sich rührend kümmerte. Die älteste Schwester war Elisabeth Anna Gertrud, die mit dem Assistenzarzt Karl Ossent in Halle verheiratet war, der später als Chefarzt von Bethanien nach Stettin ging. Emilie Katharina, die zweite Schwester, ehelichte den Arzt Johannes Guischard und die jüngste Schwester Margarete war mit dem Gutsbesitzer Stefan von Dewitz-Krebs zu Weitenhagen vermählt. Die Familie Wentzel war schon sehr groß, alle Verwandten, so auch seine Neffen, kamen, wenn sie wollten, in den Betrieben entsprechend ihrer Qualifikation unter und verdienten ihr Geld. Da wurde niemandem die Tür gewiesen.

Ich habe meinen Schwiegervater als sehr heimatverbundenen Menschen erfahren. Er verreiste so gut wie gar nicht und somit gönnte er sich eigentlich auch nie Urlaub. Seine Erholung waren die Wochenenden in seinem Jagdhaus in Möllendorf. All die Jahre, in denen wir uns kannten, fuhr er ein einziges Mal zur Kur. Natürlich reiste er im Rahmen seiner zahlreichen Verpflichtungen und Tätigkeiten, wobei ihn seine Wege zumeist nach Berlin führten, wo er im Hotel »Esplanade« eine ständige Suite unterhielt. In seinen jungen Jahren war dies anders gewesen, denn seine gesamte Ausbildung erhielt er fern seiner Heimat und der elterlichen Betriebe. Im Anschluss, es war um die Jahrhundertwende, 1900 bis 1901, unternahm er eine Weltreise, die diesen Namen auch verdient. Ein Jahr lang war er unterwegs und die Reise führte ihn nach Nord- und Mittelamerika, Japan, China und Sumatra. In China lernte er die Städte Peking, Shanghai, Petschili sowie Hongkong kennen, und ich vermute, dass er in der Stadt Tsingtau dem Major Schaumburg begegnete, der dort stationiert war. Ich lernte Major Schaumburg auf Teutschenthal als einen gleichermaßen eigenartigen, liebenswürdigen, aber auch einfältigen Menschen kennen. Zu seiner Person sollte man wissen, dass dieser Mann damals in China im Zusammenhang mit dem legendären Boxer-Aufstand gefangen genommen wurde und monatelang in einen Käfig eingesperrt vegetieren musste. Folter muss er wohl auch erfahren haben und das erklärt eigentlich schon alles.

Für meinen Schwiegervater war diese Reise nicht allein eine Vergnügungsreise als vielmehr ein Auslandsaufenthalt zur Erweiterung des Horizonts. So hat er sich in diesen Ländern vorrangig über die gebotene Landwirtschaft und die Verarbeitung der daraus entstandenen Produkte informiert. Das war wohl kaum nur Pflichtbewusstsein, denn sein Beruf war auch seine Leidenschaft.

Im Jahre 1907 verstarb sein Vater und mein Schwiegervater übernahm den Betrieb. Carl und Ella Wentzel bezogen erst 1913 mit ihrem Sohn Carl-Friedrich das Schloss Teutschenthal, das nach den Wünschen und Bedürfnissen der jungen Unternehmerfamilie umgebaut worden war.

Knapp eineinhalb Jahre später ereilte ihn das gleiche Schicksal wie meinen Vater. Der Erste Weltkrieg begann und die Männer wurden an der Front gebraucht. Als Reserveoffizier der Königs-Ulanen in Hannover war sein Platz an der Front schnell gefunden. Bald wurde er zum Rittmeister befördert und erhielt das Eiserne Kreuz II. Klasse. Carl Wentzel kämpfte in Polen, Ungarn und Russland. Sein Kampfeinsatz fand ein jähes Ende durch die Nachricht des unerwarteten Todes seines Schwagers Julius, der von einer Kriegsverletzung nicht mehr genas. Carl Wentzel kehrte nach Hause zurück; er wurde nun in der Heimat gebraucht.

Doch auch in dieser Situation leistete er seinen Kriegsbeitrag und bewarb sich um eine Verwendung in der Landwirtschaftlichen Abteilung des Kriegsamtes in Berlin. Er betreute dort die durch den Krieg vernachlässigten Landgüter. Das war eine reine Büroarbeit, die ihm wohl nicht leichtfiel, doch brachte ihm diese Tätigkeit den Vorteil eines umfassenden Einblicks in die lebensmitteltechnische Versorgung eines ganzen Volkes. Hier erhielt er ein vielseitiges Bild über die deutsche Ernährungslage, sodass er sich auf diesem Gebiete zu einem wahren Fachmann entwickelte. An den Wochenenden beschäftigten ihn die eigenen Teutschenthaler-Salzmünder Betriebe, deren erfolgreiche Bewirtschaftung in seiner Abwesenheit nur mit Hilfe der fähigen Inspektoren möglich war.

Die erlittene Niederlage der Deutschen im Ersten Weltkrieg mit weitreichenden Konsequenzen für das ganze Land hat auch meinen Schwiegervater in einem nie gedachten Ausmaß getroffen. Im Mansfelder Land und im Saalkreis herrschten wie in Halle chaotische Zustände. Politisch wie sozial war das Land in Aufruhr. Der Kapp-Putsch, der meinem

Vater bereits so viel zu schaffen machte und ihn immer wieder in lebensgefährliche Situationen brachte, sorgte auch hier auf dem Land für blutige Unruhen und bewaffnete Arbeiteraufstände. Als Großgrundbesitzer fand sich mein Schwiegervater häufig in prekären Situationen wieder. Es ist unglaublich, aber schon 1920, in dem Jahr, in dem ich geboren wurde, entging er nur knapp einer Hinrichtung. Aufgehetzte Horden hatten ihn bereits in der Nähe der Zuckerfabrik Teutschenthal aus dem Wagen geholt und an die Wand gestellt. Das Erschießungskommando stand bereit und allein der Umstand, dass die Mörder ganz bestimmt ermittelt werden würden, bewog den Anführer dieser Gruppe, Carl Wentzel den Rückzug auf das Schloss zu erlauben. Dort wurde er etwa zehn Tage lang zusammen mit dem Sohn des General Litzmann gefangen gehalten, abgeschnitten von allen Informationen hinsichtlich seiner Familie und der sich aufputschenden Situation, denn aus Richtung Halle war vermehrt Waffenlärm bis nach Teutschenthal zu vernehmen. Ella hatte mit den Kindern Carl-Friedrich und dessen Pflegebruder Dietrich bereits zu Beginn der Unruhen das Schloss verlassen und rechtzeitig Aufnahme bei Frau Domänenrat Bertram, einer Cousine von Ella, in der Albrechtstraße in Halle gefunden. Im Übrigen eine Adresse, die auch noch Jahre später von ganz entscheidender Bedeutung war.

Als Gefangener im eigenen Haus entschied sich Carl Wentzel, auf welchem Weg auch immer, Halle zu erreichen. Tatsächlich gelang es ihm in den frühen Morgenstunden, mit Unterstützung seines treuen Fahrers Otto Vogt, zu fliehen. Es muss wohl eine abenteuerliche Flucht gewesen sein, denn das Auto brach auseinander und der Weg bis nach Passendorf, dem nächsten Ort, musste schnellstens zu Fuß zurückgelegt werden. Stunden später in Halle angekommen bezog mein Schwiegervater Quartier im Hotel »Stadt Hamburg«.

Doch in der Stadt tobten die Straßenschlachten und die Beschreibungen meiner Familie decken sich mit denen meines Schwiegervaters. Halle wurde von einer »roten« Armee von 20.000 Mann regelrecht belagert, ja eingenommen und erst das Eingreifen General Märkers, der mit seinem Freicorps von Norden kam, drängte die Belagerer zurück. Zum Aufatmen blieb Carl Wentzel keine Zeit, denn die zurückgeschlagenen Truppen drohten, Schloss Teutschenthal zu sprengen. Die Wut dieser Menschen, ihre Niederlage vor Augen, war natürlich enorm und das Schloss stand sinnbildlich für all das, wogegen sie kämpften. Gerade noch rechtzeitig gelang es Carl Wentzel mit einer Mannschaft Freiwilliger, die eiligst auf Lastwagen nach Teutschenthal gebracht worden waren, das abzuwenden. Die Zerstörung muss wohl schon vorbereitet gewesen sein, denn der gefundene Sprengstoff wurde schnellstens im Teutschenthaler Steinbruch zur Entladung gebracht.

Wie mein Schwiegervater die weiteren Kämpfe der Kommunisten in diesem Jahr überstand, darüber ist mir in Einzelheiten nichts bekannt. Die Familie Wentzel muss wohl ein zweites Mal geflohen sein. Da sich in den Teutschenthal-Salzmünder Betrieben bei Weitem nicht alle Arbeiter dem Aufstand anschlossen, sich mäßigend und für die Familie Wentzel einsetzten, konnten wohl die allerschlimmsten Verwüstungen durch diesen Bürgerkrieg verhindert werden.

Carl Wentzel verstand es nach diesen Unruhen, seine Unternehmen nicht nur weiter zu führen, sondern noch auszubauen. Von den immer wieder aufkommenden Streiks der Arbeiterschaft ließ er sich nicht beirren. Die praktizierte Wirtschaft in beiden Betrieben – die landwirtschaftliche Produktion sowie die Lebensmittelindustrie – machte das Gesamtunternehmen nicht in dem Maße anfällig für konjunkturelle Schwankungen und ermöglichte, auch die schweren Jahre der Deflation zu überstehen.

Lange vor 1933, dem Jahr, in dem Adolf Hitler Reichskanzler wurde und die Nationalsozialisten ihr unsägliches Werk begannen, war Carl Wentzel zum königlichen Oberamtmann ernannt worden. In der Folge wurde er fast nur noch der »Oberamtmann« genannt. Wie ich mich entsinne, hieß er eigentlich überall so, selbst seine Frau Ella sprach nicht von Herrn Wentzel, sondern von Herrn Oberamtmann. Dieser Titel wurde ihm zum Namen.

Seine besonderen Leistungen, die weltweit Anerkennung fanden, sind wohl in der Zuckerindustrie und in der Saatzucht zu sehen. Wie es hieß, müssen sich zahlreiche Volontäre und Praktikanten aus dem In- und Ausland um eine Lehrzeit in den Betrieben bemüht haben. Auch nationale und internationale Fachleute aus der Landwirtschaft, der Industrie und der Wissenschaft begehrten, die modernen Teutschenthal-Salzmünder Betriebe zu besichtigen und vielleicht zu studieren.

Carl Wentzel war eine namhafte Persönlichkeit und seine Kontakte bestanden bis in die höchsten gesellschaftlichen und industriellen Kreise. So gehörte er dem sogenannten Reusch-Kreis an, einer Gruppe um den Industriellen Reusch von der Gute-Hoffnungs-Hütte, die sich über politische wie wirtschaftliche Themen austauschte. Da sich Carl Wentzel viel in Berlin aufhielt, gehe ich davon aus, dass ihm die »Berliner Mittwochsgesellschaft«, ein traditioneller Zirkel von liberalen und konservativen Persönlichkeiten der Wissenschaft und des öffentlichen Lebens, auch mit kritisierenden und oppositionellen Einstellungen gegen das Naziregime, bekannt war. Ihr gehörten unter anderem der ehemalige Leipziger Bürgermeister Goerdeler und auch der Industrielle Bosch an.

Zudem zählte mein Schwiegervater zu den Beratern des von Reichsmarschall Hermann Göring geleiteten Vierjahresplans. Mit dieser geplanten Wirtschaftspolitik versuchte das Naziregime, dem Mangel in Industrie und Landwirtschaft zu begegnen. Aufgrund seiner Kenntnisse aus dem Ersten Weltkrieg, was die Ernährungslage einer Bevölkerung betraf, war mein Schwiegervater natürlich ein herausragender Fachmann auf diesem Gebiet und sein Rat wurde allseits sehr geschätzt.

Tatsächlich durften mein Mann und ich zahlreiche namhafte Gäste meines Schwiegervaters bei uns auf Fienstedt und Boltzenhöhe begrüßen. Unsere beiden Güter galten als vorbildlich. Und doch verletzten diese Besuche Charly immer wieder aufs Neue.

Es entwickelte sich langsam eine Unstimmigkeit zwischen Vater und Sohn, was die Bewirtschaftung der Güter betraf. Sicherlich waren unsere Höfe auch in den Augen von Carl Wentzel zukunftweisend und modern, doch er hielt nicht mit seiner Auffassung hinter dem Berg, dass Charlys Wege der Bewirtschaftung in Kriegszeiten falsch seien. Tatsächlich war es so, dass wir zwar gute Umsätze durch den Verkauf unserer Produkte erzielten, aber die baulichen Modernisierungsmaßnahmen auch viele Kosten verursachten. Andererseits war es kriegsbedingt nicht möglich, Futter für die Tiere zu kaufen. Mein Mann hätte besser mehr eigenes Futter für seine Tiere angebaut, dann hätte es sicherlich weniger Diskussion gegeben, denn manche Probleme wurden von Charly leider zu einfach gelöst. Wenn seine Mitarbeiter ihn darüber informierten, dass nicht ausreichend Raufutter wie Heu und Stroh für die Tiere vorhanden sei, schickte mein Mann seine Arbeiter einfach auf ein Gut von seinem Vater, um Stroh und Heu zu holen. – »Holen Sie mal einen Gummiwagen voll!« – Das habe ich öfter gehört, und was ich anfänglich noch nicht wusste, war, dass er dieses ohne Erlaubnis seines Vaters veranlasste. Den wiederum ereilten dann die Beschwerden seiner eigenen Inspektoren, was ihm gar nicht gefiel, war er doch der Ansicht, dass sein Sohn so wirtschaften müsste, dass er auch im Winter genug eigenes Futter für seine Tiere habe. Immerhin, wir hatten Krieg und die Landwirtschaft müsse genug Erträge einbringen, um die Bevölkerung zu ernähren. Das sei schwierig genug und gelänge eigentlich nicht, war Carl Wentzels Meinung. In der Tat waren für alle die Lebensmittel knapp und eben auch das Futter für die Tiere.

Doch hier wollte mein Mann nicht folgen, sein Vater hatte doch offensichtlich genug von allem und ganz selbstverständlich nahm er sich, was er benötigte. Im Laufe der Zeit verschärfte sich die Situation und ich fand mich unversehens in einer Vermittlerrolle wieder. Ich begann, mich allein zu Besuchen nach Teutschenthal aufzumachen; in einer Kutsche, gezogen von meiner Stute Loretta. Dass ich diese Fahrten meist alleine, manchmal mit unserem Kutscher Franz, unternahm, machte mir nichts aus, das kannte ich ja bestens aus meiner Kinder- und Jugendzeit. Doch bedauert habe ich die Situation schon. Wir, Charly und ich, fanden uns gemeinsam nur noch zu den offiziellen Gesellschaften in Teutschenthal ein. Es gab keine normalen Familienbesuche mehr. Ich nutzte meine selbstständigen Visiten, um mit meinem Schwiegervater zu sprechen und das Verhältnis zu bessern. Ich wünschte mir, dass sich die beiden aussprachen. Ich sagte ihm oft, es ginge nicht, dass er mit seinen Gästen zu unseren Vorzeigegütern komme und er auf der anderen Seite seinem Sohn für seine Leistung so wenig Anerkennung zolle. Ich fand, er dürfe ihm alles nicht so sehr nachtragen.

Doch die Bewirtschaftung meines Mannes gefiel meinem Schwiegervater bei aller Fortschrittlichkeit nicht wirklich. Seine Argumente habe ich heute noch im Ohr: In Friedenszeiten wäre dies in Ordnung, aber nicht in Kriegszeiten. Da müsse der Boden anders genutzt werden, war seine unbedingte Auffassung. Er sah zwar ein, dass sein Sohn einiges ausprobieren wollte, doch sollte dieses erst nach dem Krieg geschehen. Zudem wollte er einfach nicht bestohlen werden, nicht von seinem eigenen Sohn, auch wenn es »nur« um Getreide oder Stroh ging.

Nach Hause zurückgekehrt hörte ich jeweils die Klagen seines Sohnes, der sich vom übermächtigen Vater und dessen Betriebsführung abzusetzen wünschte. Sicherlich, Charly machte einiges anders, so pflanzte er zum Beispiel auf ausgewählten Feldern als Zwischenfrucht Spinat anstatt Getreide. Der Spinat wurde zwar auf dem Markt gut bezahlt, doch verzichtete er somit auf mehr eigenes Korn und Stroh.

Ich hatte Verständnis für beide, doch letztendlich konnte ich wenig Versöhnliches tun. Besonders Ella litt unter diesem Zerwürfnis sehr. Sie konnte es gar nicht verstehen, dass ihr Sohn sich zurückzog. Natürlich trafen wir uns trotzdem, Ella und Carl Wentzel besuchten uns auch auf unsere Einladungen hin in Schochwitz. Doch es half alles nichts, das Verhältnis zwischen Vater und Sohn war gestört.

Sicherlich war dies auch eine Frage der Erziehung, die Charly genossen hatte, doch hier hatte mein Schwiegervater in all den Jahren keine Handhabe gehabt. Er verfügte über kein Druckmittel. Wenn er seinem Sohn nichts gab, gab Ella, die über ihr Vermögen frei verfügen konnte, und Charly bekam immer, was er wollte. Die beiden Güter Fienstedt und Boltzenhöhe entstammen dem Boltzeschen Besitz, kamen also von Ella. Der Wentzelschen Tradition nach hätte Charly erst als Pächter die Domäne Brachwitz bewirtschaften sollen, um zu lernen und Zusammenhänge zu verstehen. Ich kann mir gut vorstellen, dass meinem Schwiegervater oft schwante, dass die Ausbildung seines Sohnes nicht richtig verlief. Ich erfuhr leider nur durch Gespräche mit anderen, damit meine ich das Personal, dass es öfter unterschiedliche Auffassungen gegeben habe, was die Erziehung des gemeinsamen Sohnes betraf. Immer alles bekommen, immer alles haben: Dieser Umstand prägt einen Charakter.

»Zweifel, der Aufgabe nicht gewachsen zu sein, hatte ich nicht.«

Meine Arbeit in Fienstedt

Es war 1942, da ergab es sich, dass eine neue Verordnung in Kraft trat, die besagte, dass, wer Personal beschäftige, auch selbst arbeiten müsse. Natürlich aus Kriegsgründen, denn mittlerweile wurde jede Hand für die Kriegsindustrie gebraucht und man hat weitere Opfer von der Bevölkerung verlangt. Eines Tages wurde uns mitgeteilt, dass wir entweder zwei Personen Personal abgeben oder ich, Frau Wentzel, selbst arbeiten müsse. Mir kam das nicht ungelegen, denn es gab ja nichts wirklich Sinnvolles für mich in unserem Haushalt zu tun. Dieser war wirklich groß und wir brauchten all unser Personal. Wir wurden bekocht, bedient, in allen Bedürfnissen umsorgt bis zu dem Umstand, dass uns täglich unsere Bekleidung zum Anziehen herausgelegt wurde. Allein ein Mädchen war damit beschäftigt, unser zahlreiches Silber zu putzen. Und die Jungfer Lene, die immer dafür sorgte, dass ich ja nichts tat, sollten wir die etwa entlassen? Obwohl sie mir manchmal zu übermächtig ihre Rolle besetzte. Ich durfte ja in ihren Augen noch nicht einmal eine Blumenvase versetzen, gleich wurde diese wieder zurückgesetzt und mir gesagt, ich müsse dieses nicht tun. Manchmal merkte ich schon, dass wir das Hauspersonal hatten, das in seinem Haushalt schon während Charlys erster Ehe beschäftigt wurde …

In unsere Ehe brachte ich zwei schwarze Scottish Terrier mit, Schlumpi und Purzel. Die beiden liefen immer hinter mir her und es passierte schon mal, dass ein Bächlein rann und sich ein kleiner See, bevorzugt natürlich um eine Bodenvase,

„Fienstedt"
12.04.2009

bildete. Jungfer Lene tat jedes Mal entsetzt, doch: Was für eine Aufregung um ein bisschen Pippi.

Also fasste ich den Entschluss, zu arbeiten. Unser Inspektor auf dem Erbhof Fienstedt, Herr Felgner, war zum Militär eingezogen worden und so besetzte ich kurzerhand seine Stelle. Ab da fuhr ich jeden Tag mit meiner Kutsche nach Fienstedt. Ganz früh morgens bereits stand ich auf, trank zuerst meine Tasse Honigkaffee, den mir meine liebe Ama, die ich damals noch Frau Richter nannte, zubereitete, um mich danach, so gegen halb sieben, auf den vielleicht fünf Kilometer langen Weg zu machen. Meine Hunde nahm ich einfach mit. Ich genoss die Fahrt über die Felder, durch die sanft hügelige Landschaft, ich mochte die Natur, die Stille, die Luft und war erfüllt von der Freude über meine neue Aufgabe. Dass ich diese Fahrten alleine unternehmen musste, störte mich nicht. Zweifel, der Aufgabe nicht gewachsen zu sein, hatte ich auch nicht. Ich war seit zwei Jahren mit Charly verheiratet und die Arbeit eines Inspektors war mir durch die täglichen Gespräche mit ihm auf den Gutshöfen über die Arbeitseinteilung geläufig. Zudem ging mir unser Hofmeister Herr Althaus, der in der kleinen Ortschaft Krimpe wohnte, zur Hand und ich kam gut zurecht. Mit ihm besprach ich sämtliche Vorgänge, wobei meine Hauptaufgabe darin bestand, die Vieh- und Futterbücher zu führen. Sobald ich Fienstedt erreichte, inspizierte ich zuerst die Ställe, um danach über die Äcker zu gehen. Besonderes Augenmerk legte ich immer auf die Gärtnerei, wo wir für die Felder Kohlpflanzen zogen. Ich wollte schon alles genau wissen und über alles informiert sein. Mit Frau Felgner, die nach wie vor in der kleinen Inspektorenwohnung wohnte, verband mich eine freundliche Beziehung. Ich erinnere mich noch, dass ich ihrer Tochter Renate den ersten Schulranzen, er war aus Leder, schenkte.

Zu unserer stark geschrumpften Stammmannschaft beschäftigten wir einige Frauen aus der weiteren Umgebung, die vor den Bombenangriffen aufs Land flüchteten. Manche beherbergten wir auch. Irgendwie taten sie mir schon leid und ich bemühte mich, sie gut zu behandeln. Auch wenn die Behausung eng war und die doppelstöckigen Betten mit den groben karierten Bezügen keine private Atmosphäre zuließen, so hatten sie ein Dach über dem Kopf, immer ausreichend zu essen, mussten also nicht hungern, und die Arbeit war zu bewältigen. Viele waren glücklich, bei uns eine Arbeit gefunden zu haben.

Kurze Zeit hielt sich eine Familie bei uns auf, wo der Mann sich schnell einordnete und ich ihm die Stallaufsicht übertrug. Seine Frau half beim Füttern der Tiere und kontrollierte die Futterausgabe. Dieses Paar brachte zwei Töchter mit. Alle waren durch die Kriegsereignisse gesundheitlich angeschlagen und da es keine Medikamente gab, allen möglichen Krankheiten ausgesetzt. Besonders die jüngste Tochter erkrankte schwer und bekam eine Lungenentzündung. Welch ein Glück, dass ich durch meinen Vater entsprechende Medikamente beschaffen konnte und so besorgte ich für das Mädchen das damalige Antibiotikum Prontosil. Dieses junge Menschenleben habe ich wirklich gerettet und seine Mutter dankte es mir innigst. Überhaupt habe ich, wann immer möglich, meinen kleinen Krankendienst für unsere Arbeiter und ihre Familien wahrgenommen. Es gab so viele, die ein wenig medizinische Hilfe brauchten. Ein normaler Arbeitstag auf Fienstedt dauerte bis ungefähr 18 Uhr und ich fuhr jeweils nach Hause zurück. Auf dem Erbhof Fienstedt habe ich vom Frühjahr 1942 bis kurz vor der Geburt meines Sohnes Stefan im März 1944 gearbeitet.

»Was wir damals nicht wussten, war, dass Ludolf von Alvensleben einen abgrundtiefen Hass auf meinen Schwiegervater hegte.«

Unser Rauswurf aus Schochwitz

Mein Zuhause hatte sich mittlerweile verändert. Inzwischen hatten sich zwei Damen bei uns einquartiert, die aufgrund des Krieges nicht wussten, wohin sie sollten. Die eine war die Frau eines Schulfreundes meines Mannes mit zwei Söhnen aus Hamburg und die andere die Tochter eines Arztes aus Braunschweig, den Charly konsultierte. Es gab von Charlys Seite aus freundschaftliche Verbindungen zu diesen beiden Familien und deshalb war die Aufnahme bei uns selbstverständlich. Durch meine viele Abwesenheit bekam ich den täglichen Ablauf in unserem Haushalt in Schochwitz nicht umfassend mit, doch merkte ich alsbald, dass mein Mann den beiden Damen sehr zugetan war und diese ihm. Eine war seine bevorzugte Freundin und wie ich bald erfahren sollte, nahm er sie vielfach auf seinen täglichen Fahrten mit, und ich vermute, dass es nicht bei diesen Ausflügen geblieben ist. Was mich sehr berührte war, dass Charly vermehrt seine eigenen Wege ging. Morgens arbeitete er und nachmittags machte er Termine in Halle.

Eine tief empfundene Kränkung kennzeichnete weiterhin das Vater-Sohn-Verhältnis. Darum besuchte ich trotz meiner Arbeit auf Fienstedt, wann immer möglich, alleine meine Schwiegereltern, um die Familienbande aufrechtzuerhalten. Zudem fühlte ich mich Ella und Carl Wentzel im Laufe der Zeit auch menschlich stärker verbunden und das wollte ich nicht aufgeben. Charly hat es mir nie vorgehalten, er war damit einverstanden; er wollte mich nur nicht begleiten. Bedauerlich war, dass er begann, sich auch zu den offiziellen Einladungen immer häufiger zu entschuldigen und vielfach vorgab, krank zu sein, um sich tatsächlich einfach ins Bett zu legen. Das machte es für mich nicht einfacher und ich musste verärgert zur Kenntnis nehmen, dass Dr. Max Schröder, der Teutschenthaler Gutsnachbar aus Etzdorf, zu den offiziellen Essen im Schloss Teutschenthal so manches Mal die Rolle des Sohnes übernahm. Ich wusste, dass mein Schwiegervater den jungen Max Schröder, der ein vielversprechender, studierter Landwirt war, schätzte. Dabei verstand Max Schröder es vortrefflich, meinem Mann gegenüber höchst unfein mit so mancher Spitze aufzuwarten. Mir war er nicht sehr sympathisch.

Doch ich konnte mich in meiner Ehe nicht beklagen. Mir galt Charlys ganze Aufmerksamkeit, wenn ich nach Hause kam und ich war überglücklich, als ich im Sommer 1943 schwanger wurde. Zu meinem Geburtstag am 10. Juni konnte ich meinen Schwiegereltern die frohe Botschaft verkünden und Carl Wentzel war sehr glücklich. Die Familie hatte bereits auf diese Schwangerschaft gewartet und ich will nicht verhehlen, dass auch mir ein Stein vom Herzen fiel, als ich diese an mich gestellte Erwartung erfüllen konnte. Natürlich hofften alle, auch ich, auf einen männlichen Nachkommen und damit auf einen Erben für die Familien Wentzel und von Zimmermann.

Doch neben diesem Glück zogen für unser Schicksal wahrhaft dunkle Wolken auf. Es war im September 1943, als der hohe SS-Offizier Ludolf von Alvensleben, besser bekannt unter dem Namen »Bubi«, uns als Eigentümer des Schlosses Schochwitz aufforderte, dieses unverzüglich zu verlassen. Seine Mutter Antoinette lebte nach wie vor im rechten Schlossflügel und bestritt wohl von den Geldern, die mein Schwiegervater als Pacht zahlte, ihren Lebensunterhalt. Ich denke, das Schloss war »Bubis« Geburtshaus.

Irgendwie war die Szene unwirklich, aber Ludolf von Alvensleben kam für uns völlig überraschend eines Tages einfach hereinspaziert, mit vier Mann im Gefolge, und sagte sinngemäß: »Liebes Carlchen, ich ziehe hier ein und du aus.« Nach einem kurzen Gespräch ging er hinüber zu seiner Mutter. Seine Aufforderung an uns begründete er damit, dass er in Berlin ausgebombt worden sei und die Umstände ihn dazu zwangen, mit seiner Familie selbst in dem Schloss zu wohnen. Das hörte sich einleuchtend, harmlos, fast wie eine Bitte an. Doch ein Ludolf von Alvensleben bittet nicht, er befiehlt. Und als Befehl hatten wir sein Anliegen aufzufassen, denn Ludolf von Alvensleben war nicht irgendwer, sondern ein maßgeblicher hoher SS-Offizier. Er war bereits seit 1929 Mitglied der Nationalsozialistischen Deutschen Arbeiterpartei NSDAP und gehörte anfänglich auch der SA Sturm-Abteilung an. 1933 war er kommissarischer Landrat von Eisleben sowie Mitglied des Reichstages gewesen. 1934 trat er der SS, der Schutz-Staffel der NSDAP, bei, wurde Oberführer und arbeitete von 1938 bis 1941 als Erster Adjutant des Reichsführers der SS Heinrich Himmler. Danach befand er sich als höheres Mitglied der SS in der Ukraine. Und jetzt war er hier.

Wir erfassten die Situation augenblicklich und eine ratlose Stimmung machte sich breit. Schloss Schochwitz war unser Zuhause. Wir setzten uns sofort mit Vater Wentzel in Verbindung, der sich aufgrund eines Venenleidens ausnahmsweise zur Kur befand. Am Telefon fragten wir ihn, wie wir reagieren sollen.

Ludolf von Alvensleben war eine SS-Größe. Ich erlebte ihn persönlich und ich muss sagen, er entsprach in allem dem Typus eines SS-Schergen. Er war von Statur stattlich und für mich kleine Person riesengroß gewachsen, trug immer seine schwarze SS-Uniform, den langen Mantel und seine schwarzen Stiefel. Permanent war er umringt von seinen Leuten, die, wie er, in schwarze Uniformen gekleidet waren. Fürwahr eine Angst machende Erscheinung, wenn man genau wusste, dass sie einem nicht wohlgesinnt ist. Mir war bei seinem Auftritt unbehaglich zumute. Was wusste ich über von Alvensleben? Er war etwas älter als mein Mann und die beiden verband eine ländliche Jugendbekanntschaft, denn sie duzten sich. Ludolf von Alvensleben war ein rabiater Mensch, der sich als Mitglied im Stahlhelm fürchterlich geprügelt haben muss. Anstand zeichnete ihn nicht aus, wie mir erzählte Episoden aus seinen Jugendjahren deutlich machten. Wie ich auch hörte, hatte er Kindern Trillerpfeifen geschenkt und diese nicht bezahlt; wenn auf seiner Autotür der Kuckuck prangte, hängte er die Tür einfach aus und fuhr sein Auto halt türlos, er verkaufte die auf den Jagden erlegten Strecken von Hasen und Fasanen an die beiden Feinkostunternehmen Broskowski und Pfeiffer in Halle, kassierte doppelt, aber lieferte natürlich nur einmal … all solche Dinge. Doch diese Episoden waren natürlich harmlos, Dummejungenstreiche, verglichen mit dem, was Ludolf von Alvensleben betreffend Schochwitz und die Person Carl Wentzel plante. Was wir damals einfach nicht wussten war, dass Ludolf von Alvensleben einen abgrundtiefen Hass gegen meinen Schwiegervater hegte. Ihm lag wohl mehr an Schloss und Gut Schochwitz, als wir vermuteten, denn er hatte bereits in der Vergangenheit ohne Erfolg versucht, meinen Schwiegervater zur vorzeitigen Auflösung des Pachtvertrages, der von Ellas Vorfahren bereits 1849 geschlossen worden war und noch bis zum Jahr 1951 lief, zu bewegen.[5] Charly und ich waren ihm relativ egal. Hätte ich die Kenntnis von heute gehabt, der Schrecken wäre mein, unser, ständiger Begleiter gewesen.

Ob Carl Wentzel etwas geahnt hatte? Ich vermag es nicht zu sagen, denke aber schon, denn er hatte durch seine zahlreichen Kontakte viel intimere Kenntnisse über die politischen und kriegsbedingten Vorgänge als wir. Uns möchte ich wirklich als ahnungslos bezeichnen. Die Antwort, die Carl Wentzel uns dann am Telefon gab, war ohne Zögern und eindeutig: »Macht was er sagt, sofort, mit dem ist nicht zu spaßen. Legt euch nicht mit ihm an, der ist gefährlich. Ihr könnt nach Salzmünde ziehen.« Mein Gerechtigkeitssinn rebellierte nur kurz, auch Charly war alles andere als begeistert. Sicherlich fanden wir das nicht richtig, doch es gibt Umstände, denen man folgen muss. Ich war schwanger und nicht gewillt, mich aufzuregen.

Und zudem: Die Begründung von Ludolf von Alvensleben griff, wir hatten Krieg und ausgebombt waren mittlerweile viele. Zudem wurden wir ja nicht auf die Straße gesetzt, uns stand das schöne Herrenhaus in Salzmünde zur Verfügung. Mein Schwiegervater sorgte augenblicklich dafür, dass wir ohne Verzögerung in das nur wenige Kilometer entfernte Salzmünde ziehen konnten. So hatten wir kurze Zeit später, nachdem von Alvensleben sein »Anliegen« vorgebracht hatte, es war Ende September, unseren wunderbaren Schlossflügel in Schochwitz geräumt und das Herrenhaus mitsamt unserem Hausrat und Personal bezogen. Sogar die Freundin meines Mannes kam mit uns mit. Rückblickend habe ich diesen Umzug mehr als Ärgernis und als Konzession an die bestehende Situation in Erinnerung. Es gab anderes, was mich derzeit beanspruchte, und das waren meine Arbeit auf dem Erbhof Fienstedt und vor allem meine Schwangerschaft.

»Die Welt draußen hatte uns recht hart eingeholt.«

In Salzmünde

Wir wohnten also nun in Salzmünde. Es ging uns gut, obwohl mein Mann mit der uns zugewiesenen Wohnstatt nicht einverstanden war. Hatte er doch in dem Herrenhaus bereits mit seiner ersten Frau Rose gelebt und die Umstände nicht in bester Erinnerung. Zudem gefiel es ihm nicht, hier wieder vermehrt von seinem Vater abhängig zu sein. Ich konnte seine Verärgerung recht gut nachvollziehen und wir entschieden, da wir uns ein eigenes Heim wünschten, uns auf dem Gut Boltzenhöhe einen angemessenen Wohnraum zu schaffen. Die Scheune, wie wir den gewaltigen Ziegelsteinbau nannten und der eine Seite des als Vierkanter angelegten Gebäudekomplexes bildete, schien Carl-Friedrich dafür prädestiniert. Damit würden wir zwar in die unmittelbaren Nachbarschaft von Schochwitz ziehen, denn Boltzenhöhe und den Ort Schochwitz trennen nur zwei Kilometer, und damit sehr in der Nähe von Ludolf von Alvensleben, doch das sollte uns nicht weiter kümmern. Für den Umbau benötigte er allerdings eine offizielle Baugenehmigung, die im Krieg von den Ämtern nicht so ohne Weiteres zu bekommen war. Charly rief kurz entschlossen Ludolf von Alvensleben an und sagte ihm: »Wenn du mich schon aus Schochwitz herausgeworfen hast, dann besorge mir wenigstens die Baugenehmigung für Boltzenhöhe.« Von Alvensleben hatte wohl ein Einsehen und gab entsprechende Anweisungen, denn alsbald lagen die notwendigen Genehmigungen vor. Pikanterweise hatte mein Mann öfter mit Ludolf von Alvensleben zu tun, weil der, auch befördert zum Generalleutnant der Polizei, als »Höherer SS- und Polizeiführer des SS-Oberabschnitts Elbe

„Herrenhaus Salzmünde"
12.04.2009

in den Gauen Halle-Merseburg, Sachsen und Wehrkreis IV« fungierte.

Charly begann einen Teil der Scheune zum Wohnhaus umzugestalten. Als erste Maßnahme zog er eine Steinwand quer durch das Gebäude bis hoch unter das Dach und trennte so unseren zukünftigen Wohnteil ab. Dieser gewonnene Raum wurde nach und nach ausgebaut. Er realisierte hier all seine Vorstellungen von Wohnen, die ihm zurzeit möglich waren. Mit anderen Worten, es wurde großartig.

Im Sockelgeschoss befand sich ein großzügiger Wohnraum mit einem Kamin und die Hauswirtschaftsräume für das Personal im angrenzenden Gebäude schlossen sich ganz praktisch nahtlos an. Alle anderen Schlafzimmer befanden sich in den oberen Stockwerken. Im Erdgeschoss konnten wir noch ein kleines Herrenzimmer einrichten. Unser neues Zuhause wies zwar eine überschaubare Grundfläche auf, ging aber doch beträchtlich in die Höhe, und wir konnten sogar fünf kleine Gästezimmer einrichten. Meinen Flügel, auf den ich ungern verzichtet hätte, positionierten wir auf der in halber Höhe eingezogenen Galerie in unserem Wohnzimmer. Dieses »Haus im Haus«, wie ich es nannte, zu bauen, war durchaus eine kleine Herausforderung. Die erforderlichen Leitungen für Wasser und Strom mussten überhaupt erst einmal gelegt, Badezimmer, Toiletten und Küche eingerichtet werden. Für eine eigene Zufahrt ließ mein Mann rückseitig des Guts eine Straße anlegen, die zu unserem Hauseingang führte. Vor ihm wurde ein Brunnen und um diesen herum einen Fahrweg gebaut, der es unseren Gästen ermöglichte, uns bequem zu erreichen. Die umfänglichen Bauarbeiten dauerten bis zum Sommer 1944.

Mittlerweile vergrößerte sich unsere Wohngemeinschaft in Salzmünde. Da die Bombenangriffe auf Halle immer unerträglicher wurden, lebten außer unseren Dauergästen, so möchte ich die beiden Damen bezeichnen, mittlerweile meine Schwester Lilo mit ihren Kindern und meine Mutter bei uns; mein Vater und mein Schwager kamen an den Wochenenden. Ich freute mich, dass ich meiner Familie in dieser bedrohlichen Situation helfen und ein einigermaßen sicheres Quartier bieten konnte. Dass wir uns gegenseitig unterstützten, war eine Selbstverständlichkeit. Zudem empfand ich es als werdende Mutter sehr tröstlich, die mir vertrauten Menschen um mich zu haben. Zu Frau Agnes Richter, die seit unserer Hochzeit als Köchin und Haushaltshilfe bei uns tätig war und in Salzmünde ebenfalls für uns kochte, entwickelte sich nach und nach eine sehr persönliche Zuneigung. Da ich mich, wenn auch nicht mehr ganz so regelmäßig, mit der Kutsche immer noch nach Fienstedt begab, begleiteten mich vermehrt ihr Enkel Dieter Mittag oder der Kutscher Franz. Die beiden waren mir eine große Hilfe, was die Bewältigung des Weges – der zum Glück von Salzmünde aus kaum weiter war als von Schochwitz – anging, denn ein Auto mit Fahrer stand mir weiterhin nicht zur Verfügung.

Eigentlich konnten wir zufrieden sein, doch unserer mit sehr unterschiedlichen Charakteren besetzten Wohngemeinschaft fehlte die Unbekümmertheit und Freude. Jeder befand sich an diesem Ort, weil er oder sie zumindest im Moment nirgendwo anders hin konnte oder wollte und ein jeder trug sein ganz persönliches Päckchen Sorge. Und meine Ehe? Charly und mir war kaum mehr Zweisamkeit vergönnt. Uns standen keine privaten Räume mehr zur Verfügung, in die wir uns hätten zurückziehen können. Immer waren unsere Gäste um uns herum und die Tage angefüllt mit verschiedensten Dingen, die erledigt werden mussten. Unsere Aufmerksamkeit richtete sich auf so vieles und doch zu wenig auf den anderen. Unmerklich veränderte sich unsere Beziehung. Wir waren nicht mehr einfach nur verliebt in einer Welt, in der nur wir existierten. Die Welt draußen hatte uns recht hart eingeholt.

Es war keine entspannte Zeit, wahrlich nicht. Zum Glück standen ausreichend Lebensmittel zur Verfügung, denn im Hause Wentzel gab es immer zu Essen. Von behördlicher Seite durften wir für unseren eigenen Bedarf aus unseren Tierbeständen nur soviel schlachten, wie uns zugeteilt wurde, doch Wild, Hasen und Fasane befanden sich durch die eigenen Jagden reichlich in unserer Vorratskammer.

Was mich an dem Aufenthalt in Salzmünde so sehr erfreute war, dass ich meinen Schwiegervater dort häufig sah. Wie Carl Wentzel es seit Jahren gewohnt war, traf er gegen Mittag mit seinem Fahrer Otto Vogt zum Essen im Herrenhaus ein. Für ihn wurde von seiner eigenen Köchin wie gewohnt gekocht. Er aß auch immer allein und gönnte sich etwas Ruhe, bevor er sich nachmittags der Verwaltung der J. G.-Boltze-Unternehmen widmete. Zu meiner großen Freude bat er mich, wenn ich zugegen war, ihm Gesellschaft zu leisten. Sein beständiges Kommen und Gehen zeigten mir ein Stück Normalität auf und durch seine Freundlichkeit und Aufmerksamkeit verlor ich nie die Zuversicht.

Denn der Krieg fand nicht mehr anderswo, in fernen Ländern und Gegenden statt, nein, er hatte uns im Reich eingeholt. Halle – und da besonders die südlich liegenden Industrieregionen der Stadt – wurde regelmäßig von den Alliierten unter Feuer genommen. Wir befanden uns westlich von Halle gelegen und die Landwirtschaft war nicht ihr direktes Ziel. Auch wenn in unserer Region vereinzelt Einschläge verzeichnet wurden, konnten wir doch relativ ungefährdet leben. Manchmal war gut zu beobachten, wie die todbringende Last Stück für Stück vom Himmel fiel. Während sie in Salzmünde akustisch durch den schrillen, durch Mark und Bein gehenden Fliegeralarm angekündigt wurde, war besonders auf Boltzenhöhe ein Angriff auch optisch erfahrbar durch eine gute Sicht auf die sogenannten »Weihnachtsbäume«. Das waren taghelle Lichter, die dem eigentlichen Bombergeschwader vorausfliegende Flugzeuge abwarfen, damit die Bomber besser und genauer ihre Ziele fanden. Mich packte häufig das Entsetzen, wenn ich daran dachte, was diese Lichter, die eigentlich schön aussahen, wirklich bedeuteten. Da fielen alles zerstörende, todbringende Bomben auf unsere Heimat.

Anfang März war es dann für mich soweit. Die Geburt stand bevor. Ich war in diesem Zustand so hilflos, wie eine Gebärende nur sein kann, doch hatte ich wissende Menschen um mich. Die Hebamme Fräulein Möslein, mein Vater, der Arzt Prof. Frommolt, Charly und Lilo waren zugegen. Alle halfen mir in unserem klinischen Provisorium, dem Schlafzimmer, in das wir einen Tisch mit einem Laken darüber gestellt hatten, so gut sie konnten. Ein Krankenhaus aufzusuchen wäre wegen der Bombenalarme keinesfalls sicherer gewesen und die Geburt musste zu Hause geschehen. Besonders rührend fand ich, dass von der Gemeinde Rücksicht auf mich, Frau Wentzel, die ein Kind erwartete, genommen wurde. So durften, solange ich in den Wehen lag, keine Sirenen zwecks Fliegeralarms aufheulen, um mich nicht zu beunruhigen. Wer dies veranlasst hatte, weiß ich gar nicht.

Und dann war er da, mein Sohn, und mich überkam Stolz und ein übergroßes Glücksgefühl. Carl-Stefan Wentzel war auf der Welt, gesund und munter. Es war der 3. März 1944.

Während alle und auch Charly froh waren, dass die Geburt zwar nicht einfach, doch ohne die befürchteten Komplikationen vonstattengegangen war und sie sich alsbald wieder dem Tagesgeschehen widmen wollten und mussten, war es mein Schwiegervater, der eine ähnlich tiefe Dankbarkeit und Freude über den männlichen Nachkommen empfand wie ich. Mit ihm konnte ich mein Glück fürwahr teilen. Mein Schwiegervater kam, kniete an meinem Bett nieder, und schenkte mir eine herrliche Diamantbrosche zu Stefans Geburt. Da sagte er zu mir: »Endlich habe ich einen Nachfolger.« In einem mir bekannt gewordenem Schreiben an Herrn Reusch brachte er sein Hochgefühl zum Ausdruck: »Endlich habe ich einen Nachfolger ... Ein Sonnenstrahl in dieser Zeit. Gott gebe, dass der Junge ein tüchtiger Mann wird und unserem Namen einmal Ehre macht ...«[6]

Sein privates Glück über Stefans Geburt war außerordentlich. Eine ganz besondere Geste seinerseits war eine Gratifikation an seine Belegschaft. Sie ist in einem Schreiben von Alfons Jacob, Oberregierungsrat, vom 9. März 1944 belegt:

»Am 6.3.44 erschien Oberamtmann Wentzel im Gauarbeitsamt und teilte mir mit, er wäre bei der Treuhänderabteilung gewesen, um dort über eine größere Gratifikation für seine Belegschaft anlässlich der Geburt seines Enkelsohnes, eines weiteren Hoferben, zu verhandeln. Er habe anlässlich der Geburt dieses Jungen bereits 100.000 RM (Reichsmark) dem Roten Kreuz gestiftet und wolle nun seiner gesamten Belegschaft, Beamten, Arbeitern und ausländischen Arbeitskräften ein Monatsgehalt bzw. einen Monatslohn als Gratifikation überreichen, das wären nochmal ca. 100.000 RM, insgesamt also 200.000 RM. Er bat mich, dieses auch dem Herrn Präsident Seizmann mitzuteilen.«[7]

Mein Mutterglück ließ mich kaum von meinem Sohn lassen. Leider ging es mir nach der Geburt gesundheitlich nicht gut, denn ich bekam eine Entzündung, die mich so sehr schwächte, dass ich im Bett am besten aufgehoben war. Wie gerne hätte ich mich selbst um mein Baby gekümmert. Mir war doch alles vertraut durch die Betreuung meines Neffen und Patenkindes Reinhart im Haushalt meiner Schwester Lilo.

Doch es ging nicht und natürlich fand sich schnell eine Lösung: Die Hebamme Fräulein Möslein blieb gerne als Kinderfrau bei uns. Sicherlich spielte es eine Rolle, dass sie bei uns immer zu Essen bekam und ihr ein geräumiges Zimmer zur Verfügung stand. Mir war es recht. Ich wusste mein Baby bestens versorgt und konnte mich in den nächsten Tagen körperlich erholen.

In den sich anschließenden Monaten, in denen ich mich irgendwie verloren fühlte und sehr unruhig war, brachten mir die gemeinsamen Stunden mit meinem Schwiegervater sehr viel inneren Frieden. Er kehrte wie gewohnt zur Mittagszeit im Herrenhaus ein und es wurde zur Regel, dass wir, nachdem er gegessen hatte, uns eine kurze Weile in Ruhe austauschten. Es entwickelte sich eine besondere Nähe und Verbundenheit zwischen uns, was sicherlich auch daran lag, dass ich in seinen Augen als Mutter seines Enkels einen besonderen Stellenwert einnahm. In diesen beiderseits geschätzten stillen und sehr persönlichen Stunden vertraute er mir manche seiner Gedanken an und fragte mich Dinge, die ihm aufgefallen waren, meist in seinem Sessel sitzend und mit halb geschlossenen Augen. Es waren private Fragen, denen ich mich da stellen musste. Manchmal hatte ich den Eindruck, er sei traurig. Öfter bat er mich, Charly nie zu verlassen: »Mein Töchterchen, du musst immer bei Carl bleiben. Das musst du mir versprechen.« Nun, das war auch das, was ich wollte. Mein Mann, mein Sohn und unser gemeinsames Leben standen für mich im Vordergrund. So habe ich meinem Schwiegervater auch fest versprochen, dass ich meinen Mann nie verlassen werde. Ich meinte das sehr ehrlich.

Ein müßiges Mutterdasein war mir leider nicht vergönnt. Schon im Sommer stand ich wieder vor neuen Aufgaben: Unser neues Heim Boltzenhöhe war so weit fertiggestellt, dass wir den Umzug bedenken und uns mit der Einrichtung beschäftigen konnten. Zu unserem großen Missfallen bekamen wir wegen des Wohnungsbaus auf Boltzenhöhe vermehrt Ärger mit den verschiedensten Behörden, meistens der Bauaufsicht, und Charly war sehr verstimmt ob mancher Schikane.

»Carl Wentzel hatte mir selbst gesagt, dass er einen Mord an Hitler nicht befürworten würde.«

Die Verhaftung von Carl Wentzel

Im Sommer, zu Beginn des Juni, war es dann soweit. Die Familie Carl-Friedrich Wentzel bezog ihr neues Heim auf Gut Boltzenhöhe. Zunächst gingen nur mein Mann und ich dorthin, um alles einzurichten. Unsere Gäste und auch Stefan wohnten erst einmal weiterhin in Salzmünde.

Aufrüttelnd und alarmierend war das Attentat auf Adolf Hitler am 20. Juli. Wir waren erschrockenen über den Anschlag auf Hitlers Leben. Als ich davon hörte, dachte ich auch schon an meinen Schwiegervater. Jedoch hatten wir genug mit uns selbst zu tun, um uns mehr Gedanken zu machen. Wir hatten ein Baby, zwei Güter zu führen und wegen unseres Hausbaus bekamen wir vermehrt Schwierigkeiten mit der Bauaufsichtsbehörde. Wahrscheinlich war dies mit ein Grund dafür, wenn Charly sich öfter ins Bett zurückzog und sagte, dass ihm seine Gelbsucht zu schaffen mache. Wir wurden von der Bauaufsicht tatsächlich stark unter Druck gesetzt. Angeblich hätten wir keinen Kamin bauen dürfen. Ein Künstler der Kunstakademie hatte in unserem Auftrag den Scheunenbalken, der im Haus von unten bis nach oben reichte, wunderschön geschnitzt. Das wurde als überflüssig bezeichnet und die

Arbeitskraft sei vermeintlich falsch eingesetzt gewesen. Selbst unsere Teppiche wurden uns vorgehalten. Irgendwie missfiel unsere Hausausstattung grundsätzlich. Wir hatten nicht ärmlich gebaut und genau dieses wurde uns missgönnt. Ich hatte noch ein Marmorschild mit dem Spruch »hic habitamus felices nos dii faciani« – was gleichwohl heißt: »Hier wohnen wir. Die Götter mögen bewirken, dass wir glücklich werden« – an den Kamin anbringen lassen. Zu diesem Zeitpunkt war ich noch voller Zuversicht, was unsere Zukunft betraf.

Die Kontrolleure kamen unangemeldet und Charly überließ die Gespräche mir. Die Situation war für mich nicht einfach, denn die unverhohlene Beobachtung versetzte mich in größte Unruhe. Ich stand dieser Aufgabe schon etwas ratlos gegenüber, doch was blieb mir anderes, als zu tun, was Charly von mir erwartete. Ich reagierte den Inspektoren gegenüber ganz instinktiv, entschuldigte meinen bettlägerigen Mann und führte die Männer allein durchs Haus. Ich gab mich unschuldig, wusste angeblich von nichts und konnte keine Auskunft geben.

Mit nichts, aber auch gar nichts, bezogen wir den Mordversuch an Hitler auf uns und unser Leben. Vielleicht hätte mich ein Gespräch mit meinem Schwiegervater über die politische Situation einige Zeit vor dem Attentat aufhorchen lassen müssen. Ich weiß es noch genau, wir standen in der Halle in Teutschenthal. In diesem Gespräch vertraute er mir an, dass er sich von Carl Goerdeler distanziert habe: »Mein Töchterchen, ich habe mich etwas von Goerdeler gelöst. Sie wollen Hitler umbringen. Das entspricht nicht meinem christlichen Verständnis. Hitler muss gefangen genommen und abgeurteilt werden. Doch wer macht das? Das muss organisiert werden. Aber ihn einfach zu erschießen! Das kann ja jeder Offizier und es würde ihm nicht gerecht werden, sofort tot zu sein.«

Wie recht Carl Wentzel mit seinen Ahnungen hatte. Die Verbindung zu Carl Goerdeler, der in den dreißiger Jahren noch als Berater der neuen Regierung tätig war, dann aber mit dem Fortschreiten des Krieges als Oppositioneller und Teil des Widerstandes einen Staatsstreich zwecks Ablösung Hitlers und die Bildung einer neuen Regierung geheim plante und ganz konkret 1944 vorbereitete, sollte sich für Carl Wentzel tatsächlich als verhängnisvoll erweisen. Sehr viel später kam mir natürlich der Gedanke, dass mein Schwiegervater mehr wusste und vielleicht in Vorgänge involviert war, von denen wir alle keine Vorstellung hatten, doch noch war ich ahnungslos …

Kurz darauf, an einem Freitag, kam Carl Wentzel auf Kurzbesuch zu uns in Boltzenhöhe vorbei. Ella und er beabsichtigten, wie so oft das Wochenende im Jagdhaus in Möllendorf zu verbringen. Mein Schwiegervater wirkte in sich gekehrt, in Gedanken versunken. Er sprach uns auf das Attentat an. »Ja, wisst ihr denn nicht? Ich sehe dem Kommenden nicht gelassen entgegen. Frau von Thadden ist schon verurteilt worden.« Wir wussten, dass Elisabeth von Thadden, die in Berlin einen sogenannten Teesalon unterhielt, in dem nicht selten gesellschaftskritische Themen diskutiert wurden, ihm persönlich bekannt war.[8] Doch dies betraf uns in diesem Moment nicht und wir reagierten darauf auch nicht. Dann ging er von uns, wie er immer ging. Eine Unruhe war ihm nicht anzumerken.

Da es bei uns Sitte war, die Eltern am Sonntag anzurufen, riefen wir zwei Tage später morgens in Möllendorf an. Da erfuhren wir von der Festnahme. Die Geheime Staatspolizei, Gestapo, aus Halle war mit einer Mannschaft gekommen, hatte Carl und Ella Wentzel verhaftet und getrennt in zwei Autos wegbringen lassen. Es war der 30. Juli. Diese unglaublichen Vorkommnisse erzählte uns die zutiefst erschütterte

Haushälterin von Möllendorf, Frau Dressler. Uns traf diese Nachricht wie ein Blitz aus heiterem Himmel. Warum? Wieso? Was sollen wir tun? Es gibt Dinge im Leben, auf die kann man sich nicht vorbereiten und uns versetzte dieses Ereignis in einen Zustand völliger Ratlosigkeit. Entsetzen packte mich – und Angst. Es war schrecklich. Kurze Zeit später läutete das Telefon und Ella rief an, leise und schnell sprechend. Sie sei in Teutschenthal und warne uns dringendst davor, zu kommen. Die SS sei da. Schaumburg unterstütze sie. Auch der Oberamtmann sei nach Teutschenthal gebracht worden und es sei ihm erlaubt gewesen, eine Tasche mit dem Nötigsten zu packen. Anschließend habe man ihn ins Polizeigefängnis nach Halle gebracht. Meine Schwiegermutter hatte verständlicherweise fürchterliche Sorge um ihren Sohn, dass der, wenn er erscheinen würde, ebenfalls verhaftet werden könnte. Wir haben es gar nicht gewagt, nach Teutschenthal zu fahren.

Ella war erstaunlicherweise frei. Wie sie es allerdings geschafft hat, uns anzurufen, ist mir ein Rätsel, denn sie stand unter Beobachtung. Ich denke, da es im Haus mehrere Telefone gab, konnte sie unbemerkt einen dieser Apparate benutzen.

An Schlaf war in der Nacht kaum zu denken. Ich hielt es vor Sorge nicht mehr aus und bin am nächsten Tag doch nach Teutschenthal gefahren. Allein. Charly wollte dies nicht, aber ich habe es trotzdem getan. Als Erste traf ich Gretchen Seifart, die Wirtschafterin und Hausdame meiner Schwiegermutter, die mir eine erstaunliche Geschichte erzählte. In der Nacht und nachdem die SS sich entfernte, hätten Ella und Schaumburg in dem offiziellen Gäste- und Freundesbuch des Hauses den Namen Goerdeler, der sich als Gast von Carl Wentzel auf Teutschenthal aufgehalten und sich ganz selbstverständlich dort eingetragen hatte, heimlich ausradiert. Das Buch hätten sie gut versteckt.

Warum sie dies getan haben? Den Gesprächen der SS-Leute untereinander musste wohl zu entnehmen gewesen sein, dass eine Verbindung zwischen Carl Goerdeler, den die Gestapo gesucht hat, und Carl Wentzel vermutet wurde. Das Gehörte versetzte Schaumburg und Ella wohl in Panik, wurde aber gleichzeitig als Erklärung für die Verhaftung von Carl Wentzel angenommen. Was lag näher, als Hinweise auf die Person Goerdeler zu eliminieren? »Zum Glück haben sie das Gästebuch nicht gefunden, aber wir haben schon den Namen ausradiert«, teilte mir dann Ella mit. Im Moment habe ich mir nichts weiter dazu gedacht, nahm es zur Kenntnis. Ich war froh, Ella in der vertrauten Umgebung unverletzt und frei zu sehen, auch wenn sie verständlicherweise verstört wirkte. Zu meinem großen Bedauern konnte ich nichts Neues über den Verbleib meines Schwiegervaters erfahren, wir wussten ihn nach wie vor im Polizeigefängnis in Halle. Die Situation war sehr beunruhigend und im ganzen Schloss herrschte eine Atmosphäre der Irritation und Hilflosigkeit. Es schien mir nicht ratsam, mich lange dort aufzuhalten. Machen konnte ich nichts und zudem trieb mich die Angst hinaus. Zurück auf Boltzenhöhe musste ich mich den Vorwürfen meines Mannes ob dieses Besuches stellen. Charly hielt diesen, was uns betraf, für zu riskant. Sicherlich hatte er nicht unrecht, doch mein Gefühl veranlasste mich, dies zu tun, es ging hier doch um die Familie.

Sobald ich allein war, holte mich das Gehörte mit einer seltsamen Klarheit ein. Eigentlich hatte ich bisher ganz automatisch reagiert, doch nun fing ich an, alle Papiere im Haus zu prüfen, ob diese irgendetwas Verfängliches enthielten. In meiner Verzweiflung habe ich vieles, auch persönliche Unterlagen, verbrannt. Selbst Briefe, die Charly mir noch vor gar nicht langer Zeit aus seiner Militärzeit geschrieben hatte, ließ ich in Rauch aufgehen; alles, was verdächtig hätte sein können. Besonders die Schreibtische durchwühlte ich nach Verfänglichem. Besser, es war nichts vorhanden und meine Panik, etwas übersehen zu können, war groß. Ich wusste ja selbst nichts Genaues, es war ein ungutes Gefühl, das mich trieb, und die Ahnung, dass mein Schwiegervater mehr als angenommen in das Attentat verstrickt war, gab es schon.

Meine Unruhe trieb mich ebenfalls nach Halle in das Polizeipräsidium, um nach meinem Schwiegervater zu fragen. Mein Erscheinen als besorgte Schwiegertochter wurde dort mit Erstaunen registriert, aber ich erfuhr nur, dass Carl Wentzel bereits nach Berlin gebracht worden sei.

Hatte mich bisher noch die Hoffnung getragen, dass sich alles als Irrtum herausstellen würde, wurde ich am Tag der Verhaftung von Ella, es war der 11. August, eines Besseren belehrt. Die Gestapo hatte gezielt nach dem Gästebuch gefragt und natürlich die ausradierte Stelle entdeckt. Ich vermutete, dass sie ganz konkrete Hinweise darauf erhalten hatten. Dieser Vorfall wurde zum Anlass genommen, Ella der Verschleierung einer Straftat zu bezichtigen, und mit ihr wurde der harmlose Major Otto Schaumburg, der ebenfalls radiert hatte, abgeführt. Warum nur war dieses Buch nicht verbrannt, vernichtet worden? Das wäre doch so einfach gewesen. Dies ist eine Frage, auf die ich bis heute keine Antwort weiß.

Die Verhaftung von Ella Wentzel wirkte nach außen wie die Bestätigung der Schuld meines Schwiegervaters. Schuld an was? Am Attentat auf Hitler verstrickt zu sein? Nein, das konnte ich mir nicht vorstellen. Carl Wentzel hatte mir selbst gesagt, dass er einen Mord an Hitler nicht befürworten würde. Nicht nur aus politischen, auch aus moralischen Gründen. Wie er mir mehrfach mitgeteilt hatte, war ein Mord mit seinem christlichen Glauben nicht vereinbar. Eine Verhaftung vielleicht, aber einen Mord hätte er nicht mitverantworten wollen. Die gesamte Situation war so ungeheuerlich, so unvorstellbar, so sehr nicht zu begreifen, dass ich sie gar nicht fassen konnte. Ich war zu diesem Zeitpunkt 24 Jahre alt und noch fehlte mir die Erfahrung zu wissen, dass auch das Absurde und Undenkbare möglich ist.

Für Carl-Friedrich und mich hatte die Verhaftung ebenfalls einschneidende Konsequenzen. Mit der Festnahme meines Schwiegervaters mussten alle unsere Gäste in Salzmünde und somit auch meine Familie auf Befehl der Gestapo das Herrenhaus verlassen. Meine Mutter und meine Schwester gingen zurück nach Halle, die anderen Gäste zurück nach Hamburg. Als ich selbst einmal nach Salzmünde fuhr, um noch einige unserer Sachen abzuholen, wurde mir der Zutritt von Herrn von Wendenburg, dem von der Gestapo die Führung und Sicherung aller Boltze- und Wentzel-Unternehmen, und somit auch die des Salzmünder Herrenhauses, übertragen worden war, mit Bedauern verwehrt. Es war ihm sehr unangenehm, aber man hatte ihm die Aufgabe trotz seiner Ablehnung übertragen. Er konnte für mich nichts tun. Ich durfte das Haus nicht betreten und wurde als unerwünschte Person abgewiesen. Ich fühlte mich jämmerlich und Bitterkeit stieg in mir auf.

Wie nicht anders zu erwarten hatte sich die Verhaftung von Carl und Ella Wentzel schnell herumgesprochen. Die Menschen begegneten uns im täglichen Umgang anders als vorher. Sie wurden vorsichtig. In unserer ländlichen Umgebung ging es noch einigermaßen, immerhin war Charly Ortsbauernführer und ich die Vorsitzende der Ortsbauernfrauen. Durch seine Funktion war Charly automatisch Parteimitglied und konnte sich, wenn nötig, darauf berufen. Ganz anders erlebten wir Begegnungen in Halle, in der Stadt. Da wechselte einmal ein Bekannter die Straßenseite, als er mich erkannte. Ich wurde gemieden, denn mein Gruß wurde nicht erwidert. Als ich dies realisierte, empfand ich zuerst starke Wut, die nachher in

Verzweiflung mündete. Ich hatte, wir hatten doch niemandem etwas getan, und mir kamen die Tränen.

Nach Halle fuhr ich nicht so oft, doch wollte ich den Kontakt zu meiner Familie aufrechterhalten und ich musste auch manche Einkäufe erledigen. Sicherlich standen meine Eltern zu uns, ebenso meine Schwester Lilo. Doch Charly und ich wurden mit der Zeit mehr und mehr isoliert. Wir trauten uns nicht, das Telefon zu benutzen, denn wir mussten davon ausgehen, abgehört zu werden. Niemand wollte mit uns gesehen oder gar in Verbindung gebracht werden. Charly suchte zwar nach wie vor seinen Arzt Prof. Dr. Frese auf, verweilte aber nicht länger in der Stadt und schränkte seine gesellschaftlichen Kontakte ein.

Natürlich haben wir als Familie versucht, meinem Schwiegervater zu helfen. Dabei wurde auch ein ungewöhnlicher Weg beschritten. Charly und Ella baten noch in den ersten Tagen nach der Verhaftung den Masseur meines Schwiegervaters, Felix Kersten, der ebenfalls Masseur von Heinrich Himmler war, um Hilfe. Felix Kersten konnte sich eine aktive Verstrickung von Carl Wentzel am Hitler-Attentat ebenfalls kaum vorstellen und schrieb Himmler einen Brief (s. S. 250) Dass die Familie den Masseur um Hilfe bat, hört sich sicherlich etwas erstaunlich an, doch gerade dieser Felix Kersten hat so manch anderem Verdächtigen lebensrettend helfen können.

Nach Ellas Gefangennahme erwartete mich ein weiteres alptraumartiges Szenario. Schloss Teutschenthal wurde, wie es hieß, »gesichtet«. Dies bedeutete nichts anderes, als dass es ausgeräumt wurde. Wir waren aufgefordert worden, dieser »Sichtung« beizuwohnen. Von mir wurde verlangt, anwesend zu sein, da mein Mann bettlägerig war. Es war fürchterlich. Mehrere Lastwagen, darauf die jungen Menschen der Hitler-Jugend, wurden vor dem Schloss vorgefahren und die Jugendlichen in ihren Uniformen gingen wie befohlen daran, alles, aber auch wirklich alles, einzupacken. Das sah so aus, dass sie einfach die Inhalte sämtlicher Schubladen und Schränke über die mitgebrachten Körbe ausleerten, die sie dann auf den Wagen verstauten. Vom Keller bis zum Boden wurde alles genommen und weggebracht, selbst die alten Prachtroben der Anna von Zimmermann. Ich selbst durfte und konnte nichts mitnehmen, denn ich wurde beobachtet. Wahrscheinlich erwartete die Gestapo, dass ich nach irgendetwas greifen würde, was sie vielleicht zu finden hoffte. Alle Türen im Schloss, innen wie außen, standen offen. Alle Schränke und Schubladen waren geöffnet. Die Ausräumung, die für mich einer Plünderung gleichkam, geschah ganz systematisch von Etage zu Etage. Nach außen hin gefasst und ruhig, innerlich aber sehr aufgewühlt traute ich mich gar nicht zu fragen, wo denn alles hingebracht werden würde. Auf eine Bemerkung von mir, wie es denn sei, wenn der Herr Oberamtmann zurückkehre, antwortete einer der jungen Männer mit Erstaunen: »Der? Der kommt nicht zurück.« Ungläubig sah ich diesen jungen Mann an und erwiderte nichts. Ein Mann der Gestapo blieb Tag und Nacht im Schloss, um zu verhindern, dass vielleicht Gretchen Seifart oder ich noch etwas herausholen konnten. Die Möbel wurden weitgehend belassen, lediglich besonderes Mobiliar hat man mit abtransportiert. Die übrige Einrichtung wurde für das Gestapo-Casino, das eine Zeit später im Schloss eingerichtet wurde, gebraucht.

Doch damit nicht genug. Wir wussten, dass mehrere Inspektoren von den Gütern und Fabriken der Boltze- und Wentzel-Unternehmen ebenfalls in Haft genommen worden waren und ebenso der Nachbar meines Schwiegervaters, Max Schröder. Die Verdächtigungen gegen Carl Wentzel verdichteten sich wohl, denn Carl-Friedrich als Carl Wentzels Sohn und ich als seine Ehefrau standen nun unter – ich möchte meinen – ständiger Beobachtung. Spitzel gab es wohl reichlich. Die Gestapo kam mehrfach zu uns nach Gut Boltzenhöhe und inspizierte Haus und Hof gründlichst. Sie spazierten einfach von der Hoftür hinten herein, natürlich unangemeldet und gefragt wurde nicht. Es waren Männer in langen Ledermänteln mit Hüten auf, die einfach alles untersuchten und kamen, wann sie wollten. Ihr selbstherrliches Auftreten schreckte mich und ich fürchtete mich vor diesen so präsenten Gestapo-Gesellen. Sie vermittelten mir das Gefühl, rechtlos zu sein. Ein Mensch ohne Wert und Recht. Ich wurde mit höhnischen Blicken beobachtet und abschätzend behandelt. Ich konnte mich in meinem eigenen Haus nicht mehr sicher fühlen. Die Situation war erniedrigend und beängstigend gleichermaßen.

Damit nicht genug. Weiterhin wurden wir mehrfach zur Vernehmung nach Halle bestellt. Wenn ich mich recht entsinne, hat man uns ungefähr drei Mal befragt, zwei Mal getrennt und ein Mal gemeinsam. Vorsichtshalber gaben wir Stefan vor den Verhören in die Obhut meiner Eltern, denn wir wussten ja nie, ob wir frei bleiben und zurückkommen würden oder ob man uns in Sippenhaft nehmen würde. Vor jedem Verhör haben wir uns voneinander verabschiedet. Ich fand das quälend, die Verabschiedung von meinem Mann, meinem Sohn, meinen Eltern. Die Ungewissheit war zu groß. Sorge wurde unser ständiger Begleiter und erfüllte uns.

Ort der Verhöre war das Möbelhaus Martick, genauer dessen Lagerhalle, in Halle. Befragt wurden wir in kleinen Verhörzellen, die eher Käfigen aus Holz glichen. In Erinnerung sind mir peinigend lange Wartezeiten. Stundenlang ließ man uns warten, bis wir »dran« waren. Zuerst Charly und dann ich oder zuerst ich und dann Charly. Doch welche Auskunft hätten wir geben können? Wir wussten doch von keinen politischen Aktivitäten meines Schwiegervaters. Gefragt wurden wir alles Mögliche: Wer hatte an den Gesellschaften auf

Teutschenthal teilgenommen? Mit wem hatte Carl Wentzel verkehrt? Namen wurden genannt. Ich konnte nur sagen: Kenn ich nicht, weiß ich nicht, kann mich nicht erinnern, die Herren waren alle älter und wir hatten keine Verbindung … Charly gab natürlich an, dass er kaum zu Gesellschaften auf dem Schloss zugegen gewesen war, da das Verhältnis zu seinem Vater getrübt war … Das alles entsprach der Wahrheit. Letztendlich muss unsere Ahnungslosigkeit wohl als Harmlosigkeit gedeutet worden sein, denn wir blieben frei. So beängstigend und unfassbar die Situation für uns auch war, der Gedanke an eine Schuld Carl Wentzels war für mich absurd. Noch trug mich die Erwartung, dass sich alle Vorwürfe als haltlos herausstellen würden und Carl und Ella Wentzel wieder freikamen, dass dieser Albtraum vorbeiging. Eher langsam ließen mich die zermürbenden Geschehnisse auch anderes denken.

*»Es ist mir nicht gegeben, in Situationen,
die meiner Überzeugung nach Handeln erfordern,
untätig zu sein.«*

Eine ungewisse Zeit

Erstaunlicherweise waren weder mein Mann noch ich fähig, uns über die Geschehnisse tiefer gehend auszutauschen. Jeder war ein Bündel seiner eigenen Gefühle und irgendwie ergab sich nie der richtige Moment zum Reden. Uns fehlte zudem die Ruhe, denn wir waren quasi atemlos im Strudel der Zeit. Täglich wurden wir aufs Neue herausgefordert und jeder versuchte, das Richtige zu tun. Eines Tages fand ich meine liebe Frau Richter, meine Ama, aufgelöst in Tränen. Ihre Tochter, in Halle mit dem Schmied Mittag verheiratet, war ausgebombt worden. In der Nacht vorher hatte der bisher größte Luftangriff auf Halle stattgefunden und niemals zuvor hatte es ein solch verheerendes Bombardement gegeben. Ihr Kummer rührte mich zutiefst und kurz entschlossen fuhr ich mit meiner Kutsche nach Halle und holte ihre Tochter mit den drei Kindern zu uns nach Boltzenhöhe, in die relative Sicherheit. Bei allem Unglück: Sie haben alle den Bombenangriff überlebt. Meinen Eltern wie meiner Schwester und ihrer Familie ging es gemessen an dem erlittenen Verlust Tausender noch recht gut. Bisher war ihnen nichts passiert und das Haus in der Geiststraße stand noch.

Carl-Friedrich und ich lebten in einem Zustand der gefühlten Bedrohung, der Hetze und der Kontrolle. Für uns gab es keine Ruhe. In dieser aufgewühlten Zeit war es, als ob ein jeder gerade das Leben lebte, dass er leben konnte. Mein Mann ging seiner Arbeit auf dem Gut nach und fuhr nach wie vor regelmäßig zum Arzt. Er fand ein Stück Normalität und Halt in einem weitgehend geregelten Tagesablauf. Doch ich? Welches Leben konnte ich gerade leben? Ich war erfüllt von Sorge, was meine Schwiegereltern betraf und meine Unruhe ließ mich ein ungewöhnliches Vorhaben planen: Ich wollte meine Schwiegereltern im Gefängnis besuchen. Ich wusste, beide waren in Berlin inhaftiert. Ella saß im Gerichtsgefängnis in der Kantstraße in Charlottenburg ein. Carl Wentzels Aufenthalt wechselte aufgrund häufiger Verlegung, doch durch unseren Anwalt, einen halleschen Rechtsanwalt, erfuhren wir relativ genau, in welchem Gefängnis er sich jeweils befand. Für mehr Informationen, dessen war ich mir bewusst, musste ich mich in das Reichssicherheitshauptamt in der Prinz-Albrecht-Straße in Berlin trauen.

Natürlich war mein Mann mit meinem Plan gar nicht einverstanden. Er meinte, solche Eskapaden könnten nur unerwünscht auf uns aufmerksam machen und wir täten gut daran, uns still und unauffällig zu verhalten. Doch ich sagte ihm: »Wenn du deine Eltern nicht besuchst, tue ich es.« Ich empfand es als meine Pflicht und es war mir auch ein Herzensanliegen, meiner Familie, zu der ich doch meine Schwiegereltern zählte, beizustehen. Die Todesmaschinerie lief, das wusste selbst ich als bis dahin politisch eher Uninteressierte vom Lande. Hunderte Verdächtige, zumeist namhafte Personen aus den gehobenen Kreisen von Politik, Wirtschaft und Militär, wurden im Zusammenhang mit dem 20. Juli verhaftet und füllten die Gefängnisse. Erbarmen gab es nicht und der sogenannte Volksgerichtshof überantwortete viele von ihnen dem Henker. Ich konnte meine Augen nicht vor der Wahrheit verschließen, dass alles, auch das Schlimmste, mit Carl und Ella Wentzel passieren konnte.

Sicher, Carl-Friedrichs Sorge war nicht unbegründet, denn auch wir waren diesem mörderischen Regime hilflos ausgeliefert. Die Krake des rechtsnationalen Gedankenguts hatte alle und alles im Griff und durch den ethischen Werteverfall in unserer menschlichen Gemeinschaft hinsichtlich von Recht und Unrecht waren kein Tun und kein Lassen kalkulierbar oder vorhersehbar. Aber mein Gerechtigkeitssinn und mein Hang zur Fürsorge trieben mich um und mein Gewissen meldete sich. Konnte ich nicht vielleicht doch etwas tun? Ich brauchte eine Antwort und die hoffte ich, in Berlin zu finden. Natürlich, meinem Mann gegenüber gab ich mich selbstsicher und überzeugt, das Notwendige zu tun, doch in Wahrheit erfüllten mich Verzagtheit und auch Bitternis bei der Vorstellung, diese verrückte wie gefährliche Idee tatsächlich umzusetzen. Mich rief keiner und bat keiner, dieses zu tun. Es war ganz allein mein Entschluss.

Zu jener Zeit war das Reisen nach Berlin wahrlich nicht einfach, sondern ein Abenteuer an sich und eine Gefahr nicht nur wegen der häufigen Bombenangriffe auf die Schienen und Züge. Die Herausforderungen begannen schon, ehe ich losfahren konnte, denn für eine Fahrt nach Berlin benötigte ich die Genehmigung unseres Ortsvorstehers in Wils, Herrn Ankermann. Wie habe ich ihn anflehen müssen, um die gewünschte Reiseerlaubnis zu erhalten. Er war ein guter und freundlicher Mann, doch meine Bitte löste bei ihm einen Gewissenskonflikt aus und er meinte, ich brächte ihn in große Schwierigkeiten. Allerdings zeigte er Verständnis für mein Anliegen und gab der Menschlichkeit in sich nach: Ich erhielt die Reisegenehmigung. Kaum hielt ich sie in meinen Händen, überfiel mich Angst vor meiner eigenen Courage. Doch ich musste es jetzt tun.

In den frühen Morgenstunden startete ich. Zuerst musste ich mit der Pferdekutsche, die mein Kutscher Franz lenkte, bis Halle und von dort aus mit dem nächst möglichen Zug weiter nach Berlin fahren. Einen verlässlichen Fahrplan gab es nicht mehr, wenn nötig, musste ich eben warten. Am Bahnhof bemerkte ich, dass die Befürchtungen meines Mannes wie des Herrn Ankermanns durchaus begründet waren, denn mir fiel unter den Reisenden ein bekanntes Gesicht aus dem halleschen Gestapo-Team auf. Ich musste annehmen, auf dieser Reise beobachtet zu werden. Der Zug, der mich dann nach Berlin brachte, war überfüllt und besetzt mit viel Militär. Die Soldaten sahen nicht gerade fröhlich aus. In meiner Situation empfand ich das keinesfalls als beruhigend, jedoch kam ich ganz gut zurecht und verhielt mich unauffällig. Allein auf mich gestellt zu sein, kannte ich ja aus meiner Kindheit. Wie gut nur, dass mein bisheriges Leben mich darauf vorbereitet hatte, wenn nötig, auch alleine aktiv zu werden.

Die starke Präsenz des Militärs in den heimischen Zügen zeigte mir deutlich auf, dass unser Deutsches Reich keine siegreiche Nation mehr war. Mittlerweile kamen die Armeen unserer »Feinde«, der Alliierten und der Sowjets, immer näher. Die alliierten Truppen waren bereits Anfang Juni, am sogenannten D-Day, in der Normandie gelandet und rückten unaufhaltsam in Richtung Deutsches Reich vor. Die Front bröckelte überall und nicht nur das glorreiche Afrika-Korps unter Erwin Rommel war schon 1943 geschlagen worden. Das deutsche Militär war 1944 kaum noch siegreich und den meisten Menschen stand der Sinn nicht mehr nach Jubel. Jedoch berührte die militärische Entwicklung des Krieges mich zu diesem Zeitpunkt wenig. Frankreich, Italien, Russland: Diese Kriegsschauplätze waren für mich alle weit weg.

Es waren die aktuellen politischen Umstände, die meine ganze Aufmerksamkeit in Anspruch nahmen. Durch die Verhaftung meiner Schwiegereltern war ich unmittelbar mit diesem Unrechtsregime konfrontiert und persönlich betroffen. Die vielen absonderlichen Momente, wie die direkte Begegnung mit der Hitler-Jugend beim Ausräumen des Schlosses Teutschenthal, die Verhöre durch die Gestapo oder unsere Drangsalierung im eigenen Haus, hatten mir die Ungnädigkeit und Respektlosigkeit des Naziregimes, ihre Geringschätzung eines Menschen und seines Lebens sehr drastisch vor Augen geführt und mich zudem die Grenzen der eigenen Möglichkeiten erfahren lassen. Mich beherrschte eine innere Unruhe, deren Natur die Angst war, die sich in erster Linie auf fehlendes Wissen hinsichtlich der Vorgänge um meine Schwiegereltern gründete. Unwissenheit, Spekulationen, bloße Vermutungen können einen Menschen wahrlich schrecken und mir war, als ob sich meine Fantasie einen Husarenritt meiner Gedanken erlaubt und ein nebulöses Grauen erzeugt. Doch zur Angst gehört auch Mut, und Mut hatte ich.

Ich habe mehrmals Reisen nach Berlin unternommen und tatsächlich ist es mir gelungen, ein Mal meine Schwiegermutter Ella und zwei Mal meinen Schwiegervater Carl Wentzel zu sehen. In der Prinz-Albrecht-Straße Nr. 8 befand sich das Hauptquartier der Gestapo, es war meine erste Anlaufstelle, um Informationen über Carl Wentzel und sein Schicksal zu erhalten. Nur wenige gingen freiwillig dorthin, die Adresse war berüchtigt. Und zu den wenigen gehörte ich. Dort wurde ich knapp und ohne Begründung einfach abgewiesen und meinen Schwiegervater sah ich an diesem ersten Reisetag nicht, doch meine Bemühungen um Ella, die ich ja im Gerichtsgefängnis in der Kantstraße wusste, wurden belohnt.

Zu meinem Glück traf ich dort auf eine Wärterin, die wohl Mitleid mit mir, der jungen und verzweifelten Frau, die sich nach ihrer Schwiegermutter Ella Wentzel erkundigte, hatte. Tatsächlich öffneten sich für mich die Tore und ich wurde eingelassen. Vor Anspannung klopfte mir das Herz bis zum Hals. Sicherlich geschah in diesem Moment genau das, was ich mir wünschte, nämlich eintreten zu dürfen, allerdings: Ich befand mich in einem Gefängnis. Welch ein trostloser Ort, fürwahr. In meinem Kopf überschlugen sich die Gedanken. Würden sich die Türen für mich wieder nach draußen öffnen? Immerhin – auch ich hieß Wentzel. Ella galt als »Aufrührerin« und genau die wollte ich besuchen. Es wäre für die Gestapo ein Leichtes gewesen, mir aufgrund dieses Besuches eine Mitverschwörung zu unterstellen. Doch diese Eingebung kam mir erst, als sich hinter mir die Tore schlossen und ich mich bereits innerhalb des Gefängnisses befand. Mich überfiel zum ersten Mal in meinem Leben richtige Angst. Hatte ich vorher bereits geglaubt, Angst zu spüren, waren diese sich in mir bahnbrechenden Emotionen wenig gewesen gegen das, was ich in jenem Moment empfand. Beim Einlass war ich aufgefordert worden, meinen Pass abzugeben und mir war ein

Laufzettel übergeben worden. Den Pass abzugeben bedeutete, mein Schicksal, mein Leben, in mir unbekannte Hände zu legen. Mit dem Pass gab ich meine Identität ab. Ohne Pass war man in jener Zeit ein Nichts.

Ich wurde in einen kleinen Besucherraum geführt. Dort musste ich mich eine Weile gedulden bis zu meiner großen Freude Ella eintrat. Sie weinte. Ich hatte sie erwartet und war trotzdem überrascht, sie zu sehen. Natürlich kam sie nicht allein, eine der Wärterinnen begleitete sie. Doch auch sie muss irgendwie eine Frau gewesen sein, die noch Mitgefühl für andere empfinden konnte, denn sie zog sich etwas zurück. Ella beklagte sich in dieser für sie erbärmlichen Situation nicht, jammerte nicht, nein, sie hielt sich bewundernswert. Instinktiv senkten wir unsere Stimmen und natürlich erkundigte sie sich zuallererst nach Pappel. Wie bedauerte ich es doch, ihr nichts Tröstliches mitteilen zu können, außer, dass es ihm meines Wissens nach gut gehe. Sowie auch ihrem Sohn, meinem Mann, der sich in Freiheit befand. In einem unbewacht geglaubten Moment flüsterte sie mir plötzlich zu: »Lorchen, rote Tasche, Gretchen.« Danach murmelte sie wieder nur Dinge, die alle hören konnten, eben Unverfängliches. So wie die Frage nach meinem Befinden: »Und wie geht es dir?« Antwort: »Gut.« Kein erbaulicher Dialog, nein, aber ich war dankbar, Ella zu sehen und vor allem, sie gesund zu sehen. Meine Erleichterung, sie augenscheinlich unversehrt anzutreffen, war mir wohl ins Gesicht geschrieben und auch Ella schien mein Besuch zu freuen, zumindest war dies mein Eindruck. Ein wirkliches Gespräch zwischen uns war gar nicht möglich, Sentimentalitäten verboten sich von selbst und wir durften uns auch nicht anfassen.

Die ganze Anspannung der vergangenen Wochen, die Ungewissheit, und Ella ist da. Sie lebt. Plötzlich öffnete sich wieder die Tür und herein kam eine weitere Aufseherin des

Im Herrenhaus in Salzmünde lebte die Familie seit Ende September 1943

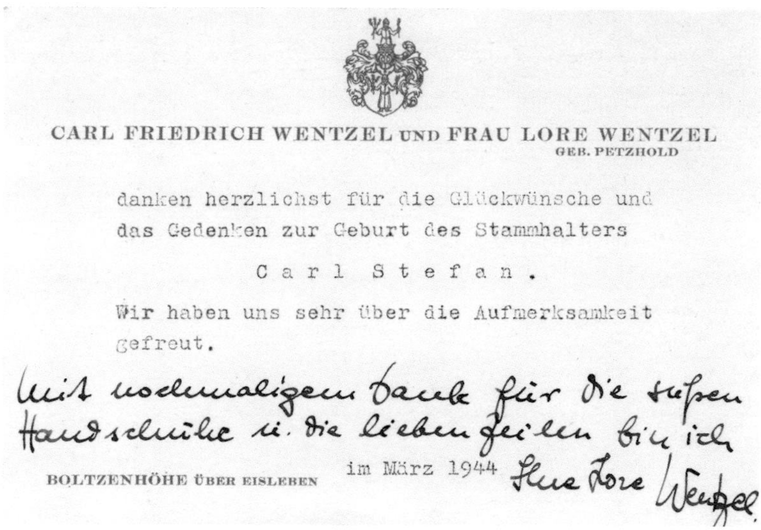

CARL FRIEDRICH WENTZEL UND FRAU LORE WENTZEL
GEB. PETZHOLD

danken herzlichst für die Glückwünsche und
das Gedenken zur Geburt des Stammhalters

C a r l   S t e f a n .

Wir haben uns sehr über die Aufmerksamkeit
gefreut.

Mit nochmaligem Dank für die süßen
Handschuhe u. die lieben Zeilen bin ich

BOLTZENHÖHE ÜBER EISLEBEN   im März 1944   Ihre Lore Wentzel

Dankespostkarte zur Geburt von Carl-Stefan Wentzel, 1944

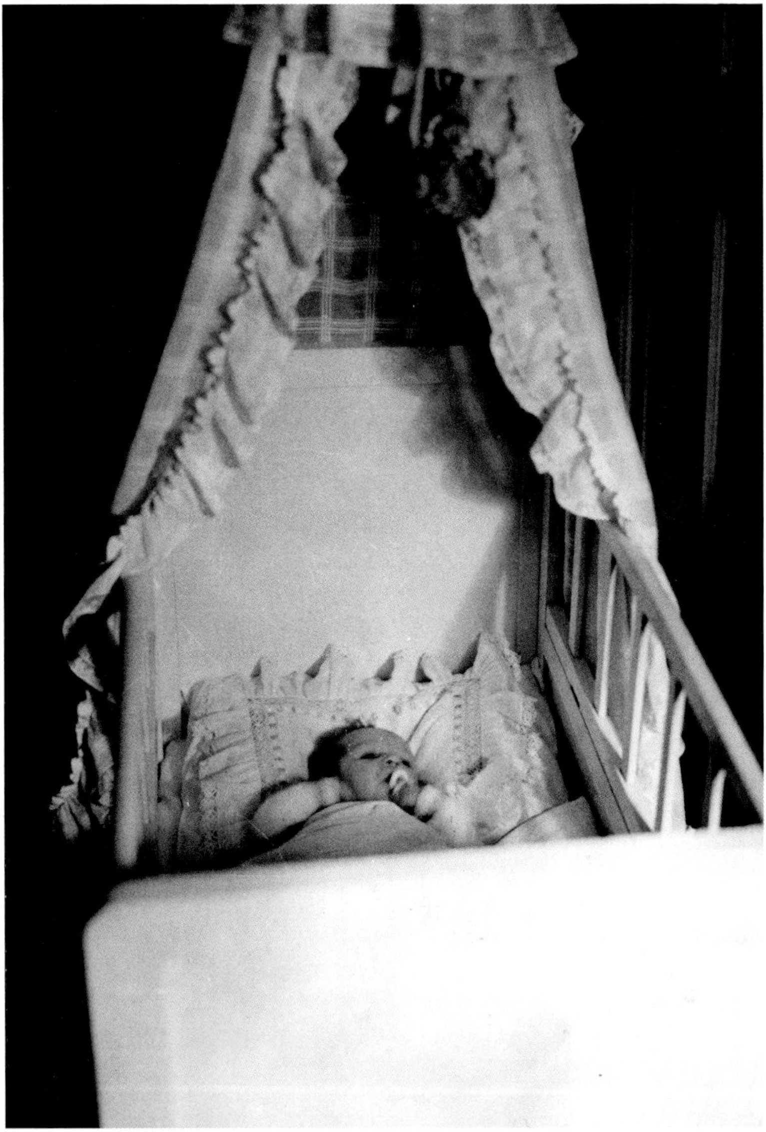

Zur Taufe von Carl-Stefan am 29.4.1944

Die Eltern des Täuflings mit Opa Max, 29.4.1944

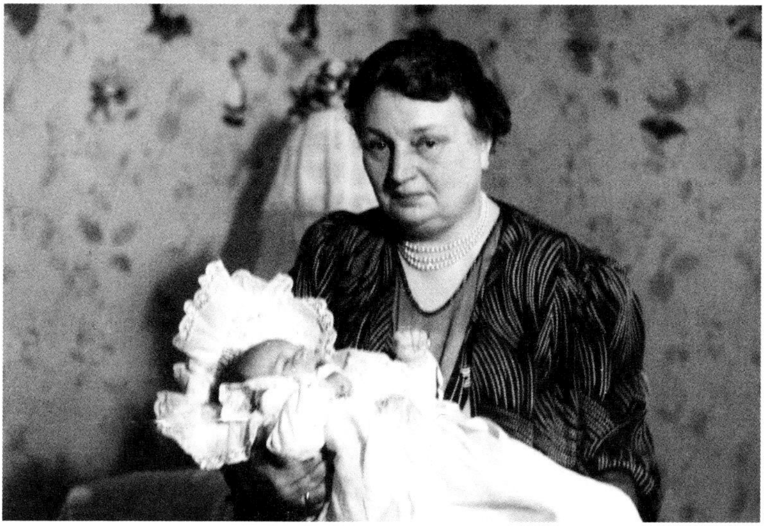

Großmutter Ella Wentzel mit dem Täufling Carl-Stefan, 29.4.1944

Großvater Carl Wentzel am Tag der Taufe, 29.4.1944

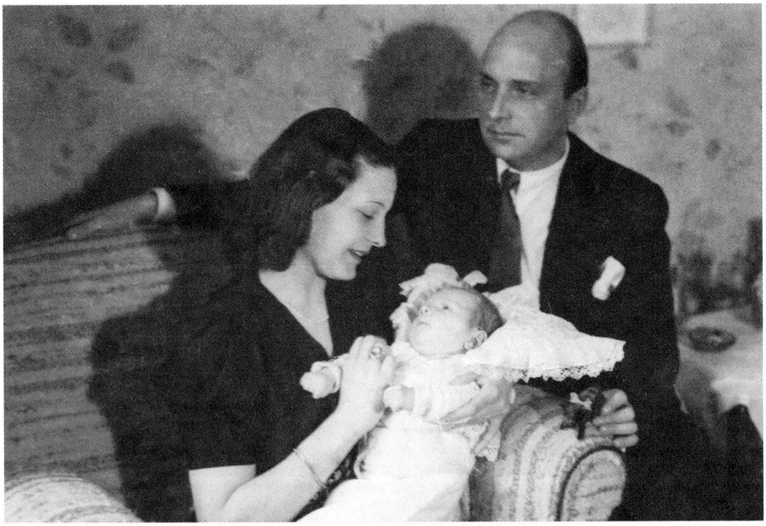

Die junge Familie Wentzel im Jahr 1944

Die Taufgesellschaft, 29.4.1944

Auch die Wentzelsche Belegschaft stieß auf den Täufling an, 29.4.1944

Trotz aller Probleme war Lore Wentzel eine glückliche Mutter, Sommer 1944

Auf Gut Boltzenhöhe wohnte die junge Familie Wentzel,
als Carl Wentzel verhaftet wurde

Ella und Carl Wentzel lebten von 1913 bis 1944 auf Schloss Teutschenthal

Zur Silberhochzeit 1933 erhielten Ella und Carl Wentzel viele Geschenke

Die Silberhochzeitsgäste vor Schloss Teutschenthal, 1933

Festsaal mit eingedeckter Tafel zur Silberhochzeit, 1933

Ella und Carl Wentzel mit ihrem Privatwagen und dem Chauffeur

Das Arbeitszimmer von Carl Wentzel auf Schloss Teutschenthal

Zum Boltze- und Wentzel-Unternehmen gehörte auch die Malzfabrik Eisleben

Wichtiger Teil des Agrar-Industrie-Konzerns waren die Salzmünder Betriebe

Auf dem Erbhof Fienstedt arbeitete Lore Wentzel zeitweilig als Inspektor

Die ehemalige Saatzuchtanstalt in Salzmünde

Arbeiter vor der Stellmacherei in Salzmünde, etwa 1930

Carl Wentzels Jagdhaus Möllendorf im Südharz bei Mansfeld, in dem er am 30.7.1944 von der Gestapo verhaftet wurde

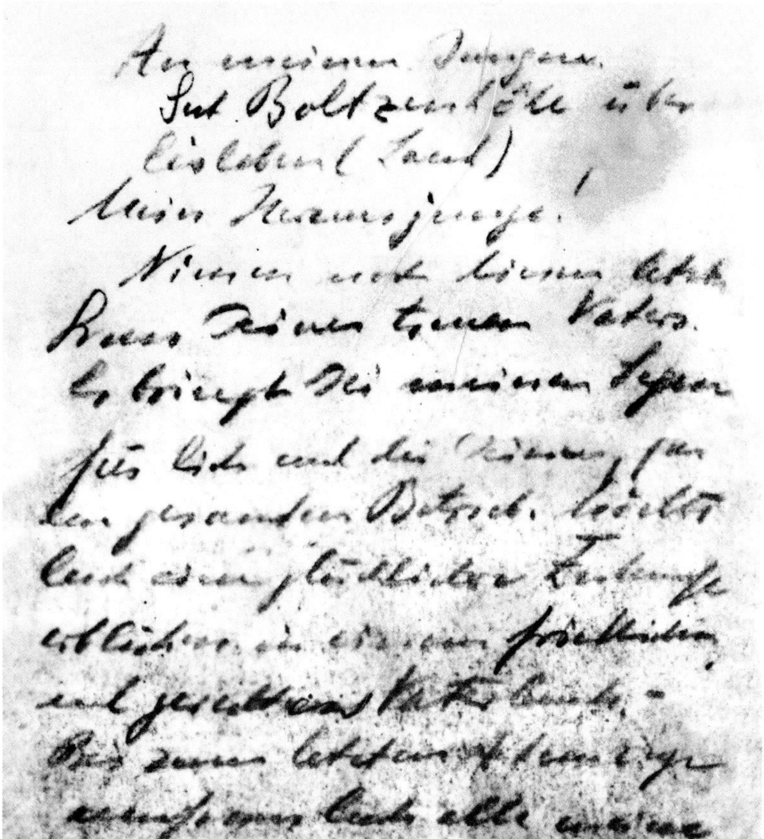

An meinen Jungen.
Gut Boltzenhöhe über
Eisleben (Land)

Mein Herzensjunge!

Nimmer wirst Du hören letzte
Worte Deines treuen Vaters.
Er bringt Dir meinen Segen
für Dich und die Deinen, für
den gesamten Betrieb. Wollte
Gott einen glücklichen [illegible]
erblicken in einem friedlichen
und gesicherten Vaterland. –
Bis zum letzten Atemzuge
umfangen Euch alle meine

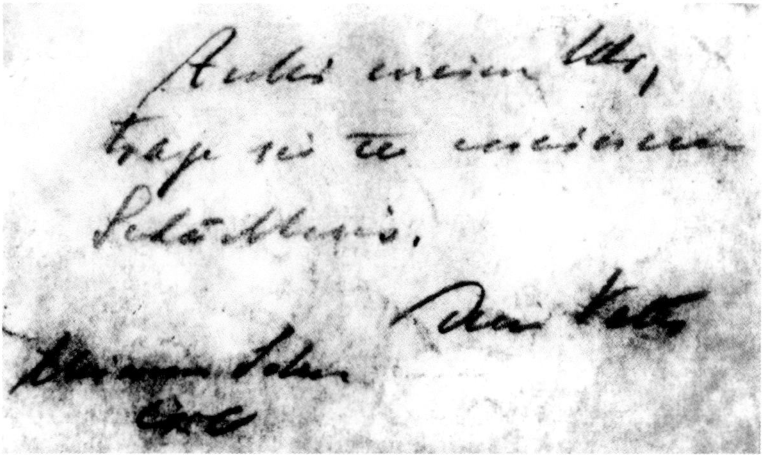

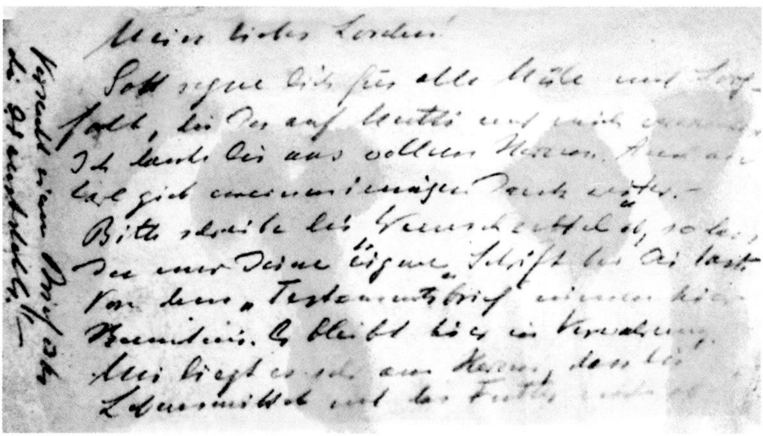

Abschiedsbriefe von Carl Wentzel aus der Haft an seinen Sohn Carl-Friedrich und an seine Schwiegertochter Lore, Dezember 1944

Carl Wentzel vor dem Volkgerichtshof in Berlin, 13.11.1944

Blutrichter Freisler verurteilte Carl Wentzel am 13.11.1944 zum Tode

Gefängnisses. Ich denke, dass es eine bedeutende Person war, denn Ella reagierte – für mich völlig unerwartet – auf das Erscheinen dieser Frau mit einem blitzschnellen Aufspringen, gerader Haltung und gehobenem Arm zum Hitlergruß. »Heil Hitler, heil Hitler, Frau Oberin«, hörte ich zackig und ohne Zögern aus ihrem Munde. Ich war zu überrascht, um es ihr sofort gleich zu tun und versuchte, meine Verblüffung zu verbergen. Hier war eine andere Ella als die, die ich kannte. Die stolze, die verwöhnte Ella gehorchte. Sie tat, was von ihr erwartet wurde. Ich muss sie wohl angestarrt haben, doch ich verstand intuitiv und hielt den Mund, d.h. nicht ganz, ich murmelte zur Wärterin gewandt ebenfalls den Hitlergruß. Zu mehr war ich nicht fähig. Wie unwirklich alles war und ganz besonders dieser spezielle Moment. Ich fühlte, wie aufsteigende Panik mir die Sprache raubte und blankes Entsetzen mir meinen Kopf vernebelte. Ich erlebte am eigenen Leibe wie es ist, wenn Angst, vielfach potenziert durch das Gefühl, diese nicht bewältigen zu können, von einem Besitz ergreift. Dies war ein Grunderlebnis für mich.

Ein weiterer Austausch mit Ella war nicht mehr möglich. Sie wurde abgeführt und ich brauchte nicht aufgefordert werden, zu gehen. Schnellstmöglich, aber ohne Hektik, bat ich um die Unterschrift auf meinem Laufzettel, erwartete die Rückgabe meines Passes und verließ mit klopfendem Herzen dieses Gefängnis. Der psychische Stress ließ meine Beine wanken. Ich konnte mich kaum halten und es überkam mich eine Übelkeit.

Nachdem ich mich beruhigt hatte, rasten meine Gedanken. Ich konnte es gar nicht fassen, mir war es tatsächlich gelungen, Ella zu sehen. Sie hatte von einer roten Tasche gesprochen und ich musste dringend Gretchen fragen. Sofort begab ich mich auf den Rückweg nach Boltzenhöhe, der schwierig genug war.

Mein Mann, auf die Bewandtnis der roten Tasche angesprochen, hatte ebenfalls keine Erklärung. Ich fuhr also zum Schloss Teutschenthal, wo Gretchen Seifart, nach wie vor von der Gestapo belauert, Obacht gab. Sicher, das Schloss war bis auf die meisten Möbel ausgeräumt, doch es gab immer noch die Hoffnung, dass Ella und Carl Wentzel zurückkehrten. Gretchen Seifart wollte einfach die Stellung halten und für Ordnung sorgen, so gut es eben ging und sie nicht weggeschickt wurde. Ich hatte auf dem Schloss, das von der SS kontrolliert wurde, nichts zu suchen und war unerwünscht. Deshalb musste ich sehr vorsichtig sein. Gretchen, auf die rote Tasche angesprochen, wusste sofort, was Ella meinte. In dieser Tasche, so berichtete sie mir, befände sich der kostbarste Schmuck meiner Schwiegermutter. Weil er so kostbar war, wurde er an einem sicheren Ort im Schloss versteckt und zwar im Bett von Gretchen Seifart. Selbst die alles inspizierenden SS-Schergen haben dieses Versteck nicht gefunden. Ich war verblüfft über so viel Raffinesse. Die Tasche war also noch da. Doch wie konnte ich diese in meinen Besitz bringen? Gretchen und ich überlegten hin und her und letztendlich entschieden wir uns für ein abenteuerliches Unterfangen. Ich würde die Tasche holen.

Gretchen Seifart war wirklich eine treue Seele. Sie hatte meinem Schwiegervater, als er noch in Halle im Polizeipräsidium inhaftiert war, vorausdenkend ein Päckchen geschickt. Darin hatte sie ihm etwas zu Essen und einige Dinge, die er wohl umständehalber beim eiligen Packen übersehen hatte, zukommen lassen. Praktisch und lebenstüchtig wie sie war, hatte sie ebenfalls ein schmales Kissen mit einem hellblauen Bezug, bestickt mit seinen Initialen, dazugelegt. Und nun half sie mir! Ich besprach unser Vorhaben mit meinem Kutscher Franz. Auch für ihn war es selbstverständlich, mir zu helfen, obwohl er sich in Gefahr begab. Wir zögerten keinen Tag lang.

Gegen Abend fuhren Franz und ich mit der Kutsche nach Teutschenthal. Franz hielt unter dem Torbogen des Schlosses, der Haupt- und Nebengebäude verbindet und platzierte sich mit dem Kutschbock unter dem Fenster des Treppenhauses. Ich ging für alle sichtbar ganz offiziell hinein zu Gretchen, um sie angeblich kurz zu besuchen. Sie hatte bereits die rote Tasche unter ihrem weiten weißen Mantel versteckt, den sie immer trug, wenn sie das Haus verließ. Wir begegneten uns im Treppenhaus und erzählten, um den nebenan sicherlich zuhörenden Wachhabenden über die wahren Vorgänge zu täuschen, sehr laut. Schnell übergab sie mir die Tasche und ging weg, ich aber eilte zum Fenster und warf die Tasche wie vereinbart durch das Fenster zu Franz hinunter. Dieser fing sie auf und wickelte sie sofort in eine Wolldecke. Vernehmlich laut, förmlich schreiend, verabschiedete ich mich von Gretchen und ging schnellstens hinaus. Franz fuhr sofort an und wir machten uns auf den Heimweg. Ich hielt die Aufregung kaum aus. Panik bemächtigte sich meiner, als plötzlich Autos hinter uns auf der Straße auftauchten. Ich sagte: »Sie kommen, sie kommen.« Ich war sicher, dass wir entdeckt worden waren. Doch Franz blieb ruhig. »Nee, die kommen nich.« Er benahm sich einfach rührend und er sollte recht behalten. Unversehrt erreichten wir Boltzenhöhe. In der Tasche befanden sich wunderbare Schmuckstücke, darunter Ellas kostbares Diadem. Für mich ein wahrer Schatz. Carl-Friedrichs Reaktion auf die Tasche möchte ich als reserviert bezeichnen. Während ich meinen aufgewühlten Gefühlen Luft verschaffen musste, enthielt er sich der Kommentare. Da es weiter nichts zu bereden gab, versteckten wir die Tasche an einem sicheren Ort und folgten dabei dem Beispiel meiner Schwiegermutter: Die Tasche kam ins Bett meiner Frau Richter.

Dass es mir gelungen war, in den Besitz dieser Tasche zu kommen, bestärkte mich. Ich fuhr ein weiteres Mal nach

Berlin. Durch den Kontakt zum Anwalt meines Schwiegervaters wussten wir, dass es Carl Wentzel wohl noch ganz gut ging. Auch erhielt dieser über den Anwalt kleine Mitteilungen von uns, sodass er wenigstens etwas über unsere Situation erfuhr. Endlich – er war, soweit ich mich erinnere, in Moabit inhaftiert – konnte ich ihn das erste Mal sehen. Es war nur ein kurzes Treffen im Stehen. Die Prozedur mit dem Passabgeben kannte ich bereits von meinem Besuch bei Ella, so war ich dieses Mal vorbereitet und konnte meine Gefühle besser beherrschen. Es war erstaunlich genug, dass ich meinen Schwiegervater überhaupt zu Gesicht bekam. Aber mehr wurde uns auch nicht gestattet, ein Gespräch war gar nicht möglich, lediglich Grüße durfte ich ausrichten, bevor er wieder abgeführt wurde. Jedoch konnte ich mich vergewissern, dass er unversehrt war und er durch mein Erscheinen registrieren, dass wir ihm beistehen. Seine Mimik, mit den Bewachern um ihn herum, gab mir keinerlei Aussage. Dies alles ging so schnell und sehr rasch fand ich mich auf der Straße wieder. Heute denke ich, dass diese Begegnung nur möglich gewesen war, weil sich seine Bewacher eventuell vertan, ihn oder mich, vielleicht verwechselt haben. Doch eine Verwechslung erscheint mir angesichts eines solchen Ortes wenig wahrscheinlich. Tatsächlich finde ich bis heute keine Erklärung dafür. Doch das Ereignis machte mich mutiger.

Über die Vorgänge in seinem Gerichtsprozess, die Untersuchungen und die Vorwürfe erhielten wir kaum Informationen. Allerdings wurde uns nach und nach zugetragen, dass die Verwaltungsinspektoren der Boltze- und Wenzel-Unternehmen und auch endlich der Kammergerichtsrat Drache, die allesamt im Zuge der Carl-Wentzel-Verschwörung mit ihm verhaftet worden waren, freikamen. Wir suchten keinen Kontakt zu diesen Menschen, denn mit den Wentzel- und Boltze-Unternehmen durften wir offiziell nichts mehr zu tun haben. Jede Freilassung, von der wir erfuhren, löste bei uns Erleichterung aus. Zudem nährte dies unsere Hoffnung, dass sich alles als Irrtum herausstellen würde und Carl und Ella Wentzel ebenfalls bald freikamen.

Allerdings befanden sich nach wie vor Dr. Max Schröder und Major Otto Schaumburg in Haft. Als wir vom Anwalt meines Schwiegervaters erfuhren, dass die Vorwürfe des Verrats gegen Carl Wentzel so schwerwiegend seien, dass auch ein Todesurteil gesprochen werden könnte, brach für mich eine Welt zusammen. Ich konnte das nicht begreifen und Verzweiflung überrollte mich. Was ich damals gar nicht so deutlich erkannte, war, dass ich eigentlich nur sehr wenig wusste. Welche Kenntnis hatte ich über die Anschuldigungen, die Intrigen, die Interessen mächtiger Männer und über mögliche Zeugenaussagen? Keine. Was wusste ich denn wirklich über die wirtschaftlichen und politischen Aktivitäten meines Schwiegervaters? Wenig. Was wusste ich vom Widerstand? Nichts.

Es ist mir nicht gegeben, in Situationen, die meiner Überzeugung nach Handeln erfordern, untätig zu sein. Was meinen Schwiegereltern widerfuhr, empfand ich zutiefst als Unrecht. Und wieder fasste ich einen Entschluss, den ich aber mit meinem Mann gar nicht erst besprach. Natürlich hätte er ihn rundweg abgelehnt. Doch es war so, dass ich durch unser Leben auf Schloss Schochwitz dort im Ort mit zahlreichen Leuten, wozu ich natürlich unbedingt Pfarrer von Biela und seine Familie zähle, freundlich verbunden war, und als ich die Nachricht erhielt, dass Ludolf von Alvensleben zugegen war, bat ich kurz entschlossen um einen Termin mit ihm und bekam auch einen. Zur verabredeten Zeit begab ich mich zu ihm auf das Schloss Schochwitz. Die vertrauten Räume lösten bei mir ein beklemmendes Gefühl aus. Als er endlich vor mich hintrat, musste ich zu ihm aufschauen, denn er war ja riesengroß. Ich konnte meine Verzweiflung kaum verbergen und ich glaube, er bemerkte meinen Zustand. »Ich bitte Sie um das Leben meiner Schwiegereltern«, flehte ich. Die Antwort habe ich heute noch wortwörtlich im Kopf. »Für Ihren Schwiegervater tue ich nichts. Die dicke Ella ist in Ravensbrück. Die ist dort gut aufgehoben und kommt wieder zurück. Carlchen passiert nichts, der ist ja sowieso jenseits von Gut und Böse.« Tja, das war es. Das war unser Gespräch und ich musste gehen.

Wie betäubt fuhr ich nach Hause zurück, um meinem Mann zu berichten. Durch von Alvensleben erfuhren wir also, dass sich Ella nun im Frauenkonzentrationslager Ravensbrück und nicht mehr in Berlin befand. Das war uns bisher nicht bekannt gewesen. Nach Ravensbrück konnten wir keine Verbindung zu ihr aufnehmen, das war unmöglich. Was meinen Mann betraf, fand ich von Alvenslebens Äußerung weder freundschaftlich noch respektvoll. Ich weiß wirklich nicht, welche Beziehung die beiden zueinander hatten doch zumindest durfte ich seine Bemerkung so verstehen, dass unserer Familie nichts geschehen würde. Das wiederum war beruhigend, denn Charly und ich konnten nach wie vor nicht ausschließen, in die absolut übliche Sippenhaft genommen zu werden. Doch warum wollte Ludolf von Alvensleben sich nicht für Carl Wentzel einsetzen? Lehnte es so brüsk ab? Heute meine ich die Antwort zu kennen: Ludolf von Alvensleben ging es um Schloss und Gut Schochwitz, die er als Eigentümer und entgegen den noch bestehenden Pachtvertrag wieder in seinen Besitz bringen wollte. Damals waren mir diese Umstände nicht näher bekannt.[9] Auch andere beschäftigte das Schicksal meines Schwiegervaters.[10] Und ich war verzweifelt, wenn ich an ihn dachte.

So nahm ich wieder eine Reise nach Berlin auf mich. In die Kantstraße musste ich ja nun nicht mehr, denn Ella war nicht mehr da. Warum ich mich erneut dieser Tortour aussetzte? Das hatte für mich etwas mit Courage zu tun. Zudem trug mich diese Winzigkeit an Hoffnung, doch noch etwas Gutes tun, vielleicht helfen zu können. Ganz so unberechtigt war meine Hoffnung nicht, denn nicht nur ich, auch andere versuchten, Carl Wentzel zu besuchen. Hier weiß ich in erster Linie von den beiden älteren Damen von Mettenheim, die in Potsdam wohnten und wohl öfter für Carl Wentzel Päckchen mit Lebensmitteln und Wäsche im Gefängnis abgaben. Die genaue Beziehung der Schwestern von Mettenheim zu meinem Schwiegervater ist mir nicht bekannt. Ich weiß nur, dass es eine hohe gegenseitige Wertschätzung gab und die Begegnungen früher wohl im Rahmen eines religiösen Kreises stattgefunden hatten. Auch meine ich zu wissen, dass seine Schwester, Frau Delitzsch-Krebs versuchte, ihren Bruder zu besuchen. Mein Mann hielt diskreten Kontakt zu den Schwestern von Mettenheim. Auch diese beiden Damen bewiesen Mut und – vor allen Dingen und für mich ganz wichtig – sie kamen jedes Mal wieder nach Hause zurück und wurden nicht als verdächtige Personen festgenommen.

Carl Wentzel war zu diesem Zeitpunkt in – ich meine – Tegel inhaftiert. Ich habe einen jungen Soldaten an der Pforte angebettelt, ja angefleht, ihn sehen zu dürfen. Ich musste sie nicht spielen; ich war sie – die verzweifelte, junge Schwiegertochter, die voller Sorge um das Leben ihres Schwiegervaters war. Es dauerte, doch mein Wunsch wurde erfüllt. Tatsächlich durfte ich ihn an der Tür treffen und es sollte für mich das letzte Mal sein, dass ich ihn lebend sah. Aber diese Begegnung war anders. Sicherlich war ich durch die Ereignisse härter geworden, auch gefasster. Doch sein Anblick rührte mich zutiefst. Ich sah ihn, mit einer Hand seine Hose haltend, da man ihm weder Gürtel noch Hosenträger gelassen hatte. Er sah angestrengt und mitgenommen aus. Irgendwie schien er »weniger« geworden zu sein, blass und dünn. Er war ja nicht groß an Statur, doch sein kraftvoller Geist hatte ihm immer eine besondere Ausstrahlung, eine bedeutende Präsenz, verliehen. Nun bot er ein elendes Bild. »Mein Töchterchen, so viele Schmerzen wie hier habe ich in meinem Leben noch nicht erlebt«, sagte er leise zu mir. Ich war fassungslos. Der Bewacher erlaubte mir nicht, ihm näherzukommen, eigentlich wurde ich direkt weggezogen und musste das Gelände verlassen. Was hatte ich denn erwartet? Natürlich wurde er verhört, man wusste zur Genüge, dass die Gestapo nicht zimperlich war, und dass gefoltert wurde, war kein Geheimnis. Doch wie hatte ich mir das alles wirklich vorzustellen? Was passierte da eigentlich genau?

In der sich anschließenden Zeit fühlte ich mich schon sehr allein. Mein Mann ging mit den ungeheuerlichen Geschehnissen ganz anders um als ich. Oft fand ich ihn in seinem Bett liegend und sich krank fühlend. Ich glaube, es waren die Verletzungen der Seele, die den Körper krank machten. Für mich war diese Zeit meines Lebens ein Albtraum.

Ich erlebte den Nazi-Schrecken, doch in meinem Kopf war alles ganz klar. So fuhr ich wiederum nach Berlin, am Tag seiner Verurteilung, es war der 13. November 1944. Ich wusste selbst nicht, was ich in Berlin wollte. Ich konnte nichts ausrichten, doch es trieb mich in das Hotel »Esplanade«. Mein Mann schreibt zwar in seinen Erinnerungen, dass ich zusammen mit den Schwestern von Mettenheim versucht hätte, an diesem Tag und im letzten Moment noch entlastende Beweise dem Gericht vorzubringen, doch so ist es in meiner Erinnerung nicht. Die Schwestern von Mettenheim habe ich an diesem Tag nicht getroffen. Ich wusste nicht einmal, ob das Urteil sicher an diesem Tag gesprochen werden sollte. Ich begab mich in das Hotel »Esplanade«, wo mein Schwiegervater – ich kannte es gar nicht anders – eine beständige Suite unterhalten hatte. Mir war gar nicht bewusst gewesen, dass dieses quasi direkt neben dem Volksgerichtshof lag. In dem Hotel fragte ich nach dem Direktor, dessen Name mir heute leider nicht mehr präsent ist. Dieser empfing mich sofort und bat mich in seinen gläsernen Empfangsraum in der Halle. Von ihm erhielt ich dann die schreckliche Mitteilung. Er hatte am morgen dem Prozess beigewohnt, war einer der wenigen geladenen Zuhörer gewesen und hatte miterlebt, wie das Urteil über Carl Wentzel gesprochen wurde. Das Todesurteil.

Carl Wentzel war tatsächlich wegen Volksverrats vom Volksgerichtshof durch den unsäglichen Richter Dr. Roland Freisler zum Tode verurteilt worden. Bei diesen unmenschlichen Gerichtsprozessen ging es nicht um Recht und um Wahrheitsfindung. Hier wurde das Recht gebeugt, und was da geschah, ist in gar keiner Weise mit unserer heutigen demokratischen Rechtsprechung vergleichbar. Damals herrschte eine Diktatur. Gerade bei den von dem berüchtigten Dr. Roland Freisler, der von Adolf Hitler selbst instruiert wurde, »gnadenlos« zu wirken, geführten Prozessen ging es um das Eliminieren nicht regimetreuer Bürger, die in den Augen dieser Fanatiker wie »Richter Gnadenlos« Freisler dem nationalsozialistischen Regime und natürlich dem »Führer« Adolf Hitler schadeten. Wehe dem, der sich vor diesem Volksgerichtshof verantworten musste. Die Angeklagten waren recht- und chancenlos, denn diese Institution scheute sich nicht, Wahr- wie Unwahrheiten zu konstruieren, um ihr Ziel zu erreichen. Deshalb ist auch mit Zeugenaussagen und Urteilsbegründungen vorsichtig umzugehen. Es heißt nicht, dass wahr ist, was dort zu lesen ist.

So erfuhr ich also durch den Hoteldirektor von diesem unsäglichen Urteil. In dieser Situation konnte ich mit diesem

Mann nicht weiter reden, es gab ja auch nichts zu besprechen. Das Todesurteil! Langsam drang die Wahrheit in mein Bewusstsein. Man würde Carl Wentzel töten! Ich war geschockt und zu keinen weiteren Fragen oder Äußerungen in der Lage. Wir beide hatten Tränen in den Augen.

Nun war das elegante Hotel ein beliebter Treffpunkt für hochrangige Mitglieder der SS, die in diesem exklusiven Ambiente den Rahmen für ein zwangloses Beisammensein gefunden hatten. So war es auch an diesem Tag. Offiziere standen oder saßen in Gruppen beisammen, scherzten und lachten oder lasen ganz einfach die Zeitung. Während ich meiner Umgebung kaum Aufmerksamkeit schenkte, bot ich den Offizieren doch den Anblick einer jungen, attraktiven, doch sich in Tränen auflösenden Frau. Einer der Herren in den schwarzen Uniformen klopfte an die Glastür und fragte forsch den Hoteldirektor, warum die junge Frau weine. Ich möge mich doch zu ihnen gesellen, dann würde es mir besser gehen und überhaupt, warum ich denn so traurig ausschaue, vielleicht könnten sie helfen.

Der Hoteldirektor, erschöpft wie ich, empfahl mir, dieser Einladung zu folgen und zu dieser Gruppe zu gehen. Wer weiß, vielleicht konnte ich wirklich Hilfe bekommen? Auf dem Tisch standen Kaffeetassen und Gläser, die Offiziere zufrieden zurückgelehnt in den schweren Polstern der Sessel schauten mich erwartungsvoll an. Mein Kummer war so abgrundtief und für mich heute unerklärlich erzählte ich ausgerechnet diesen Männern von meinen Sorgen. »Ach«, sagte da einer, »da kann ich helfen. Kommen Sie doch zu mir.« Mir war sofort klar, was er beabsichtigte und natürlich bin ich nicht darauf eingegangen. Tatsächlich spielten diese Menschen mit mir und meinem Kummer. Ich flüchtete regelrecht – aus diesem großen Berlin nach Boltzenhöhe, fuhr zurück zu meinem Mann Charly und meinem Sohn Stefan. Jetzt fühlte auch ich mich schwach, so schwach, dass es mir nicht gelang, meinem Mann diese traurige Nachricht mitzuteilen. Sie war zu entsetzlich.

Natürlich erfuhren wir offiziell von dem Todesurteil und der damit verbundenen Enteignung von unserem Anwalt aus Halle, der sich deswegen eigens zu uns begab. Er war ein netter Mensch, doch machen konnte er nichts. Und auch er wusste nicht, wann das Urteil vollstreckt werden sollte. Wir blieben darüber in Ungewissheit. Alles was wir erfuhren, war, dass Carl Wentzel – wie alle als Verräter an Hitler und dem Regime Verurteilten – in die Hinrichtungsstätte Plötzensee verlegt wurde.

Einmal noch fuhr ich nach Berlin, am 3. Dezember, zu seinem Geburtstag. Ich packte etwas zu Essen ein, ein Hähnchen und selbst gebackene Plätzchen sowie ein Bild seines Enkels Stefan, meines Sohnes und mir. Wir hatten bis dahin keine offizielle Nachricht über ihn erhalten und konnten annehmen, dass Carl Wentzel noch lebte.

Der Mitleid erregende Anblick meines Schwiegervaters bei unserer letzten Begegnung ließ mich nicht los. Heute weiß ich, dass mein Schwiegervater körperlich gequält wurde. Pfarrer Poelchau, der evangelische Gefängnisgeistliche in Plötzensee, erwähnte Carl Wentzel in einem Radiointerview, geführt nach dem Krieg, und nannte neben anderen auch seinen Namen unter denen, die gefoltert wurden. Dort haben die Wachleute ihn zum Spaß unter den Armen an die Decke gezogen und dann fallen gelassen, haben ihn an einer Kette hoch- und runtergezogen …[11]

An diesem 3. Dezember bin ich mit einem Päckchen in die Prinz-Albrecht-Straße gegangen. Ich musste es tun, ich wollte ein Zeichen der Menschlichkeit und des Anstands setzen. Außerdem, man wusste ja nie … Nach Plötzensee zu gehen, war aussichtslos.

In der Prinz-Albrecht-Straße bat ich darum, das Päckchen für Carl Wentzel abgeben zu dürfen, denn er hätte Geburtstag. Kommentarlos erhielt ich wieder einen Laufzettel und wurde angewiesen, einen bestimmten Raum in der zweiten Etage aufzusuchen. Der Weg durch das Gebäude war unheimlich. In dem Keller sowie im Sockelgeschoss befanden sich die Häftlingszellen. Tatsächlich begegneten mir einige Gefangene mit in Ketten gebunden Händen, über denen die Vernehmungszettel lagen. Diese Menschen schauten mich so traurig an, mich, die ich mich frei bewegte. In dem mir zugewiesenen Raum wurde mir das Päckchen von den SS-Offizieren abgenommen. Nein, Carl Wentzel könne ich nicht sehen und ja, das Päckchen würde man weiterleiten. Das alles ging so schnell ... Auf dem Weg zum Ausgang bemerkte ich, dass ich in meiner Erregung vergessen hatte, den Laufzettel unterschreiben zu lassen. Die Unterschrift war zwingend erforderlich und mit bangem Herzen begab ich mich zurück in den besagten Raum. Dort befanden sich noch die SS-Offiziere, die mir das Päckchen abgenommen hatten. Anders als mir zugesagt, dachten sie gar nicht daran, mein Päckchen Carl Wentzel zukommen zu lassen. Ich sah es geöffnet auf dem Tisch stehen und das Hähnchen lag schon auf den Tellern. Ich murmelte eine Entschuldigung, bat um die Unterzeichnung, die ich sofort erhielt.

Natürlich hatten die Wachhabenden wie ich die Situation genau erfasst. Irgendwie hatte ich das Gefühl, dass ihnen mein erneutes Erscheinen sogar etwas peinlich war. Die Situation war beschämend für die Offiziere und bedrohlich für mich. Ich tat, als hätte ich nichts bemerkt, bat um die Unterzeichnung und verließ zügig den Raum und das unselige Gebäude. Traurig fuhr ich nach Hause. Ich wusste nun, dass auch diese kleine Geste Carl Wentzel nicht erreichen würde.

»Jeder schloss seine Gefühle in sein Herz ein, denn es war uns kaum möglich, das Unfassbare in Worte zu fassen und auf das Warum? gab es sowieso keine Antwort.«

Nach der Hinrichtung und Versuch einer Erklärung

Es war ein Schreiben vom 27. Dezember 1944, mit dem wir postalisch über die stattgefundene Hinrichtung am 20. Dezember offiziell Bescheid erhielten. Der Brief war vom Amtsgerichtsrat Schulz im Volksgerichtshof aus Berlin (s. S. 257).

»An Herrn Landwirt Carl F. Wentzel in Boltzenhöhe über Eisleben (Land) Bez. Halle a. S.

Der Oberamtmann Carl Wentzel ist wegen Hoch- und Landesverrats vom Volksgerichtshof des Grossdeutschen Reiches zum Tode verurteilt worden. Das Urteil ist am 20. Dezember 1944 vollstreckt. Die Veröffentlichung einer Todesanzeige ist unzulässig. Der Sterbefall ist beim Standesamt Berlin, Charlottenburg, Scharrenstrasse 23, beurkundet.

Im Auftrage gez. Schulz«

Anderntags machte ich mich sofort auf den Weg nach Berlin. Ich wollte ein Begräbnis für meinen Schwiegervater. Amtsgerichtsrat Schulz war erstaunt, eine Angehörige zu sehen. Er sagte mir: »Es tut mir sehr leid, aber die Hingerichteten werden kremiert. Das Blut der Geköpften und die Asche der Kremierten wird als Dünger auf die Felder der Strafanstalt Plötzensee gegeben.« Mein Entsetzen über die ungeheuerliche Tat der Hinrichtung war so groß, dass selbst diese

Nachricht keine reinigende Wut, keine Verärgerung in mir aufkommen ließ, sondern allein weitere Nahrung für meine unendliche, abgrundtiefe Trauer war. Mir blieb nichts anderes, als mit leeren Händen nach Boltzenhöhe zurückzukehren. Es konnte keine Beerdigung für meinen Schwiegervater geben und öffentlich trauern durften wir nicht. Wir fügten uns diesem Schicksal.

Über die Zusammenhänge, die zur Verhaftung und Verurteilung von Carl Wentzel führten, war mir damals relativ wenig bekannt. Erst sehr viel später erhielt ich Kenntnis von mehreren Umständen, zu denen auch der Briefwechsel zwischen von Alvensleben und Himmler gehört und der in sich sehr aufschlussreich ist (s. S. 243 ff.). Hieraus geht eindeutig hervor, dass aus Eigeninteresse keiner dieser Herren eine Rückkehr Carl Wentzels wünschte. Welche tatsächliche Rolle die Angelegenheit Schochwitz bei der Verurteilung von Carl Wentzel spielte, ist nur zu vermuten. Ich registrierte derzeit nur, dass Ludolf von Alvensleben Schloss und Gut Schochwitz übernommen hatte und dass dieser Umstand wohl allgemein als gegeben hingenommen wurde.

Von verschiedenen Schreiben, in denen mein Schwiegervater denunziert wurde und die, davon ist auszugehen, Auslöser für seine Verhaftung waren, hatte ich damals weder Ahnung noch Vorstellung. Ich weiß auch nicht, was Otto Schaumburg und Max Schröder wirklich bei ihren Verhören der Gestapo mitteilten. Zudem gab es wohl einen bedeutenden, weil als Person sehr angesehenen Denunzianten, der allerdings namentlich nirgendwo auftaucht. Existierte dieser wirklich oder wurde einer erfunden? Waren die denunzierenden Äußerungen arrangiert worden? Wer hatte Interesse an einer Beseitigung Carl Wentzels? Das Urteil des Volksgerichtshofes ist sehr ausführlich, doch wie schon an anderer Stelle erwähnt: Es war eine Zeit der Rechtsbeugung. Man darf den Inhalten solcher Schriftstücke nicht vorbehaltlos glauben. Doch hier ein Auszug aus dem Urteil:

»Carl WENTZEL äußerte sich häufig im Bekanntenkreise schwer zersetzend, bedauerte einmal, daß sich kein Offizier finde, unseren Führer zu erschießen. Er ließ sich von GOERDELER für seinen Verrat gewinnen und erlaubte ihm sogar, seine Verratspläne in seinem Hause seinen Gästen vorzutragen. Er gehört also zu den Verrätern, die mitten in unserem schweren Kampf uns unserer nationalsozialistischen Führung und Lebensweise berauben wollten und die daran gingen, uns wehrlos unseren Kriegsfeinden auszuliefern. Für immer ehrlos, wird er dafür mit dem Tode bestraft. Sein Vermögen verfällt dem Reich.

Otto SCHAUMBURG, ein recht beschränkter von WENTZEL abhängiger Mensch, hörte in dessen Hause, daß GOERDELER an einem Umsturz plante. Das meldete er nicht. Dafür bekommt er fünf Jahre Zuchthaus. Fünf weitere Jahre ist er ehrlos. Seine ganze Haft wird ihm auf seine Strafe angerechnet.

Dafür, daß Max SCHRÖDER bei GOERDELERS Verrat mitgemacht hat, bestehen keine Anzeichen. Auch daß er von dessen Verratsplänen gewußt und sie doch nicht angezeigt hätte, ist nicht festzustellen. Er wird deshalb von diesen Vorwürfen freigesprochen.«

Ich weiß, dass der Dreh- und Angelpunkt, was die Beschuldigungen gegen Carl Wentzel betreffen, in erster Linie auf einen ganz bestimmten Abend einer Gesellschaft in Teutschenthal zurückzuführen ist. Es war der 10. November 1943 und als Gäste sind Paul Reusch, Dr. Carl Goerdeler, Prof. Dr. Emil Woermann, Major Otto Schaumburg und Dr. Max Schröder bekannt. Es heißt, Carl Goerdeler habe Carl Wentzel unter vier Augen in dessen Arbeitszimmer gefragt, ob er in diesem Gesellschaftskreis seine politischen Ideen – immerhin seine widerständigen Vorstellungen für die politische Zeit nach dem Kriege ohne die derzeitigen Machthaber der NSDAP und Bildung einer neuen, fähigen Regierung, ja eventuell sogar ein Absetzen Hitlers und des herrschenden Nazi-Regimes! – vorstellen darf und Carl Wentzel hätte, wie es im Urteil heißt und er selber auch wohl zugegeben hat, diesem Anliegen zugestimmt. Zudem habe Goerdeler meinem Schwiegervater das Ministeramt im Landwirtschaftsministerium einer möglichen neuen Regierung angeboten, was Carl Wentzel jedoch ablehnte. Allerdings empfahl er Goerdeler für dieses Amt den anwesenden Prof. Dr. Emil Woermann.

Max Schröder gab zu dem besagten Abend an, von diesen Vorgängen nur wenig mitbekommen zu haben. Er habe sich verpflichtet gefühlt – weil der Haussohn nicht zugegen war –, sich gastfreundschaftlich um die Herren als auch um die abseits sitzenden Damen der Gesellschaft zu kümmern. Dies kann sehr wohl wahr sein. Ich weiß selbst ja nur zu gut, dass Charly in jener Zeit die Gesellschaften auf dem Schloss mied. Max Schröder gab weiterhin an, die wenigen zersetzenden Äußerungen von Goerdeler, die er gehört hätte, hätten ihn sehr aufgeregt. Er habe frühzeitig die Gesellschaft verlassen und führte dazu aus, dass sein Eintrag im Besucherbuch an einer Stelle stehe, an der sie nicht gestanden hätte, wenn er mit den anderen gegangen wäre. Dann hätte er sich als Letzter eingetragen. Jedoch gab er zu, im Hause Wentzel des Öfteren zersetzende Kommentare vernommen zu haben.

Major Otto Schaumburg muss wohl einen hochgradig beschränkten Eindruck bei den Verhören gemacht haben und soll sich angeblich freimütig über die politischen Gespräche im Hause Wentzel geäußert haben. So habe Carl Wentzel gesagt, den Krieg gewinne, wer den meisten Stahl produziere, und das sei Amerika. Weiterhin habe man die gescheiterten

Existenzen und die Dümmsten zu Kreisbauernführern gemacht. Zudem mache die Justiz Schauprozesse und sei ein Instrument des inneren Terrors; und einmal soll Carl Wentzel im Anschluss an eine Rede Hitlers gesagt haben, dieser könne nicht normal sein. Der Urteilsbegründung nach soll sich Schaumburg sehr detailliert an verschiedene zersetzende Äußerungen Carl Wentzels erinnert haben.

Für mich ist es schon erstaunlich, dass ein als »beschränkt« geltender Mensch sich an so viele Details erinnern und zu Protokoll geben kann. Ich denke mir, dass hier dem anständigen Otto Schaumburg einiges entlockt wurde. Durch eine suggestive Fragestellung sind die gewünschten Antworten sicherlich leicht zu erhalten gewesen. In der Urteilsbegründung heißt es weiter:

»Schaumburg bekannte weiter – und auch das schien uns ehrlich –, daß er, der als kleiner Mann zwischen all den Großen nichts hätte sagen können, einen schweren Fehler begangen habe, daß er das nicht gemeldet habe. Denn nun sehe er, daß ja der 20. Juli hätte vermieden werden können, wenn er Meldung erstattet hätte.

Später – er schwankte mit seinen Angaben zwischen März und Juni 1944 – kam nach SCHAUMBURGS Angabe WENTZEL nach dem Abendessen bei einem Familienrat, den er deswegen hielt, darauf zu sprechen, GOERDELER scheine sich mit einem Umsturz zu befassen, und er wolle sich nicht da hinein ziehen lassen. Er wolle sich von ihm distanzieren. Entweder WENTZEL oder dessen Frau – genau glaubt SCHAUMBURG sich nicht mehr festlegen zu können – baten ihn nun, GOERDELERS Namen aus dem Gästebuch zu entfernen. SCHAUMBURG tat das und schrieb an die frei gewordene Stelle seinen eigenen Namen!!!

Nach dem Attentat, am 27.7., kam WENTZEL abends von Berlin zurück und erzählte, er habe erfahren, daß GOERDELER gesucht werde. Auf WENTZELS Frau Wunsch holte man das Be-

suchsbuch herbei, der Ehemann Wentzel überzeugte sich, daß der Name GOERDELER entfernt war, und nun versteckte man das Buch im Bücherschrank!!!«

Für mich ist kaum glaubhaft, dass mein Schwiegervater, dieser brillante Kopf, so unvorsichtig gewesen sein soll, das Gästebuch im Bücherschrank zu verstecken. Nicht bei seiner Kenntnis über die heiklen politischen Umstände. Carl Wentzel hatte für mein Dafürhalten mit der Ausradierung des Namens Goerdeler aktiv nichts zu tun. Ich weiß doch selbst, dass mir Ella einen Tag nach seiner Verhaftung erzählt hat, Schaumburg und sie hätten den Namen Goerdeler aus dem Gästebuch radiert. Ich erlebte dies damals als eine panische Reaktion auf die Verhaftung meines Schwiegervaters. Ella und Otto Schaumburg, diesen beiden ist ein Verstecken des Gästebuches im Bücherschrank zuzutrauen. Carl Wentzel muss wohl die Brisanz, die dieser Vorfall hatte, bewusst gewesen sein, denn natürlich hatte er erfahren, dass seine Frau wegen der Fälschung der Namen im Gästebuch und mit dem Vorwurf der Verschleierung inhaftiert worden war. Nicht abzustreiten ist indes, dass Carl Wentzel durchaus gewünscht hatte, den Namen Goerdeler aus dem Gästebuch zu entfernen. Und seine diesbezüglichen Gedanken hatte er, das ist naheliegend, auch Otto Schaumburg mitgeteilt. Dies schreibt er selbst in dem Schriftstück »Beihilfe« (für wen oder was dieses Schreiben gedacht war, ist nicht ersichtlich).

»Beihilfe: Wer konnte wissen, dass das Fremdenbuch einmal als Unterlage für die Gestapo dienen würde. Es war unser Erinnerungsbuch und ich wollte schon am 11. Nov. am liebsten den Namen Goerdeler entfernen lassen, da ich mit ihm nichts mehr zu tun haben wollte. Habe auch Schaumburg am 11. gesagt, dass ich mich von Goerdeler absetzen wolle. Aber bereits bei der Vernehmung

in Halle habe ich sofort freiwillig gesagt, dass Goerdeler noch vor 8 Monaten hier gewesen sei und obwohl die Gestapo vergeblich nach dem Namen gesucht hatte. Wie kann hier von dem Versuch einer Verschleierung geredet werden. Meine ganze Sorge ist meine Frau. Sie wird in ihrer Sorge um ihren Mann sich beschuldigen, um mich zu entlasten. In Wirklichkeit ist sie völlig unschuldig, hat keine Ahnung von Goerdelers Plänen gehabt, hatte höchstens Kenntnis, dass ich mich von Goerdeler absetzen wollte.«

Weil Carl Wentzel hier formulierte, dass noch am gleichen Abend dieser unsäglichen Gesellschaft der Wunsch in ihm aufkam, den Namen Goerdeler aus dem Gästebuch zu tilgen, lässt sich daraus schließen, dass das Bedürfnis in ihm war, diesen Abend ungeschehen zu machen. Warum? Sprach Carl Goerdeler in seinen Ausführungen vielleicht deutlich ketzerischer und aufrührerischer als von Carl Wentzel angenommen und er selbst bereit war, in dieser Angelegenheit mitzutragen?

Für mein Dafürhalten kann es auch gar keinen Familienrat zu dem Thema Radierung gegeben haben, denn zu diesen als »Familienrat« benannten Treffen waren mein Mann und ich immer gebeten worden. Ich kann mich an kein Treffen mit diesem Inhalt entsinnen! Was ich mir vorstellen kann, ist, dass Ella und Otto Schaumburg glaubten, mit der Ausradierung dem unbedingten Wunsch von Carl Wentzel zu folgen und ihm damit helfen und Unannehmlichkeiten ersparen zu können.

In einem Schreiben, einem Gnadengesuch für seine Frau, beteuert mein Schwiegervater, dass sein Frau nichts mit diesem Vorgang zu tun hatte.

»An den Volksgerichtshof

Antrag auf Freilassung meiner Frau Ella Wentzel, geb. von Zimmermann aus Teutschenthal, Bezirk Halle/Saale

Meine Frau ist im Zusammenhang mit dem Goerdeler-Besuch in unserem Hause am 10. Nov. 1943 in den ersten Tagen des August in Haft genommen und befindet sich zur Zeit im Gerichtsgefängnis Kantstraße 7 in Berlin-Charlottenburg – wie mir auf der zuständigen Dienststelle gesagt wurde, wird ihr als Vergehen »Verschleierung« zur Last gelegt. Diese Verschleierung ist darin gefunden, dass in unserem Fremdenbuch auf meine Veranlassung der Name Goerdeler ein paar Monate nach seinem Besuch am 10.11.43 (...) von meinem Hausgenossen Major Schaumburg ausradiert worden ist. Ich hatte mich über die phantastischen Pläne von Goerdeler aufgehalten und wollte auch äußerlich von ihm abrücken. Mit der Radierung, an der meine Frau im Übrigen gar nicht beteiligt war, sollte aber wahrhaftig keine Verschleierung vorgenommen werden. Der Beweis ist leicht. Denn das erste, was ich nach meiner Verhaftung aus freien Stücken und bevor durch die Gestapo das Fremdenbuch mit der Radierung gefunden war aus freien Stücken zu Protokoll gab, war die Mitteilung, dass Goerdeler vor vielen Monaten in unserem Haus gewesen sei, dass aber sein Name auf meine Veranlassung von Major Schaumburg ausradiert worden sei. Der Verdacht einer versuchten Verschleierung wird dadurch doch einwandfrei hinfällig. Ich verstehe überhaupt nicht, wie man einen Vorwurf gegenüber meiner Frau aufrecht erhalten kann oder will ...

– Rest leider unleserlich –

Wentzel«

Dies war ein Eingeständnis und wurde natürlich gegen ihn verwendet. Seiner Frau hatte das Gesuch nichts genutzt, sie wurde nicht freigelassen, er aber belastete sich zusätzlich schwer. Doch er gab sich nicht auf. Er versuchte, die über ihn verhängte Todesstrafe in eine Gefängnisstrafe umgewandelt zu bekommen, indem er für sich ein Gnadengesuch an die

Kanzlei des Führers richtete und in dem er die Situation anders schildert, als ihm zur Last gelegt wurde:

»An die Kanzlei des Führers.

Der Unterzeichnete ist am 13. November vom Volksgerichtshof in Berlin wegen Landesverrats zum Tode verurteilt worden.

Dem Urteil liegt folgender Tatbestand zugrunde: Am 10.11.43 war Dr. Goerdeler zu einem kleinen Essen mit Damen in meinem Hause in Teutschenthal. Nach dem Essen trug Dr. Goerdeler ungefragt seine bekannten Ansichten einem Teil der Herren, darunter auch mir, vor. Ich habe nicht zugestimmt, aber auch nicht widersprochen. Goerdelers Frage, ob Professor Woermann als künftiger Ernährungsminister geeignet sei, habe ich mit Ja beantwortet. Statt Herrn Dr. Goerdeler sofort der Gestapo anzuzeigen, habe ich von dem Tage an mich von ihm losgesagt und jede Verbindung mit ihm abgebrochen in der Meinung, damit meine Pflicht erfüllt zu haben. Das traurige Ereignis am 20. Juli hat mich eines anderen belehrt. Ausser dieser Schuld habe ich weitere Vergehen auf mich geladen, indem ich verschiedene defaitistische Äusserungen getan habe. Nach Aussage eines zuverlässigen Zeugen soll ich ferner im Jahre 1942 oder 1943 den Tod des Führers durch Erschiessen herbeigewünscht haben. Ich selbst kann mich auf diese Äusserungen nicht mehr besinnen. Das Gericht hat aber dem Zeugen geglaubt.

Bescheiden möchte ich nur zum Schluss darauf hinweisen, dass ich Deutschlands bekanntester und der Produktion nach grösster Landwirt bin, der es verstanden hat, die Marktleistung meines Betriebes auf das Vierfache des Reichsdurchschnittes pro Morgen zu erhöhen. Die Forderung Friedrich des Grossen, dort zwei Halme wachsen zu lassen, wo früher einer stand, ist durch mich mit Hilfe von Grossberegnungsanlagen und stärkster Viehhaltung erreicht worden. Fast 3/1.000 der Milcherzeugung des alten Reiches stammt aus meinen Betrieben. Insofern glaube ich, dem Vaterlande in schwerster Zeit gedient zu haben. Ich bitte die Strafe im Gnadenwege in eine Zuchthausstrafe abzumildern.«

Natürlich wurde diesem Gesuch von dem menschenverachtenden System, das unglaublichen Ehrgeiz darein setzte, Kritik als Verrat zu verfolgen, nicht stattgegeben. Eigentlich war es üblich, die zum Tode Verurteilten schnell hinzurichten, doch in seinem Fall war es anders. Wie ich später erfuhr, wurde wohl noch eine Aussage geprüft, die besagte, dass Hitler einmal einige Zeit Gast von Carl Wentzel auf Schloss Teutschenthal gewesen sei. Angeblich soll dies während der Verhandlung zur Sprache gekommen sein und der Reichsminister der Justiz, Dr. Thierack, hatte dem Sekretär des »Führers«, den Reichsleiter Bormann, um Anfrage bei Hitler persönlich gebeten. Doch Hitler konnte sich nicht an einen Aufenthalt auf Schloss Teutschenthal erinnern und das wurde von ihm als unzutreffend zurückgewiesen. Natürlich war er doch nie Gast auf Teutschenthal gewesen. Das Fatale an diesem Vorgang war jedoch, dass Hitler von seinem Gnadenrecht nicht Gebrauch machte und dies auch noch schriftlich durch seinen Sekretär Bormann mitteilen ließ. Damit war für alle anderen Wege, vielleicht doch noch eine Abkehr von der Todesstrafe zu erreichen, ein Erfolg aussichtslos geworden. Hitlers Wille war Gesetz und keiner, auch Himmler nicht, hätte je eine Entscheidung Hitlers jemals in Frage gestellt oder sogar eigenmächtig geändert.

Weiterhin wurde immer wieder vermutet, dass ein höherer Offizier sich für Carl Wentzel eingesetzt hätte. Ein Name allerdings wurde nie konkret benannt, alles bewegt sich in vagen Vermutungen. Wer sollte dies gewesen sein? Denkbar wäre, dass es Karl-Siegmund Litzmann war, Sohn des Generalleutnants Karl Litzmann und Hitler persönlich bekannt. Karl-Siegmund Litzmann, so steht es auch im Buch über das Geschlecht Wentzel, war mit Carl Wentzel zusammen im Schloss Teutschenthal während des Kapp-Putsches festgehalten worden. Die beiden Männer kannten sich gut und 1921 wurde Litzmann die Verwaltung des in Ostpreußen gelegenen Gutes Althof-Didlacken der Familie Wentzel übertragen. 1944, im Schicksalsjahr von Carl Wentzel, war Litzmann hochrangiges SS-Mitglied und ein Duzfreund Himmlers. Auch wenn er sich eingesetzt haben sollte, was nur vermutet werden kann: Geholfen hat es nicht.

Kurz nach der Mitteilung über den Tod meines Schwiegervaters erreichte uns ein Päckchen von dem Gefängnispfarrer Harald Poelchau. In diesem kleinen Kistchen befanden sich einige Briefe, eigentlich mehr kleinste Notizzettel von Carl Wentzel, seine Uhr und das kleine blaue Kissen, das Gretchen Seifart ihm seinerzeit ins Gefängnis nach Halle geschickt hatte. Mit Pfarrer Poelchau hatte die Schwester von Carl Wentzel, Frau Delitzsch-Krebs, Kontakt. Sie wusste einiges zu berichten. So sah Pfarrer Poelchau meinen Schwiegervater wohl aufrecht, in seinem kurzen Gehpelz, bei seinem letzten Gang über den Hof zur Hinrichtungsstätte gehen. Er war offenbar ganz ruhig und mit sich im Reinen. Auch ist das letzte Gebet, das Pfarrer Poelchau zusammen mit Carl Wentzel betete, überliefert:

»Christus ist mein Leben, sterben mein Gewinn; ihm hab ich mich ergeben, mit Fried fahr ich dahin. Mit Freud fahr ich von dannen zu Christ, dem Bruder mein, dass ich mög zu ihm kommen und ewig bei ihm sein. Nun hab ich überwunden Kreuz, Leiden, Angst und Not; in seinen heiligen Wunden bin ich versöhnt mit Gott. Wenn meine Kräfte brechen, mein Atem geht schwer aus, und kann kein Wort mehr sprechen, Herr, nimm mein Seufzen auf.«

„Schloß Teutschenthal"
12.04.2009
Ch. Wenzel

So ist es dem barmherzigen Pfarrer Poelchau zu verdanken, dass uns die letzten Abschiedsworte von Carl Wentzel noch erreichten. Er brachte sie nicht nur hinein, er »schmuggelte« sie auch hinaus, die kleinen Zettel, die Carl Wentzel als einzige Verbindung zur Außenwelt zur Verfügung standen. Seine letzten Worte von ihm an Charly und mich befanden sich ebenfalls bei den Unterlagen, niedergeschrieben kurz vor der Hinrichtung. Das Schreiben lautete:

»An meinen Jungen, Gut Boltzenhöhe über Eisleben.

Mein Herzensjunge! Nimm noch diesen letzten Gruß Deines treuen Vaters. Er bringt Dir meinen Segen für Dich und die Deinen und den gesamten Betrieb. Möchte Euch eine glücklichere Zukunft erblühen in einem friedlichen und gerechten Vaterlande. – Du bist als mein Nachfolger bei der Behrens-Stiftung angemeldet und hast ein Recht 1/3 der Zachmann-Einnahmen zu beanspruchen. Ich umarme Euch alle drei, auch Dieter, in Gedanken. Aufrecht, getrost und unschuldig gehe ich in den Tod. Lebt wohl. Euer alter Vater.

Anbei meine Uhr. Trage sie zu meinem Gedächtnis. Dein Vater. Meinem Sohn Carl.«

Für mich war ein anderes Schreiben bestimmt:

»Mein liebes Lorchen.

Gott segne Dich für alle Mühe und Sorgfalt, die Du auf Mutti und mich verwandt hast. Ich danke Dir aus vollem Herzen. Auch an Carl gib meinen innigen Dank weiter. Bitte schreibe den Wunschzettel ab, so dass Du nur Deine eigene Schrift bei Dir hast. Von dem ›Testamentbrief‹ nimm hier Kenntnis. Er bleibt hier in Verwahrung.

Mir liegt es sehr am Herzen, dass die Lebensmittel und das Futter für die Tiere wie immer gesandt wird. Die Zuckersache macht mein treuer Kolb bestimmt und bei dem Futter einer der Ober-

inspektoren. Ich habe so viel aus Potsdam bekommen, so dass wir diese lieben Menschen und die nützlichen Tiere dort retten müssen. Umarme Mutti für mich. Meine Gedanken umfangen Euch und die Kinder. Gott schütze und helfe Euch und gebe es wieder heitere Tage. Bis zum letzten Atemzug bin ich Euer treuester Vater.
– Versuche einen Brief über die Dienststelle.«

Diese Notiz erreichte mich deutlich später, als sie geschrieben wurde. Allerdings dachte mein Schwiegervater noch in seiner eigenen Not an das Wohl seiner Mitmenschen. Gemeint war, dass ich dafür Sorge trage, dass die Damen von Mettenheim Lebensmittel und Futter für ihre Tiere, es waren Milchschafe, erhalten, so, wie es mein Schwiegervater selbst getan hätte. Eine weitere handschriftliche Notiz ist äußerst bemerkenswert, in der steht:

»Ich bitte nach Potsdam als mein Weihnachtsgeschenk von Schochwitz drei gute Legehühner und möglichst einen Hasen und ein paar Fasane mit einem Boten zu schicken.«

Und dazu, für mich nicht zu erklären:

»J. G. Boltze wird zurückgegeben, Mutti entlassen,
sagt Dienststelle
am Sonnabend 16/XII«

Ich denke, man kann annehmen, dass meinem Schwiegervater vier Tage vor seiner Hinrichtung noch etwas Trost gegeben wurde, indem wer auch immer ihm mitteilte, dass seine Frau freikommt, ihre Unschuld erkannt und das Unternehmen Boltze zurückgegeben wird. Angeblich soll dies die Dienststelle, also eine offizielle Behörde, gesagt haben. Das war ganz eindeutig die Unwahrheit, denn weder wurde Ella freigelassen noch J. G. Boltze zurückgegeben. Ich weiß nicht, wer Carl Wentzel Mitteilung über die angebliche Freilassung seiner Frau gemacht hat. War es tatsächlich die Dienststelle? War es Pfarrer Poelchau? Allerdings bin ich ganz sicher: Diese Lüge wird ihm ein unendlicher Trost gewesen sein. Seine Frau in Sicherheit zu wissen wird ihn gestärkt haben.

Und wie gingen mein Mann und ich mit unserer Trauer um? Unser Leben blieb bewegt, die Zeit, alles zu verarbeiten, hatten wir nicht. Auch waren wir sehr verschieden darin, wie wir ein Problem angingen und damit umgingen. Eigentlich war jeder mit seiner Trauer allein. Jeder schloss seine Gefühle in sein Herz ein, denn es war uns kaum möglich, das Unfassbare in Worte zu fassen, und auf das Warum? gab es sowieso keine Antwort. Wir waren erschöpft von der Hoffnungslosigkeit der letzten Monate und gingen äußerlich gefasst unseren Verpflichtungen nach. Was blieb uns auch anderes übrig. Ich war zutiefst ergriffen von all dem traurigen Geschehen.

Unser Leben galt nun besonders unserem Sohn Carl-Stefan, der zu klein war, um die Ereignisse bewusst mitzuerleben, ja, gar sie zu verstehen. Doch unsere Verantwortung für ihn war groß, auch wenn die gesamten Boltze- und Wentzelschen Unternehmen dem Urteil nach dem Reich zufielen und somit mein Mann nicht mehr auf diesen jahrhundertealten Familienbesitz hoffen konnte. Wir selbst bewirtschafteten das stolze Gut Boltzenhöhe und den Erbhof Fienstedt, dazu das Gut Didlacken in Ostpreußen.

Zu meiner großen Enttäuschung weigerte sich mein Mann, anders als von seinem Vater gewünscht, die Uhr zu tragen. Er meinte, an ihr hänge der Tod. Wir legten sie in die rote Tasche zu den anderen Schmuckstücken und erst sehr viel später nahm ich sie und trage sie bis heute. Das kleine blaue Kissen begleitet mich ebenfalls seit dieser Zeit. Es sind für mich wertvolle Erinnerungsstücke.

»Sie zeigte kein Selbstmitleid. Sie klagte nie, auch jetzt nicht. Sie war ganz Dame.«

Ella kehrt zurück

Mit der Nachricht über den Tod von Carl Wentzel endete die Ungewissheit, die doch immer noch eine Winzigkeit an Hoffnung beherbergte, und machte einer beklemmenden Leere in unserem Leben Platz. Die alliierten Truppen rückten aus Frankreich vom Westen kommend beständig weiter nach Osten vor und für mich schien es nur noch eine Frage der Zeit, wann diese Armee auch unser Gebiet erreichte. Charlys wie meine gesellschaftlichen Kontakte waren gering. Hatten wir doch durch die erfolgte Hinrichtung eine Demonstration der Macht dieses unmenschlichen Systems erfahren, die uns zutiefst erschütterte und ihre Angst einflößende Wirkung auch auf uns nicht verfehlte. Im Volk gab es immer noch viele, die an den »Führer« Adolf Hitler glaubten. Dass die Siegesnachrichten der deutschen Armeen ausblieben, wurde häufig nicht mit einem Scheitern Hitlers begründet, sondern mit der Illoyalität von Verrätern und Feinden des Regimes. In all den Jahren hatte sich das Verderben bringende nationalsozialistische Gedankengut wie ein Virus in der Bevölkerung festgesetzt. So viele waren infiziert und Faschisten oder wenigstens deren Überzeugungen und ihre Worthülsen gab es überall. Verständlich, dass wir hier Zurückhaltung übten.

Doch das Leben ging weiter. Wir hatten Pflichten unseren Gütern, Mitarbeitern und natürlich unserem Sohn gegenüber. Selbstredend sprach sich die Ermordung von Carl Wentzel in unserem Bezirk sehr schnell herum. Rührend fand ich die Anteilnahme einiger alter Arbeiter auf unseren Gütern. Es waren die, die ich so oft mit meinen bescheidenen Mitteln ärztlich behandelt hatte. »Alter Herr, traurig«, wurde mir durchaus ehrlich mitfühlend mitgeteilt. Im April 1945 war trotz aller Durchhalteparolen und allem Geredes der Machthaber vom Endsieg ersichtlich, dass der so verglorifizierte Krieg des Nationalsozialistischen Regimes für das Deutsche Reich in einer dramatischen Niederlage enden würde. Durch Pfarrer von Biela, der dem Schloss Schochwitz gegenüber wohnte und der mir ein Vertrauter in dieser schweren Zeit war, erfuhr ich, dass auch Ludolf von Alvensleben wohl nicht mehr an den Endsieg glaubte. Er hatte das Schloss mit seiner Familie bereits verlassen. Nur seine Mutter, die alte Dame Antoinette, wohnte noch dort.

Dann überschlugen sich abermals die Ereignisse in unserem Leben. Am 10. April kam Ella aus dem Konzentrationslager Ravensbrück zurück, am 12. April erreichten die amerikanischen Truppen Salzmünde und am 17. April wurde Halle von den Amerikanern eingenommen, was aus meiner Sicht einer Befreiung gleichkam.

Wie kam Ella zurück? Eigentlich unglaublich. Die Russen hatten auf ihrem Siegesmarsch Richtung Westen das Konzentrationslager Ravensbrück befreit und Ella gemeinsam mit den anderen Insassen des Lagers – gleich ob dies Russen, Polen oder Gefangene wie Ella waren – auf die Straße entlassen. (s. S. 257) Keiner kümmerte sich um sie. Tragisch, dass wir von all dem keine Ahnung hatten. Ich erinnere mich an Ellas Ankunft bei uns in Boltzenhöhe deshalb so gut, weil Frau Josefine Nette, eine Bekanntschaft meiner Schwiegereltern und Gutsbesitzerin, Geburtstag hatte. Trotz der ungewissen Zeit feierte sie wie jedes Jahr diesen Tag mit einer großen Gesellschaft. Für die Herren galt die Kleidervorschrift Frack, was uns die Gelegenheit bot, einmal wieder in eleganter Kleidung aufzutreten. Das Gefühl war herrlich: Ein bisschen wie früher … Charly und ich waren mit der Kutsche von eben diesem

Geburtstag zurückgekommen, als unsere Lene uns empfing, am Arm nahm und sagte: »Wir haben ein Osterhäschen gekriegt.« Weder mein Mann noch ich verstanden, was sie uns sagen wollte und wir scherzten und fragten: »Waaaas?« Doch was Lene uns schonend beibringen wollte war, dass Omi Ella zurück war, die uns dann auch schon entgegenwankte. Grausig war das.

Nach der Öffnung des Konzentrationslagers und auf die Straße entlassen war sie unbehelligt mit den anderen Insassen im Konvoi nach Berlin marschiert. Sie hatte sich aus ihren Kleidern einen Rucksack genäht und kam gelaufen. Unglaublich. Immerhin war sie achtundsechzig Jahre alt. Tragischerweise hatte sie am Bahnhof in Berlin noch einen Bombenangriff der Alliierten miterleben müssen, denn die Schlacht um die Hauptstadt war noch in vollem Gange. Dort hat sie wohl dem Schicksal ergeben inmitten anderer Flüchtlinge auf dem Boden gesessen und gewartet, bis der Großangriff vorüber war. Was anderes blieb ihr ja nicht. Dann ging sie einfach weiter, mit vielen anderen Menschen, bis sie zum Gut des Grafen Wuthenau gelangte, einem Bekannten der Familie Wentzel in der Nähe von Halle, der die alte Dame freundlicherweise in einer Kutsche zu uns brachte.

Was dieser sich wohl bei ihrem Erscheinen gedacht haben mag? Omi Ella war ganz dünn geworden. Sie war so schmutzig, dass man sich das nicht vorstellen kann. Zudem war ihre Haut voller Grind und die Beine befanden sich in einem schrecklichen Zustand. Ihre Haare schienen wie von Kleister zusammengeklebt. Wahrscheinlich waren sie monatelang nicht gewaschen worden. Am Abend habe ich sie direkt in die Badewanne gesetzt und ihren ganzen Körper, so kann man wirklich sagen, mit der Bürste abgeschrubbt. Die Haare habe ich versucht, sauber zu waschen. Es war kaum möglich, so immens hing der monatelange Dreck in ihnen.

Erschreckend für uns war, dass sie von allen Vorgängen in unserer Familie gar nichts wusste. Sie wusste noch nicht einmal, dass ihr Mann – ihr Pappel, der Oberamtmann – tot war, dass er dem Henker überantwortet worden war. Wir mussten ihr die Situation sehr langsam und behutsam erklären. Sie war doch ganz durcheinander und schwach. Und trotzdem, sie war frei und lebte. Uns erschien es wie ein Wunder, und wir waren dem Schicksal dankbar.

Sie hat wirklich nur durch eine wundersame Fügung des Schicksals überlebt. Erstaunlich, woran es manchmal im Leben hängt … Ella hatte das, wie ich meine, Riesenglück, dass sich in der Baracke in diesem Todeslager, in der sie untergebracht war, zufällig eine Ungarin befand. Sie hatte als eine Art Wahrsagerin in Berlin gelebt und dort wohl Größen aus der Politik und Wirtschaft zu ihren Kunden gezählt. Leider weiß ich nicht mehr ihren Namen, aber in Berlin muss sie wohl von mehreren bedeutenden Leuten aufgesucht worden sein. Die Frage nach der eigenen Zukunft hat offenbar viele Herren beschäftigt. Wie Ella von der Wahrsagerin erfuhr, wollten diese wohl wissen, ob sie heil herauskommen aus dem Krieg … Diese wunderbare Frau hat nun dafür gesorgt, dass Ella nicht »in den Ofen« kam. Sie hat ihr schlichtweg das Leben bewahrt durch mitmenschliches Handeln. Durch das fast ausschließliche Kohlrübenessen litt Ella ihren Beschreibungen zufolge unter dramatischen Durchfällen. Die Ungarin hat die Malheure wohl immer wieder aufgewischt und Ellas Platz sauber gehalten, so gut es ging, damit es keinen Ärger mit den anderen Bewohnern der Baracke und den Aufsehern gab. Ella wenigstens war fest davon überzeugt, dass sie Ravensbrück nicht lebend verlassen hätte, wenn diese Frau sie nicht unterstützt hätte. Sie wäre zu schwach gewesen, um alles selbst zu reinigen. Ella sagte: »Sie hat mich so versorgt, so betreut, mir manchmal etwas anderes zu essen gebracht.« Omi Ella war unendlich dankbar, ganz ohne Frage. Und wir mit ihr.

Was lag nun näher, als Ella nach einiger Zeit wieder in ihr angestammtes Heim, das Schloss Teutschenthal, zu bringen? Natürlich hätte sie dort nicht alleine wohnen können, aber Kammergerichtsrat Drache, ein Vertrauter der Familie Wentzel und ebenfalls heimgekehrt, erklärte sich mit seiner Frau einverstanden, dort zusammen mit ihr zu wohnen. Wir machten uns also nach Monaten mit Ella und unserem Anwalt Dr. Schulz – und durchaus freudig gestimmt – zum ersten Mal wieder auf nach Teutschenthal. Einen Schlüssel besaßen wir ja noch. Dort erlebten wir eine böse Überraschung: Alle Bilder, alle Möbel, alles war weg. Einfach weg. Die Nazis hatten alles ausgeräumt. Das Schloss hatte ihnen in den letzten Kriegsmonaten als Casino gedient und nun war es regelrecht ausgeplündert. Das hatten wir nicht gewusst und geschockt gingen wir durch das gähnend leere, große Haus. Hier war nichts mehr so, wie wir es kannten.

Sofort entschieden wir, dass Ella bei uns auf Boltzenhöhe bleibt. Sie wohnte in einem der oberen, kleinen Gästezimmer und war trotz der Enge zufrieden, bei uns, vor allem bei ihrem Sohn, zu sein. Sie wollte gar nicht zurück nach Teutschenthal. Sie wollte dort nicht mehr wohnen. Das leere Schloss war nicht mehr ihr Heim. Bei uns lebte sie Seite an Seite mit ihrer treuen Begleiterin Gretchen Seifart, die ebenfalls – durch Charly über die Rückkehr benachrichtigt – sofort bereitwillig zu uns kam und Ella betreute. Die beiden alten Damen zusammen zu sehen, war einfach rührend.

Ella war für mich nie einfach zu verstehen gewesen, doch jetzt verblüffte sie mich. Sie ertrug alles mit Fassung. Sie war meines Wissens nach nie angeklagt, nie vor ein Gericht gestellt und rechtskräftig verurteilt worden. Und doch hatte man ihr alles genommen. Während ihrer Gefangenschaft hatte sie Tapferkeit bewiesen. Sie zeigte kein Selbstmitleid. Sie klagte nie, auch jetzt nicht. Sie war ganz Dame. Manchmal hatte ich den Eindruck, dass sie kaum wirklich verstanden hat, dass ihr Mann wegen Hochverrats hingerichtet worden war. Vielleicht war sie dafür zu unpolitisch. Was sie realisierte, war sein Tod. Sie hat uns gegenüber auch relativ wenig über die unmenschliche Zeit im Lager berichtet, dabei lag auch in diesem der Leichengeruch in der Luft und die Schlote rauchten. Wie ist sie mit der erlittenen Qual der Frauen und ihrer eigenen umgegangen? Sie konnte dort die Augen vor dem Grauen nicht verschlossen haben, dazu war sie zu nah dran. Leider weiß ich es nicht. Irgendwie war sie aber passabler, ernster geworden. Als ob das Leid in ihrem Kopf etwas zurechtgerückt hätte. Jetzt sagte sie zu jedem, der kam: »Es ist schlimm, Herr Oberamtmann ist tot, aber ich bin noch davongekommen.« Ich kann sie ob dieser Äußerung heute gut verstehen, doch damals dachte ich, wie egoistisch, dieses: »Ich lebe«.

»Endlich durften wir einen Nachruf für Carl Wentzel formulieren.«

Mit den Amerikanern kam die Freiheit

Mit dem Einzug der amerikanischen Truppen begann eine Zeit, in der das Leben es gut mit uns meinte. Unser Leben änderte sich von Grund auf. Die amerikanischen Truppen erreichten am 12. April Salzmünde und errichteten unverzüglich ihr Hauptquartier im Schloss Schochwitz. Ludolf von Alvensleben und sein häufiger Gast Himmler waren hier bereits Geschichte. Die amerikanischen Befehlshaber interessierten sich sehr für uns und unsere Erlebnisse und schätzten unsere Bedeutung als Familie Wentzel für das weichende NS-Regime recht hoch ein. Augenblicklich bekamen wir Soldaten zu unserem persönlichen Schutz zur Verfügung gestellt. Sie vermuteten wohl, dass fanatische Nazi-Anhänger oder SSler uns noch nach dem Leben trachteten. Dieser für alle sichtbare Personenschutz hob uns natürlich heraus und zeigte ganz deutlich unsere Freundschaft zu dem früheren Regimefeind Amerika auf. Sicher, wir empfanden sie als Befreier, nicht als Besetzer. Das Blatt hatte sich gewendet und es war klar, auf welcher Seite wir standen. Den Schutz nahmen wir gerne an, auch wenn wir uns nicht wirklich lebensbedroht fühlten.

Die erfolgte Enteignung und die Hinrichtung von Carl Wentzel als Volksverräter wurden seitens der Amerikaner selbstverständlich als großes Unrecht angesehen und der Kommandeur Julius F. Klinkowström setzte alles daran, uns Gerechtigkeit widerfahren zu lassen. Dass wir nicht zu den braunen Nationalistisch-Gläubigen zählten, lag auf der Hand.

Wer hätte daran noch zwei, drei Wochen vorher auch nur zu denken gewagt? Keiner. Wir erlebten fürwahr ein Wechselbad der Gefühle. In einer, meiner Jugend geschuldeten, kompromisslosen Art sah ich unsere Zukunft zweifelsfrei und klar vor mir und träumte von einer neuen Perspektive in unserer Heimat. Überzeugt davon, dass unser Glück zurückgekehrt sei, erfüllte mich eine neue Lust auf Leben. Doch darüber nachzudenken blieb keine Zeit. Wir standen vor einer Fülle von Schwierigkeiten.

Die Straßen waren voll mit Menschen, die einem Ziel zustrebten. Zurück in die Heimat oder, wie die Vertriebenen aus den östlichen deutschen Ländern, einer neuen Heimat entgegen. Es war ein erstaunlicher Mix aus den verschiedensten Menschen, die, die Wege bevölkerten. Manche angefüllt mit Hass auf uns Deutsche und ihr Schicksal, andere verzweifelt und hoffnungslos. Ich wagte mich alleine kaum mehr hinaus, zu groß war meine Angst vor einem Überfall.

Ein ganz besonderes Herzensanliegen von uns konnte dafür realisiert werden. Endlich, endlich durften wir einen Nachruf für Carl Wentzel formulieren und veröffentlichen. Wir mussten nicht mehr länger schweigen:

»Am 20.12.1944 um 15 Uhr verschied nach langem, qualvollen Leiden plötzlich und unerwartet im 68. Lebensjahr aufgrund des Todesurteils vom 13. November 1944 beim Volksgerichtshof unter Vorsitz des Präsidenten Dr. Roland Freisler wegen Hoch- und Landesverrates in Verbindung mit dem 20. Juli 1944 in aufopfernder Liebe und Sorge für sein Vaterland und als echter Patriot mein lieber, guter Mann, unser treusorgender Vater und Großvater, der kgl. Oberamtmann und Rittmeister der Res. des Königsulanenregiments Hannover, Herr Carl Wentzel-Teutschenthal, Ehrensenatorder Martin-Luther-Universität Halle-Wittenberg und der Landwirtschaftlichen Hochschule Berlin, Inhaber des Adlerschildes des preussischen Ministers für Ernährung und Landwirtschaft und Ritter hoher Orden. Sein Leben war Arbeit und Liebe. Immer durch Dunkles wandern sei lichtes Los und immer nur leuchten den Anderen so klein wie groß. Die Tat ist stumm. Ella Wentzel, geb. von Zimmermann, Carl-Friedrich Wentzel und Frau Lore, geb. Petzhold, Dietrich von Kietzell und Frau Hildegard, geb. Hofmann-Seedorf. Enkelkinder: Marietta, Eva-Carola und Carl-Stefan.«[12]

Wir erlebten eine glückliche Zeit, es erschien uns wie eine Wiedergeburt und selbst meine Schwiegermutter Ella war trotz ihres eigenen Schicksals selig. Sie war zufrieden, bei ihrem Sohn und dem Enkel zu sein. Sicherlich, sie hatte ihren Mann verloren, doch für eine Mutter ist es das Wichtigste, dass das eigene Kind da ist. Und sie lebte mit uns und damit mit ihrem Sohn, das tröstete sie. Alles schien gut zu sein. Zu meinem Geburtstag am 10. Juni 1945, ich zählte 25 Lebensjahre, gesellte sich sogar der amerikanische Kommandant aus Schochwitz zu unserer kleinen Feier und brachte eine große Torte, dekoriert mit 25 Kerzen, mit. Auch meine Schwester Lilo mit ihrer Familie und meine Eltern waren anwesend. Alle waren da, auch Graf Luckner, ein Jagdfreund meines Schwiegervaters, kam aus Halle dazu. Graf Luckner war eine Kapitänspersönlichkeit im Ersten Weltkrieg gewesen. Er wohnte in Halle in der Scharrenstraße und war auch Patient meines Vaters. Wir kannten uns gut. Er maßte sich an, mit den Amerikanern in Halle zu verhandeln, was von Teilen der halleschen Bevölkerung nicht gerne gesehen war. Doch er war ein Abenteurer und die Menschen nannten ihn auch »Seeteufel«. Es war eine so herrliche Feier. Wir feierten, wie mir schien, nicht nur meinen Geburtstag, sondern auch das Ende einer verbrecherischen Periode. Wir waren so unendlich froh, dass sie vorbei war.

Doch unsere Freude war nicht von Dauer. Wiederum sollten veränderte politische Umstände unser Leben beherrschen. Kurz nach meinem Geburtstag wurde uns seitens der Amerikaner mitgeteilt, dass unser Gebiet zum sowjetischen Sektor gehören wird. Dies sollte entsprechend der Vereinbarungen der Konferenz in Jalta vom Februar 1945 passieren.

Für uns war diese Nachricht entsetzlich. Tatsächlich sollte die sowjetische Militär-Administration die Verwaltung und damit die Vorherrschaft übernehmen. Und das schon so bald: Der Termin war für Juli/August festgelegt. Dass mit diesem Schritt ein anderer Wind wehen würde, war uns allen klar. Woher sie es auch immer wussten – die Amerikaner gaben uns durchaus zu verstehen, dass uns unter der russischen Ägide einiges zustoßen würde und deshalb boten sie uns an, mit ihnen zu kommen. Sie wollten uns zwei Lastwagen für unser Hab und Gut zur Verfügung stellen, mit denen wir dann in den britischen oder amerikanischen Sektor in den »Westen« hätten ziehen können. Doch was hätten wir mitnehmen sollen? Wir hatten ja gar nichts. »Wir wissen nicht, was mit Ihnen passiert, wenn die Russen kommen«, hieß es. Mein Mann war geneigt, zu gehen. Ich jedoch nicht. »Wir haben doch mit dem Tod von Carl Wentzel das Opfer gebracht, wir können doch nicht einfach alles im Stich lassen.« Das geht doch gar nicht, dachte ich. »Wir waren doch auch gegen die Faschisten, genau wie die Sowjets, die gegen den Faschismus gekämpft haben«, war meine unbedingte Haltung. Wie hätte eine Zukunft im »Westen« ausgesehen? Wir besaßen dort nicht viel. Zudem wussten die Amerikaner auch nichts Genaues. Sollten wir die Heimat einfach so verlassen? Ich war jung, ich sah das nicht ein.

Der Gedanke an die anrückenden Sowjets war nicht angenehm und ich klammerte mich an die Hoffnung, dass auch die wieder gehen würden, wie die Amerikaner jetzt. Wie sich zeigen sollte, war dies ein fataler Irrtum, doch konnte ich Charly damals davon überzeugen, das Angebot der Amerikaner abzulehnen und zu bleiben. Diese Entscheidung war Schicksal. Die kommenden Ereignisse lehrten mich, dass Unvorstellbares eben doch möglich ist. Mein eigener Mann wurde in Haft genommen, was für mich an Dramatik kaum zu überbieten war. Die folgende Zeit sollte mich in meinen persönlichen Abgrund führen, mein Innerstes angreifen und mich im wahrsten Sinne des Wortes »kaputtmachen«, weil Dinge passierten, die ich als junger Mensch nicht verstehen konnte.

»Ich wusste sehr wohl, dass wir in den Augen der Kommunisten als Gutsbesitzer ein Eitergeschwür waren, das es zu entfernen galt.«

Die sowjetische Besatzung

Es war nicht so, dass es einen Stichtag gab und alle amerikanischen Soldaten auf einmal abzogen. Es war ein eher langsamer Prozess. Die Amerikaner verließen ihre Stellungen nach und nach und die Sowjets zogen sofort dort ein. Doch in den ersten Tagen des August hatten unsere amerikanischen Freunde uns definitiv verlassen. Mit ihnen waren einige der Gutsbesitzer und begüterte Firmeninhaber gegangen. Zu ihnen zählten auch die Mitglieder aus Ellas Familie von Zimmermann, die nach Österreich auf ihre Besitztümer gingen. Wir fühlten uns nicht wohl, kamen uns ungeschützt und sehr alleine vor.

Von Ende Juli und bis in den August hinein hatte die Potsdamer Konferenz der Siegermächte stattgefunden. Hier wurde von den mächtigsten Männern der Welt – Harry S. Truman für die Vereinigten Staaten, Winston Churchill für das Vereinigte Königreich und Josef Stalin für die Sowjetunion – über das zukünftige Schicksal der Deutschen mit der Neuordnung und Teilung Deutschlands entschieden. Die Sowjets sahen diese Zukunft natürlich anders als die Amerikaner und die Engländer. Tatsächlich wurde im Potsdamer Abkommen vereinbart, dass jede Siegermacht in ihrer Besatzungszone politische Handlungsfreiheit erhält. Die Sowjetunion war in diesem Siegerreigen das einzige kommunistische Land. Es war naheliegend, dass die Kommunisten das von ihnen besetzte

Zonengebiet durch ihre Politik und ihr Gedankengut prägen wollten. Zu unserem und vieler anderer Unglück erlaubte das Potsdamer Abkommen ihnen dies.

Wir mussten uns machtlos den Ereignissen fügen. Wieder bestimmte die Politik und wieder ein totalitäres System unser Leben. Die sich neu formierende KPD beherrschte als kommunistische Partei komplett das Geschehen und wurde unterstützt durch die sowjetische Militäradministration. Ich habe mich gewundert, wie schnell die Kommunistische Partei wieder groß wurde, schneller noch als die NSDAP vorher. Ich bin der festen Überzeugung, dass viele, die vorher nationalsozialistisch waren, ihr Fähnchen mit dem Winde drehten und plötzlich der KPD angehörten. Zudem darf nicht vergessen werden, dass unser mitteldeutsches Gebiet bereits vor dem Krieg eine kommunistische Hochburg war. Hier Kommunisten zu finden war wahrlich nicht schwer, es gab sie nur nicht so offensichtlich während der nationalsozialistischen Zeit. Jetzt tauchten sie wieder auf.

Die für uns unsägliche Bodenreform war schnell beschlossene Sache. Sie sah vor, dass die Großgrundbesitzer entschädigungslos enteignet wurden. Dass wir als Gutsbesitzer bei den Kommunisten nicht gut gelitten waren, wussten wir von vornherein, allerdings wurde mit dem Beschluss der Bodenreform Anfang September unsere Situation auch gefährlich. Um uns herum sahen wir das Wirken der neuen Machthaber und hörten von den beängstigenden Vorkommnissen wie den Enteignungen und Deportationen. Schicksale, die auch uns drohten? Viele der vormals Begüterten, Firmenbesitzer wie Gutsbesitzer, wurden inhaftiert und, wenn sie Glück hatten, nur gedemütigt. Sie standen dieser Entwicklung alle machtlos gegenüber, und auch wenn sich manche weigerten, waren ihre Bemühungen keinesfalls erfolgreich. Persönlich erlitten manche Menschen wahrlich schreckliche Schicksale. Der Besitzende ist eben der natürliche Gegner des Kommunismus, so einfach ist das.

Und wir? J. G. Boltze & C. Wentzel waren uns von den Amerikanern faktisch zurückgegeben worden, aber wir konnten es gar nicht bewirtschaften. Durften wir wirklich darauf vertrauen, den alten Familienbesitz wiederzubekommen? Wir fühlten uns auf Boltzenhöhe wie auf einer Insel, denn an uns trat man anfänglich nicht heran. Vermutlich wussten die neuen Machthaber nicht, wie sie mit uns umgehen sollten, waren wir doch »Opfer des Faschismus«, wie es offiziell hieß. Ich klammerte mich an den Gedanken, dass wir verschont werden würden. Wir hatten doch wahrlich genug gelitten. Ich wusste sehr wohl, dass wir in den Augen der Kommunisten als Gutsbesitzer ein Eitergeschwür waren, das es zu entfernen galt. Aber unsere Situation war ja eine andere, das mussten die Kommunisten doch auch erkennen, glaubte ich.

Doch die Hoffnung trog wie so oft; auch an uns ging der Kelch nicht vorbei. Eines Tages kam eine Abordnung der örtlichen Verwaltung zu uns und erklärte, dass wir im Zuge der Bodenreform unseren Besitz verlieren würden. Einen Besitz, den wir doch noch gar nicht wieder voll in die Bewirtschaftung genommen hatten.

Aber erst einmal vergingen weitere Tage, an denen nichts passierte. Wir lehnten uns nicht auf, legten keinen Widerspruch ein. Wir akzeptierten die Enteignung nicht, doch konnten wir nichts tun, um sie zu verhindern. Und wir waren gewarnt. Es schien, ja, wir mussten davon ausgehen, dass auch unter diesem Regime alles geschehen konnte. Charly und ich, wir beide wussten nur zu gut, dass man einem Menschen mehr nehmen kann als materielle Güter ... der Tod meines Schwiegervaters lag noch kein Jahr zurück!

Ich wehrte mich innerlich und wollte es nicht wahrhaben. Unsere emotionale Verfassung war noch nicht stabil und unsere seelischen Wunden, die, die nationalsozialistische Zeit geschlagen hatte, waren noch nicht verheilt. Mich überfiel eine beklemmende Sorge angesichts der Ungewissheit der Zukunft. Ella nahm die Entwicklung erstaunlicherweise ungerührt hin und ich fragte mich, ob sie die Vorgänge überhaupt verstand. Plötzlich kam sie mit der Mitteilung, dass auf ihrer Hausbank in Halle eine größere Menge Silberwaren wie Bestecke und Teller deponiert seien. Das war uns neu, davon hatten wir nichts gewusst. Kurz entschlossen telefonierte Charly mit dem Bankdirektor und schickte einen uns vertrauten Kutscher, das Silber abzuholen. Verschwiegen übergab die Bank unserem Vertrauten alle Silberwaren und dieser brachte seine kostbare Ladung zu dem Schwiegersohn meiner Frau Richter, dem Schmiedemeister Mittag in Halle. Sein ausgebombtes Haus war noch nicht wieder aufgebaut und seine Frau Ilse wohnte mit ihren Kindern immer noch bei uns auf Boltzenhöhe. In Mittags ausgebombtes Haus wurde nun das Silber zunächst versteckt, später eingemauert, und so in Sicherheit vor dem Zugriff der Kommunisten gebracht. Für Herrn Mittag war es ganz selbstverständlich, uns bei diesem erstaunlichen Anliegen zu helfen. Manchmal denke ich, dass in jenen Monaten wohl viele ihre kostbaren Dinge eingegraben haben in der Hoffnung, sie später zu bergen. Wir waren bestimmt nicht die Einzigen. Auch ging Charly vorsorglich hin und belieh mit 100.000 Reichsmark unser Gut Didlacken in Ostpreußen. Dieses Geld verwahrte er als Barschaft in einem Koffer in der Bank.

Tatsächlich war unsere persönliche Situation bedrohlicher als uns aufgezeigt wurde oder wir annehmen konnten. Andere hingegen wussten durchaus von der Brisanz unserer Lage und es gab sogar Menschen, die für uns sprachen. So existiert ein Schreiben vom 14. Oktober 1945 von unserem Amtsvorsteher Ankermann – der mir immer die Reiseerlaubnis nach Berlin ausstellte, um Carl Wentzel zu besuchen – an die sowjetische Verwaltung. Ich wusste damals nichts von diesem Schreiben. Eine Durchschrift davon sah ich erst Jahre später bei den Wentzelschen Unterlagen und erfuhr so vom Inhalt. Ich vermute, dass Charly Kenntnis von diesem Brief hatte, ihn mir allerdings nicht zeigte, um mich nicht mehr als nötig zu beunruhigen. Unsere Situation war angespannt genug.

»*... Herr Carl F. Wentzel, Gemeinde Krimpe, Gutsverwaltung Boltzenhöhe, Mansfelder Seekreis und seine Familie vom Wiedergutmachungswerk als schwer geschädigte Opfer respektive Gegner gegen den Faschismus anerkannt. Sein Vater Oberamtmann Carl Wentzel Teutschenthal ist im angeblichen Zusammenhang mit dem 20. Juli 44 nach monatelanger Haft vor dem Gerichtshof Berlin unter dem Vorsitz des damaligen Präsidenten Roland Freisler am 13.11.44 zum Tode verurteilt worden. Das Urteil wurde am 20.12.44 in Plötzensee durch den Strang vollstreckt. Seine Frau Ella Wentzel wurde gleichfalls von der Gestapo verhaftet, sowie sämtliche Herren ihrer Unternehmen nacheinander in mehrere Gefängnisse gesteckt, und war zuletzt über acht Monate im Konzentrationslager Ravensbrück ... Die Häuser Teutschenthal und Salzmünde wurden von der Gestapo und Hitlerjugend restlos ausgeraubt und Frau Ella Wentzel und ihr Sohn sollten in der Nacht vom 12. zum 13. April 1945, kurz vor Anrücken der amerikanischen Panzer von der SS auf Befehl der Gestapo erschossen werden. ... weil die ganze Familie Wentzel Teutschenthal nicht nur eine der angesehensten Familien Deutschlands ist, sondern weil die Familie in nur jeder ihr zur Verfügung stehenden Weise alle Ein- und Angriffe des Nazi-Reiches geradezu heldenhaft bewäl-*

tigt hat und sie als ausgesprochenes Opfer respektive Kämpfer gegen den Faschismus überall bekannt sind, empfehle ich als amtierender Amtsvorsteher der Ortspolizeibehörde alle Dienst- und Parteistellen sowie sämtliche Behörden den Familienmitgliedern Wentzel Teutschenthal jede nur mögliche Hilfe und jeden nur denkbaren Schutz gewähren zu wollen. i. V. Gezeichnet Ankermann.«[13]

Dieses Schreiben war von Herrn Ankermann sehr mutig gewesen, auch wenn es uns letztlich nicht geholfen hat. Und doch bestätigt es im Nachhinein eine furchtbare Vermutung, nämlich die, dass die Gestapo respektive die SS damals tatsächlich Ella und Charly hatten erschießen wollen. Beide lebten wohl nur noch, weil die Amerikaner schneller bei uns waren, als die SS angenommen hatte. Es konnte sich wirklich nur um Stunden gehandelt haben. Die Amerikaner mussten von diesen Mordabsichten gewusst haben, denn dies erklärt auch, warum wir damals so schnell Wachen zu unserem persönlichen Schutz vor die Tür gestellt bekamen. Was wäre wohl aus Stefan und aus mir geworden, wenn diese Morde geschehen wären? Hätten diese Mörder uns beide verschont? Wohl kaum. Daran mag ich gar nicht denken.

Erschöpfung wie Anspannung nahmen gleichermaßen von uns Besitz. Unsere anwachsende Vorsicht veranlasste uns, erneut vielleicht verfängliche Papiere zu sichten und endlich auch das Jagdgewehr meines Schwiegervaters, das sich in unserem Haus in Boltzenhöhe befand, zu verstecken. Die Amerikaner hatten uns bereits darauf aufmerksam gemacht, dass wir es besser verschwinden lassen sollten. Warum dieses Gewehr bei uns in einer Ecke stand, weiß ich heute nicht mehr, auch nicht, wie es zu uns gekommen war. Nie hatte sich jemand von uns darum gekümmert, doch jetzt, wo sich die Kommunisten so intensiv mit uns beschäftigten, schien es uns ratsam, es zu verstecken. Selbstverständlich durften wir als deutsche Bürger kein Gewehr besitzen, das war strafbar und verdächtig.

Zum zweiten Mal in meinem Leben sollte ich erfahren, dass es besser ist, sich von brisanten Dingen zu trennen. Das Gästebuch hatte das Schicksal von Carl und Ella Wentzel mitbestimmt, dieses Jagdgewehr sollte nun Charlys und meinem Leben eine nie geglaubte Wendung geben. Was alles wäre uns erspart geblieben, hätten wir es vernichtet. Doch es war das einzige Erinnerungsstück aus dem persönlichen Besitz von Vater Wentzel. Für uns war es ein Andenken, keine Waffe, und somit schätzten wir seine Bedeutung völlig falsch ein. Von unserem Fahrer Schenck, der unser Vertrauen besaß, der als ehemaliger Soldat der Wehrmacht mit einem Gewehr umgehen konnte und vor kurzer Zeit aus der Gefangenschaft entlassen worden war, ließen wir es in seine Einzelteile zerlegen. Ich wickelte diese Teile höchstpersönlich in Ölpapier ein und verstaute alles in eine kleine Kiste, die ich in unserem Garten vergraben ließ. Heimlich natürlich. Geholfen hatte mir nur Fräulein Möslein, die Kinderfrau von Stefan, die als Kinderfrau immer noch bei uns wohnte. Ihr ging es gut bei uns. Ein einzelnes Kind zu betreuen überforderte sie nicht und bei uns gab es immer etwas zu essen. Wild und Geflügel hatten wir ausreichend.

Der Tatsache, dass wir immer zu essen hatten, verdankten wir übrigens einen weiteren Gast im Hause. Es war ein entferntes Familienmitglied von Prof. Freese, dem Arzt meines Mannes in Halle. Der junge Mann war aus dem Kriege absolut abgemagert zurückgekehrt und Prof. Freese hatte meinen Mann gebeten, ihn für eine Weile bei uns aufzunehmen und aufzupäppeln, bis er wieder bei Kräften war. In der Stadt herrschte Nahrungsmittelknappheit und dort wäre das kaum möglich gewesen. Selbstredend erfüllten wir solche Freundschaftsgesten gern.

Nun ergab es sich, dass der junge Mann und unsere Kinderfrau, die ja nun dreimal täglich zu den Essen bei uns beieinandersaßen, ihre Sympathie füreinander entdeckten, viel erzählten und gemeinsam mit Stefan im Kinderwagen spazieren gingen. Als wir allerdings sicher wussten, dass wir Boltzenhöhe werden verlassen müssen, trennten wir uns von Fräulein Möslein und baten den jungen Mann, nach Halle zurückzukehren.

Am 14. November fuhren mein Mann und ich zur Geburtstagsfeier meines Schwagers Jochen Schmidt nach Halle. Meine Schwester Lilo lebte nach wie vor mit ihrer Familie, ihrem Mann und den drei Kindern bei unseren Eltern in der Geiststraße. In ihre eigene Wohnung konnte die Familie Schmidt nach wie vor nicht zurück. Die Amerikaner hatten damals diese für die Unterbringung ihrer eigenen Offiziere beschlagnahmt und als sie die Stadt Halle verließen, zogen umgehend die sowjetischen Befehlshaber dort ein. Selbstredend war es nicht möglich gewesen, ihre Möbel vorher auszuräumen. Lediglich einige persönliche Dinge hatte sie mitnehmen können. Ich freute mich auf diese kleine Familienfeier. In der Gesellschaft meiner Eltern und natürlich Lilos fühlte ich mich immer wohl und in der elterlichen Wohnung geborgen, beschützt. Ein Gefühl, das ich wahrscheinlich aus meinen Kindertagen in mein Erwachsenenleben hinüber gerettet habe. Natürlich war unser bevorstehender Umzug nach Fienstedt bei dieser kleinen Feier hauptsächliches Gesprächsthema und selbstverständlich haben wir die Hoffnung geäußert, dass die Sowjets genau wie die Amerikaner irgendwann wieder abziehen würden. Doch die trauten Stunden nahmen ein jähes Ende. Wir hatten uns gerade zum Abendessen an den großen Tisch gesetzt, als es klingelte. Mein Vater ging zur Wohnungstür und ungebeten trat die GPU, die sowjetische Geheimpolizei, ein. Carl-Friedrich wurde kurzerhand festgenommen und abtransportiert. Eine Erklärung, eine Begründung, gab es nicht. Es ging alles so schnell ... Unfähig, die Situation zu begreifen, blieb ich völlig konsterniert zurück. Nur meine Tränen flossen wieder, was in der letzten Zeit oft der Fall war. Ich glaubte, den Boden unter meinen Füßen zu verlieren.

Noch in der Nacht fuhr ich mit Omi Ella in der Kutsche nach Boltzenhöhe zurück. Wie ich mich gefühlt habe? Ich war vollkommen erregt. Es ist nicht so einfach, im Bewusstsein, dass der eigene Mann soeben inhaftiert wurde, nur mit einer alten Dame in der Dunkelheit über die Felder nach Hause zurückzukehren. Ich hatte Angst und ich fühlte mich sehr alleine. Ich war so hilflos, ich konnte nichts machen. Ich stieß wirklich an meine Grenzen des Erträglichen. Diese bittere Erfahrung der Hilflosigkeit lehrte mich eins: Man kann nicht immer einfach etwas tun. Manchmal geht einfach gar nichts. Das zu begreifen fällt vielen Menschen schwer.

Ich war der Situation hilflos ausgeliefert, ohnmächtig sozusagen, und hatte Angst um Leib und Seele. Ich hatte keine Vorstellung davon, wann mein Mann wiederkommt und ob überhaupt. Die Ungewissheit, was mit ihm passiert, quälte mich. Würde er verschleppt und nach Russland deportiert? Gedanken, auf die es keine Antworten gab, schossen mir durch den Kopf. Das auszuhalten war nicht einfach. Ich weiß heute: Es gibt existentielle Umstände im Leben, in die der Mensch selbst erst einmal hineinfinden muss, um damit fertig zu werden. Ich musste erst einmal erkennen, was ich tun konnte und für mich die Frage beantworten, was das Nächste ist, das ich dringend tun musste. Ich saß in der Kutsche und dachte nur: »Wie kommt mein Charly wieder frei?«

Immer schwirrten neue Überlegungen durch meinen Kopf und damit Probleme, die gelöst werden mussten. Es blieb auch in den nächsten Tagen keine Zeit, sich den eigenen Gefühlen wirklich zu widmen, geschweige denn, sie zu verarbeiten. Verstehen konnte ich sowieso nicht alles und ich erfuhr wiederholt, dass ich vieles als gegeben hinnehmen und damit fertig werden musste. Doch untätig durfte ich nicht sein. Ich musste planen und gewappnet sein.

Ich musste nicht lange nach den Gründen der Inhaftierung meines Mannes fragen. Seine Verhaftung sprach sich sowieso schnell herum, während gleichzeitig das Gerücht aufkam, bei Wentzels wäre ein Waffenlager gefunden worden. Wie absurd. Gefunden und ausgegraben worden war das Jagdgewehr meines Schwiegervaters. Daraus machten die Kommunisten gleich ein ganzes Waffenlager. Doch wie hat es dazu kommen können?

Ich war so allein. Ich rang um meine Fassung, ich musste Haltung bewahren und durfte keine Schwäche zeigen. Ich trug doch die Verantwortung für meinen Sohn Stefan und meine betagte und kranke Schwiegermutter Ella. Für mich kam es einem bösen Erwachen gleich, als ich erkannte, dass es in diesem Land keine glückliche Zukunft für uns geben kann. Der Entschluss, in der Heimat zu bleiben, war falsch gewesen. Hingegen hatten die Kommunisten ihr Ziel erreicht. Mit der Anklage, ein geheimes Waffenlager zu unterhalten, wurden wir wiederholt in die Ecke der Verräter gerückt. Die sowjetischen Besatzer und ihre Verbündeten aus der Kommunistischen Partei mochten, ja, wollten uns nicht. Alle Argumente gegen uns waren auf ihrer Seite und die Mittel, uns auszuschalten, hatten sie sowieso.

»Ich hatte in meinem Haus nichts mehr zu sagen, sollte es in einer Stunde verlassen. Hausherren waren jetzt andere.«

Mein Rauswurf aus Boltzenhöhe

Heute denke ich, dass die Kommunisten es sehr begrüßten, uns mit der Verhaftung meines Mannes quasi ausgeschaltet zu haben. Sicherlich wollten sie mit dem Angebot Fienstedt öffentlich aufzeigen, dass wir als Opfer des Faschismus auch von ihnen anerkannt werden. Zudem: Es war wohl auch nicht ratsam, die alte Dame Ella Wentzel anzugehen. Das hätte für negatives Aufsehen in der Bevölkerung gesorgt, was die neuen Machthaber natürlich vermeiden wollten. Es war ja nicht so, dass die vollzogenen Enteignungen alle geräuschlos und unproblematisch abliefen. Da gab es einige Damen und Herren, die sich nicht enteignen lassen wollten und um ihr Hab und Gut kämpften.

Doch mir nutzte alles nichts. Mit der Verhaftung Charlys ging einher, dass wir vom Regime als Verräter angesehen wurden. Wieder spürte ich, dass die Menschen zu mir auf Abstand gingen. Wieder wollte man mit uns nicht in Verbindung gebracht werden. »Wensele, Wensele«, so nannten die Sowjets meinen Mann bei der Verhaftung und bis heute habe ich diesen fürchterlichen Klang in meinen Ohren. Durch wen auch immer in die Welt gesetzt, hieß es plötzlich, die Wentzels müssen weg von hier. Was war »hier«? War Boltzenhöhe oder die sowjetische Besatzungszone gemeint? Sollten wir verschleppt werden? Nichts war in meinen Augen mehr sicher, nicht Boltzenhöhe, nicht Fienstedt, kein Nachbar und kein Freund. Ich war allein. Die Verantwortung für meine Schwiegermutter Ella, Stefan und mich erfüllte mich zutiefst mit Sorge und Angst. Ich brauchte dringend Hilfe und rief meinen Schwager Jochen Schmidt, sagte, dass wir sofort von Boltzenhöhe fortmüssen. Dahin kommen sie als erstes, das war mir klar. Er stimmte mir zu und wir überlegten, wann und wie wir unseren Auszug am besten abwickeln. Doch zum langen Planen und Organisieren blieb keine Zeit. Wieder überrollten die Ereignisse mich. Knapp zehn Tage nach Charlys Verhaftung kamen die Kommunisten auf unser Gut Boltzenhöhe.

Nun sollte man wissen, dass das System der »Behandlung« seitens der Kommunisten ein ganz einfaches war. Zu uns kamen nicht diejenigen, die wir kannten, also die Kommunisten aus unserer Umgebung, vielleicht aus dem Ort. Nein, zu uns kamen unbekannte Kommunisten, Menschen, die uns fremd waren und wir denen. Es gab keinerlei Bindung, keine Gemeinsamkeiten in der Vergangenheit und somit auch keine Achtung, keinen Respekt. Aufkommende Skrupel und Menschlichkeit konnten in den Augen der Machthaber so eine Aktion wie bei uns nicht gefährden. »Unsere« Kommunisten hätten uns nicht so rücksichtslos behandeln können wie diese fremden es taten. Sie hätten unser Haus nicht ausräumen können und hätten es auch nicht gewollt. Waren doch etliche unter ihnen, mit denen wir und die mit uns all die Jahre gut zurechtgekommen sind und wo es durchaus so etwas wie Wertschätzung gab. Deshalb müssen sie aber keine besseren Menschen gewesen sein: Die hiesigen Kommunisten gingen in andere örtliche Bereiche und taten dort das Gleiche mit anderen Menschen, vertrieben die aus ihrem Haus, verhafteten sie vielleicht, verschleppen sie vielleicht. Ich weiß es nicht wirklich, aber es ist anzunehmen.

Den Kommunisten, die zu uns kamen, waren wir egal. Sie kamen einfach von hinten vom Hof herein, setzten sich an unseren Tisch und sagten unserer Ama, sie solle Kaffee kochen und etwas zum Essen sowieso. Diese Menschen taten ganz so, als gehöre alles ihnen und als wären wir schon weg. Ich hatte in meinem Haus nichts mehr zu sagen, sollte es in einer Stunde verlassen. Hausherren waren jetzt andere. Ich rief völlig verzweifelt meinen Schwager an. Er reagierte augenblicklich und schickte uns sofort Otto Gründler mit einem Wagen.

Otto Gründler war Kommunist, alle wussten das, aber er war keiner von der aggressiven Sorte. Ihm war auch während der NS-Zeit nichts passiert, und ich bezeichnete ihn nur für mich als »Privatkommunisten«. Wir kannten uns seit Jahren und er nannte mich immer Lore. Er arbeitete bei der Firma Assmann, wo mein Schwager Miteigentümer und er dort so etwas wie ein Faktotum war. Otto Gründler hinkte leicht, und seine Freundlichkeit hat ihm immer viele Türen und so manches Herz geöffnet. Ich weiß noch, dass er es war, der zu den Weihnachtsfesten unsere Tannenbäume aufstellte, dass er kam, wenn es kleinere Reparaturen im Haus gab, er konnte alles und half immer aus. Ein rührender Mensch, der für unsere Familie durchs Feuer ging.

Als er eintrat, erfasste er sofort die Situation und sagte laut zu mir: »Mensch Lore, du musst sofort hier weg.« Und zu seinen politischen Gesinnungsgenossen gewandt: »So, der Kleine (damit war Stefan gemeint) muss sein Bette mitbekommen und die alte Dame, Frau Oberamtmann, auch.« Ich fing sofort an zu packen und dank Otto Gründler wurde ich dabei nicht behelligt. Er hielt die Kommunisten auf Abstand, setzte sich zu ihnen, scherzte, und gab sich als Herr der Situation aus. Keiner zweifelte, dass er das Richtige tat. Natürlich konnte ich nicht viel mitnehmen. In das kleine Auto der Firma Assmann, mit dem Otto Gründler gekommen war, passte nicht allzu viel hinein. Aber alles, was möglich war, nahm ich mit. Selbst die rote Tasche konnte ich retten. So hatte ich mir meinen Abschied von Boltzenhöhe wahrlich nicht vorgestellt: Als Getriebene, als Vertriebene. Mich hat kein Russe vertrieben, nein, es waren Deutsche, deutsche Kommunisten. Es war so schmerzlich. Und doch war ich froh, in dieser Situation mit Ella und Stefan heil aus unserem Haus herauszukommen.

Otto Gründler fuhr uns nach Halle in die Geiststraße zu meinen Eltern, nach Hause, wo doch schon die Familie meiner Schwester Lilo wohnte. Zu diesen fünf Gästen – meiner Schwester, ihrem Mann und den drei Kindern – kamen nun mein Sohn Stefan, meine Schwiegermutter Ella und ich hinzu. Stefan kam zu den anderen Kindern ins Kinderzimmer, für Omi Ella wurde Platz im Herrenzimmer geschaffen und ich schlief auf dem Sofa im Salon. Mit uns musste unser Hausmädchen Frieda jetzt für zehn Personen kochen. Meine Eltern waren froh, uns helfen zu können und es war selbstverständlich für sie, uns aufzunehmen. Ich war so dankbar für ihre selbstlose Haltung. Es ist tatsächlich so: In schwierigen und unruhigen Zeiten rücken die Menschen zusammen. Eine so gesättigte Zeit wie heute, die treibt auseinander. In Notzeiten haben die Menschen ein anderes Verhältnis zueinander, die Not verbindet eben. Und Frieda störte die Mehrarbeit nicht. Nach einigen Tagen musste auch Ama mit ihrer Tochter und deren Kindern Boltzenhöhe verlassen und sie wurden von ihrem Schwiegersohn Mittag, der als Schmiedemeister ein kleines Auto haben durfte, zurück nach Halle gebracht.

»Es gibt Momente im Leben, da fühlt sich der Mensch ganz klein und allein.«

Wieder in Halle

Kaum in der Geiststraße angekommen sagten mir meine Eltern, dass die Militärpolizei nach mir gefragt habe. Es war durchaus möglich, dass ich gesucht wurde. Auch mein Schwager wusste von einer Aktion, bei der die Frauen der Gutsherren mit ihren Kindern abgeholt wurden. Was mit ihnen passierte, war fraglich, vermutlich wurden sie deportiert. Noch bevor ich richtig in die Wohnung eingezogen war, zwang mich die Situation schon wieder zum Weggang. Und wieder war es Otto Gründler, der half. Ich packte einige wenige Sachen von Stefan und mir in eine kleine Tasche. Alle anderen geretteten Habseligkeiten aus Boltzenhöhe musste ich bei meinen Eltern lassen. Die rote Tasche mit Ellas Schmuck gab ich in die Obhut meiner Eltern und auch Ella selbst musste dableiben. Keiner von uns glaubte, dass Ella in Gefahr sei, Stefan als Sohn von Carl-Friedrich und ich als seine Frau hingegen schon.

Alles musste sehr schnell gehen. Otto Gründler holte uns ab, diesmal ohne Wagen. Er nahm den kleinen Stefan auf seine Schultern und ich trug mein schmales Gepäck. Otto Gründler ging mit uns strammen Schrittes zu seinem Wohnhaus in der Straße Harz. Diese lag, obwohl dort ausschließlich Arbeiter wohnten, nicht im Süden der Stadt, sondern man erreichte sie durch eine Passage von der Geiststraße aus. Es waren nur wenige Minuten zu gehen. Frau Gründler war eine freundliche Frau, und sie fragte nicht viel. Mir wurde ein kleines Zimmer zur Verfügung gestellt, wo ich erst einmal mit Stefan unterkommen konnte. Wir mussten leise sein, dass war klar, auch

„Boltzenhöhe“
12.04.2009

durften wir nicht hinaus, weil wir nicht gesehen werden durften. Doch was mir dann doch die Fassung raubte, war die Tatsache, dass ich zwar ein sicheres Versteck hatte, hier allerdings für mich nur ein kleines ungeheiztes Zimmer zur Verfügung stand, in dem sich nur ein Bett ohne jegliche Bettwäsche befand. Frierend legten Stefan und ich uns abends in dieses Bett und der nackte Inlettbezug von Kopfkissen und Oberbett ließ mir doch die Tränen in die Augen treten. Noch heute habe ich diese rote Farbe deutlich vor Augen. Es gibt Momente im Leben, da fühlt sich der Mensch ganz klein und allein.

Doch schon meines Sohnes wegen musste ich mich zusammenreißen. Auch wollte ich dem freundlichen Ehepaar Gründler keine vermeintliche Undankbarkeit aufzeigen. Beide riskierten viel für uns und meine Tränen hätten auch fehlinterpretiert werden können. Zudem merkte ich, dass es Frau Gründler unangenehm war, uns nicht mehr bieten zu können. Zwei Nächte und einen Tag verbrachten wir dort, eine Zeit, in der ich auf meinen Schwager hoffte, der sich darüber informierte, ob es Neuigkeiten gibt. Ich wusste nichts über die Entwicklung unseres »Falles«, nicht, wo mein Mann war und nichts über unsere Zukunft. Dann bekamen wir von Jochen Schmidt die definitive Nachricht, dass wir verschwinden müssten. Die Situation war zu gefährlich.

Mein Vater fand für uns dann eine andere Bleibe. Ich erhielt bei einer Bekannten meiner Eltern und Patientin meines Vaters, bei Tante Gretchen Winter Unterkunft. Ich kannte sie noch vom Gymnasium her, wo sie meine Deutschlehrerin war. Wir waren uns nicht fremd. Gretchen Winter lebte mit einer anderen Dame, meiner Zeichenlehrerin, in einem beschaulichen kleinen Häuschen am Stadtrand von Halle zusammen, weit weg vom Zentrum. Sie nahm uns gerne auf. »Klar nehme ich die Lore auf«, muss sie gesagt haben. Wieder bekamen Stefan und ich ein kleines Zimmer, und diesmal hatten wir

Bettwäsche! Allerdings befand sich in diesem winzigen Raum ein eiserner Ofen, mit dem geheizt wurde. Zu dieser Jahreszeit war der Ofen natürlich in Betrieb, doch er war gefährlich für Stefan, zu leicht hätte er sich verbrennen können, und wie hätte ich ein krankes Kind in meiner Situation versorgen sollen? Also habe ich alles versucht, Stefan mit meinen Spielen abzulenken. Selbstredend durfte ich nicht nach draußen. Zu meinem Glück fand sich eine entfernte Verwandte aus der Familie Wentzel, die Frau eines Neffen meines Schwiegervaters: Martha, verheiratet mit Ulrich Mücke, kam nachmittags und ging mit Stefan spazieren. Sie war von der Familie Wentzel nie so richtig anerkannt worden, aber nun half gerade sie. So kam er fast täglich an die frische Luft und ich konnte mich ein wenig ausruhen. Martha besuchte auch Ella ab und an, was ich sehr freundlich und selbstlos von ihr fand. Manchmal ist es schon erstaunlich, von wem man wirklich Hilfe in der Not erfährt.

Vier lange Wochen blieben wir bei dem gütigen Gretchen Winter. Ich bin ihr dafür sehr verbunden, auch wenn die Zeit für mich recht hart war. Meine einzige Abwechslung waren einige Telefonate mit meinen Eltern und mit Pfarrer von Biela aus Schochwitz, der mir durch seinen seelischen Beistand wahrlich geholfen hat. Er hat mir immer neuen Mut gegeben und mich, das möchte ich so ausdrücken, zum Glauben gebracht. Er hat einen erheblichen Anteil an meinem seelischen Heil in dieser ganzen schweren Zeit. Auch hörte ich von ihm immer, was sich im Schloss Schochwitz tat. So erfuhr ich, dass auch die alte Dame Antoinette von Alvensleben mit ihren Habseligkeiten auf einem Wagen das Schloss verlassen musste.

Wie froh war ich, als ich nach diesen Wochen die Nachricht bekam, dass ich zurück in die Geiststraße könne. Die Aktion des Militärs, die Gutsfrauen zu inhaftieren, war beendet. Natürlich war ich erst einmal misstrauisch. Man könnte mich doch auch später noch aufgreifen. Doch dem war nicht so. Ganz offensichtlich galt bei den Russen der Grundsatz: Wenn eine Aktion abgeschlossen war, dann war sie abgeschlossen. Ich durfte mich wieder auf die Straße trauen und bin sofort in mein Elternhaus gefahren, wo ich alle, auch Ella, wohlbehalten vorfand.

In der Geiststraße empfand ich uns als vorerst versorgt. Ella und Stefan ging es dort gut. Sicherlich konnte dies keine Dauerlösung sein, aber erst einmal war es gut. Die Sorge um sie war mir fürs Erste genommen worden. Zudem war dieser Haushalt ganz pragmatisch organisiert. Meine Schwester hatte die Aufgabe übernommen, die Lebensmittel zu besorgen. Unglaublich, was sie alles verkaufte und mit welchen Lebensmitteln sie zurückkam. Das hat sie wirklich gut gemacht. Mein Vater hatte natürlich seine Arztpraxis und mein Schwager arbeitete in der familieneigenen Bekleidungsproduktion, der Uniformfabrik Assmann. Das brachte ihm gute Kontakte zu den russischen Militärs ein, da es unter ihnen viele gab, die sich eine neue, schicke Uniform wünschten. Unser Mädchen Frieda konnte dank dieser Verbindungen täglich Milch für die vier Kinder bei einem situierten russischen Haushalt im Villenviertel bekommen. Das half uns sehr. Irgendwie richteten wir uns alle auf die Situation ein.

Ich hingegen kam nicht zur Ruhe, ich musste herausfinden, was mit meinem Mann passiert war. Und wieder half mir mein Schwager. Dank seiner Beziehungen konnte er mir eine Begegnung mit einem sowjetischen Offizier aus der Kommandantur in Halle vermitteln, der mir tatsächlich mitteilte, dass mein Mann in Eisleben im Gefängnis einsaß. Eisleben, das war so nah, nur wenige Kilometer entfernt. Ich kann meine Erleichterung darüber, dass er nicht verschleppt worden war, kaum ausdrücken. Wenn er nach Russland transportiert worden wäre, hätte ich nichts machen können. Doch Eisleben …, da sah ich Möglichkeiten. Natürlich ließ mir die neue Sachlage keine Ruhe und mit meinen Eltern und meinem Schwager besprach ich meine Absicht, Charly in Eisleben aufzusuchen. Ich konnte nicht ignorieren, dass ich Charlys so nah gelegenen Aufenthaltsort nun kannte. Ich musste etwas tun.

Zum zweiten Mal in meinem Leben machte ich mich unter schwersten Bedingungen auf, einen geliebten Menschen im Gefängnis zu besuchen. Nach Ansicht meines Schwagers sollte ich nicht alleine fahren, das wäre zu gefährlich gewesen. Wer weiß, ob die Russen mich bei einem solchen Besuch nicht einfach inhaftierten? Ich rief Ama bei ihrer Familie an und sie sagte sofort zu, mich zu begleiten. Sie hätte, wenn ich nicht wieder aus dem Gefängnis zurückkehren sollte, sofort telefonisch meinen Schwager informiert. Zum Glück kam es nie zu diesem Äußersten.

Ama und ich fuhren alsbald nach Eisleben, wo ich einfach am Eingang des Gefängnisses nach meinem Mann Carl-Friedrich Wentzel fragte. Natürlich konnte ein Besuch so unvermittelt nicht geschehen und prompt wurde ich von einem GPU-Soldaten in grüner Uniform mit einem Gewehr über der Schulter aufgefordert, mitzukommen. Der Weg war nicht weit, nur wenige Meter trennte die russische Militärkommandantur, die in einer Villa untergebracht war, vom Gefängnis. Dort wurde ich einem diensthabenden Offizier vorgeführt. Der Fall Wentzel war diesem bestens vertraut. Man befragte mich nach dem Jagdgewehr, nach dem angeblichen Waffenlager. Mir wurden verschiedene Waffen gezeigt und gefragt, ob diese oder jene dabei war. Fragen, die ich immer mit Nein beantworten konnte, denn es hat ja nie ein Waffenlager bei Wentzel gegeben. Der Offizier scheute sich während der Befragung nicht, mit den Waffen auf mich zu zielen, mit mir und meinem Erschrecken zu spielen. Es ist nicht lustig, in die Mündung eines Gewehrs oder Revolvers zu schauen und sich zu fragen, ob diese Waffe geladen ist … Auf die Frage nach meinem Mann bekam ich immer nur die Antwort: »Wensele njet.«

Ich zitterte, blieb aber freundlich und fest in meiner Absicht. Ob mein Auftritt den Offizier beeindruckte, weiß ich nicht. Jedenfalls fand ich mich alsbald auf der Straße wieder und meine Ama war darüber sehr erleichtert. Gemeinsam gingen wir um die Gefängnismauern herum und fragten uns, wo denn wohl mein Mann sich dort drinnen aufhalte und wie wir erfahren könnten, wie es ihm ginge. Ich konnte nicht anders, ich fing an zu weinen. Die Nervenanspannung war wohl doch zu groß gewesen.

Nun, nachdem ich durch meinen Besuch deutliches Interesse an meinem Mann bekundet hatte, geschah es, dass ich wöchentlich auf die Kommandantur in Eisleben bestellt wurde. Einmal in den Fängen der Russen, ließen mich diese nicht wieder los. So fuhr ich dann Woche für Woche dorthin, auch um Charly frische Wäsche zu bringen. Meine treue Ama begleitete mich immer, und jedes Mal musste ich mich den immer gleichen Fragen nach dem angeblichen Waffenlager stellen. Und immer wieder wurde während dieser Verhöre mit Waffen auf mich gezielt, immer wurde versucht, mich einzuschüchtern. Ich glaube, die Militärs hatten eine Freude daran, mich zu ängstigen. Und jedes Mal ging ich danach um die unüberwindlichen Mauern herum. Es war erschöpfend. Draußen war es bitterkalt und meine Verzweiflung wuchs. Ich hatte noch nicht in Erfahrung bringen können, wie es meinem Mann geht, geschweige denn, ihn gesehen. Da wurde ich eines Tages angesprochen. Eine Frau, die mich mit ihrem offenen Blick ansah, sagte, sie hätte mich schon öfter gesehen und ich wäre ihr aufgefallen. Ob sie mir helfen könne? Ich schaute diese Frau an und fasste sofort Vertrauen. Ama und ich folgten ihr in ein Lederwarengeschäft und der Duft des Leders umfing uns augenblicklich. Es war warm dort drinnen und ehe ich mich versah, erzählte ich dieser mir fremden Frau meinen Kummer. Frau Stüwe gehörte zu den Frauen, für die Menschlichkeit kein Fremdwort ist, und tatsächlich konnte sie mir helfen. Ihr Bruder arbeitete als Wärter im Gefängnis und dieser erklärte sich bereit, Carl-Friedrich kleine Mitteilungen von mir zuzustecken. Das ging natürlich nicht allzu häufig, denn es war gefährlich. Doch wie glücklich war ich, zu erfahren, dass es Charly wohl offensichtlich noch ganz gut ging. In solch extremen Situationen wie dieser kommen die Menschen auch auf sonderliche Ideen. Der Kontakt zu meinem Mann über den Wärter machte es möglich, dass vereinbart wurde, dass Charly jeden Montag um zehn Uhr ein Taschentuch aus seinem Zellenfenster hängen ließ zum Zeichen für mich, die ich zur vereinbarten Zeit auf der Toilette des Gefängnisses mit Blick auf den Innenhof mit den Zellenfenstern stand und das Taschentuch zu sehen hoffte, als Zeichen, dass er noch da war, dass er lebte. Was für eine Vereinbarung und was für ein Wunder, das sie überhaupt möglich war! Und Carl-Friedrich wusste nun, dass ich genauso wie vorher für seine inhaftierten Eltern auch für ihn da war, dass ich versuchte, ihm nah zu sein, mich kümmerte für ihn. Er konnte sich darauf verlassen, dass ich vieles für ihn tun würde.

Ich war Frau Stüwe für das, was sie für mich getan hat, so unendlich dankbar.

»... lassen Sie meinen Mann frei und nehmen Sie mich.«

Carl-Friedrichs Freilassung

Ellas Unglück machte mich sehr betroffen. Sicherlich, den Umständen entsprechend ging es ihr gut, doch sie in den

Räumen der Geiststraße zu sehen, die ihr ja fremd waren, sie zu beobachten, wie sie schwankend den langen Flur entlang ging, hilflos und allein, das zerriss mir fast das Herz. Dabei hielt sie sich immer noch vorbildlich: Sie beklagte sich nicht, war freundlich und bedankte sich für die kleinste Aufmerksamkeit. Die Zeit im Konzentrationslager hatte ihr Übel mitgespielt und ihre Versehrtheit war offensichtlich. Die Füße trugen den Körper nur noch schwer. Sie hatte ihren Mann und ihren Besitz verloren und ihr Sohn, den sie immer noch »herzallerliebster Kleiner« nannte, war inhaftiert. Sollte ihm etwas passieren, da bin ich ganz sicher, hätte sie diesen Verlust nicht verwinden können. Zum zweiten Mal in meinem Leben waren Ella und ich von einem gemeinsamen Wunsch beseelt: Wir wollten Charly gesund zurück.

Ihr Anblick setzte mir zu. Bei Tisch äußerte sie schon einmal, dass die »Unschuldigen« eingesperrt seien und die »Schuldigen« frei herumlaufen würden. Für mich war dies unerträglich. Sicherlich, ich musste keine Schuld für ihr Unglück fühlen, ich kümmerte mich um sie, und doch hatte ich das Gefühl, nicht alles Machbare zu tun. So setzte sich in meinem Kopf ein unglaublicher Gedanke fest: Was wäre, wenn die Russen meiner statt Charly inhaftierten …? Tatsächlich bot ich bei einem der wöchentlichen Gespräche in Eisleben dem mich vernehmenden Offizier an, mich gegen Charly einzutauschen. »Wenn Sie der alten Dame einen Gefallen tun möchten, dann lassen Sie meinen Mann frei und nehmen mich«, hatte ich ihm gesagt. Dieser war überrascht und konnte einen Anflug von Grinsen auf seinem Gesicht nicht verbergen. »Du meinen das ernst?«, fragte er zurück. Klar meinte ich es ernst.

Sicherlich ist mein damaliger Entschluss aus heutiger Sicht nur schwer nachzuvollziehen. Jedoch – auch mir ging es nicht gut. Ich litt unter meiner Hilflosigkeit, der Hoffnungslosigkeit der ganzen Situation und sah kein Ende dieses kräftezehrenden Zustandes. Meine Nerven waren auf das Äußerte gespannt. Stefan wusste ich bei meinen Eltern und meiner Schwester in Obhut. Und wenn die Russen auf mein Angebot eingehen würden … dann, ja dann wäre auch Charly da gewesen, sich um ihn zu kümmern.

»Ja, dann du kommen heute Nacht gegen zehn Uhr, mit Waschzeug und Decke. Deine Mann ist frei dann!« Ich atmete auf und war zu allem entschlossen. Wie betäubt fuhr ich nach Halle zurück, packte einige wenige Sachen und fand mich abends zur vereinbarten Zeit wieder in der Kommandantur in Eisleben ein. Ich wurde in einen kleinen Raum geführt. Dort ließ man mich alleine, niemand kam und fragte mich etwas, kein Charly kam zur Tür herein. Ich blieb ganz ruhig dort sitzen denn ich wusste sehr wohl, dass ich beobachtet wurde. Die Zeit verging lähmend langsam und ich musste mich sehr beherrschen, meine aufsteigende Unruhe nicht zu zeigen. Das gelang mir ganz gut, denn das Warten kannte ich schon von der Gestapo. Ich saß und saß und wartete und wartete. Es vergingen mindestens zwei Stunden, während denen ich fast hätte verrückt werden können. Dann betrat ein Mann, den ich vorher noch nie gesehen hatte, den Raum. Er war ausnehmend freundlich. »Nein, alles bleibt so, du kannst gehen.« Das war alles.

Ich weiß nicht mehr, wie ich aus diesem Haus herausgekommen bin. Ich erinnere mich nur noch an den sternenklaren Himmel über mir und an die bittere Kälte. Ganz automatisch fand ich den Weg zu Frau Stüwe in die Lederwarenhandlung. Dort umfing mich eine wohltuende Wärme. Frau Stüwe sagte nichts. Ob sie eine Ahnung davon hatte, was ich durchgemacht hatte? Meine angespannten Nerven versagten meinem Körper die Kraft. Noch aus der Lederwarenhandlung rief ich zu Hause an und sagte, dass ich frei sei aber Charly nicht.

Das Erstaunliche an dieser Situation war, dass meine Eltern mir keine Vorwürfe wegen meines Vorhabens gemacht hatten. Zu viel passierte um uns herum. Ich war ja nicht die Einzige, die den Verlust des Ehemannes aushalten musste. Meine Angst um meinen Mann und um die Zukunft war die Angst vieler Frauen, denen es ähnlich erging. Meine Eltern hatten meinen Entschluss zwar nicht gut geheißen, ihn aber respektiert. Jedoch waren sie überglücklich, als ich unversehrt zu ihnen zurückkehrte. Ich hingegen war zutiefst deprimiert. Ich konnte nichts machen.

Dass ich nicht völlig verzweifelte, verdanke ich auch dieses Mal Pfarrer von Biela, der mein Anker war auch in dieser unsäglichen Zeit, denn wieder trösteten mich die Worte des Glaubens. Pfarrer von Biela hat mir so viel Kraft gegeben in den schweren Phasen meines Lebens, wo sich alles überschlug und kein Moment zum Atemholen war: Mein Schwiegervater verhaftet und im Gefängnis, das Todesurteil, meine Schwiegermutter Ella im KZ Ravensbrück, die Ächtung und Vorsicht der Menschen in unserem Umfeld, mein Untertauchen aus Angst vor der Verfolgung durch die Kommunisten und nun die dauernde Inhaftierung meines Mannes. Die Ungewissheit zerrte an meinen Nerven, raubte mir die Kraft wie dieses entsetzliche Gefühl des Alleinseins und der Hilflosigkeit. Damit musste ich erst einmal fertig werden, das ist nicht so einfach, und eigentlich konnte ich da alleine kaum durchkommen. Pfarrer von Biela hat mir vielleicht so etwas wie Hoffnung gegeben. Der Glaube war ein Moment in meinem Leben, der es mir ermöglichte, weiterzumachen und weiterzukämpfen. Denn einen Kampf führte ich fürwahr. Nicht immer war der Gegner deutlich, oft kaum wirklich greifbar, denn die Behörden und Institutionen mit ihrer Willkür waren für mich die Windmühlen, die es zu bezwingen galt.

Auf dem Bauernhof in Groß Kringwehrum wollte die Familie neu anfangen

Im Jahr 1948 wurde Lore Wentzel von ihrem Mann Charly verlassen

Im Jahr der Scheidung 1950

In Düsseldorf begann für sie mit Sohn Carl-Stefan ein glückliches Leben, 1953

Rolf Pfeiffer mit Freund und Geschäftspartner Jochen Schmidt, 50er-Jahre

Die treue und geliebte Mamsell »Ama« Richter, hier etwa 1950

Zur Hochzeit mit Rolf Pfeiffer, Lore 4. v.l., 1959

Glückliche Ferien in St. Johann/Tirol 1964 mit Familie Schmidt

Rolf Pfeiffer mit seinem jüngsten Sohn Matthias und dem Schwiegersohn Keith Sunderland vor dem Herrenausstatter »Schäffner« in Düsseldorf, 1993

Zum ersten Mal wieder in der alten Heimat, hier mit der Familie ihres Sohnes Carl-Stefan vor der Saatzuchtanstalt in Salzmünde, 1990

Mit Carl-Friedrich und Carl-Stefan beim »Carl Wentzel Gedächtnisrennen« auf der Galopprennbahn Passendorfer Wiesen in Halle, 1992

Mit Carl-Friedrich (l.) und Carl-Stefan vor dem Kamin
im Schlosshotel Teutschenthal; im Hintergrund das Gemälde
von Christoph Rackwitz »Carl Wentzels Lebensalter«

Letztendlich war ich ohne Chance, ganz gleich, was ich tat. Menschlichkeit in dem Sinne, dass damit Güte und Gnade verbunden gewesen wären, sind mir in diesen Vorhöfen des Grauens kaum begegnet. Hier offenbarte sich eine entmenschte Seite der menschlichen Seele, für die es bis heute keine befriedigende Erklärung gibt. Doch ich versuchte damals, mir die Situation mit meinem noch jungen Menschenverstand zu erklären und dann das Richtige zu tun. Mehr blieb mir nicht. Mein Wunsch nach einer Erklärung des Sinns dieser Geschehnisse, wurde bis heute nicht erfüllt. Ich suchte mit der mir eigenen Beharrlichkeit einen Ausweg und fand keinen. Ganz einfach, weil es keinen gab. In dieser, zuerst von den Nationalsozialisten und später von den Kommunisten aufgebauten Maschinerie gab es keine Möglichkeiten für den Einzelnen. Der Weg war bestimmt.

Indes meinte das Schicksal es mit Ella noch gut. Selbstverständlich unterhielten wir Kontakt zu Gretchen Seifart, der sich all die Jahre so rührend um sie kümmernden Hausdame von Ella. Die beiden Damen hatten so eng und so vertrauensvoll ganz viele Jahre gemeinsam verbracht. Diese Zeit war nicht vergessen und auch wenn es für uns keine Möglichkeit gab, Gretchen Seifart ebenfalls bei uns in der Geiststraße wohnen zu lassen, achtete sie rührend auf Omi Ella. Gretchen Seifart hatte sich nach unserem Rauswurf aus Boltzenhöhe durch die Kommunisten zum Rittergut Haus Mücheln begeben und ging dort ihrer Schwester Lenchen, der Haushälterin von Frau Alice Anton und Cousine von Ella, zur Hand. Mittlerweile war Frau Anton ebenfalls enteignet worden und wusste nicht, wohin sie sollte. Die alten Damen kannten sich alle hinreichend und so kam der eigentlich ganz praktische Wunsch auf, dass sie gemeinsam mit Frau Dömänenrat Bertram in deren großer Wohnung in der Albrechtstraße in Halle leben wollten. Auch an Frau

Bertram waren die Ereignisse nicht spurlos vorbeigegangen und die Zeiten waren wahrlich schwierig genug. Zudem lebte sie allein. Kurz gesagt: Die fünf alten Damen zogen zusammen. Gretchen und Lenchen Seifart kümmerten sich als Haushälterinnen praktisch um alles und hatten mit einer bewundernswerten Fürsorge das Wohl der drei ehemals gut betuchten und angesehenen Damen im Blick. Dies war das Beste, was passieren konnte. Hier wussten sich alle versorgt und gut aufgehoben, ja, verstanden. Die Fünf waren dankbar, zusammen sein zu können und es entstand in dieser kleinen Frauengemeinschaft sogar so etwas wie Zufriedenheit. Ihr aller Schicksal haben sie demütig hingenommen. Für mich ist es erstaunlich, dass Ella ein zweites Mal in ihrem Leben in einer politisch hochbrisanten Zeit in der Albrechtstraße Zuflucht fand. Das erste Mal zur Zeit des Kapp-Putsches und jetzt unter der russischen Besatzung abermals. Auf die alten Verbindungen war wahrlich Verlass.

Selbstredend besuchten wir uns häufig gegenseitig. Die Schwestern Seifart brachten tatsächlich das Kunststück fertig, zu meinen Besuchen immer einen Kuchen zu backen. Meist mit Äpfeln und ich habe keine Vorstellung, woher sie die bei der herrschenden Lebensmittelknappheit besorgt hatten. Ella kam auch zu uns in die Geiststraße und versäumte nie, ihrem Enkel Stefan etwas mitzubringen. Meist war es wiederum ein Apfel. Es tat mir zwar leid für die Kinder meiner Schwester, die leer ausgingen, doch woher hätte die alte Dame vier Äpfel besorgen sollen? Da wurde der Apfel dann in vier Teile geteilt.

Die Zeit schritt voran. Unser Leben hatte sich nicht groß verändert. Mein Schwager Jochen Schmidt unterhielt mit der Uniformfabrik Assmann nach wie vor gute Kontakte zu den Russen und mein Vater praktizierte nach wie vor als Arzt. Ich kümmerte mich viel um die Kinder in unserem Haushalt und meine Schwester organisierte Lebensmittel. Frieda ging immer noch täglich mit einer Milchkanne in das Villenviertel von Halle, wo sie Milch für die Kinder bekam. Die Russen kannten sie schon.

Bald wurden die Tage wieder länger und der Frühling kam. Doch neue Zuversicht hielt damit bei mir kaum Einzug. Der »Kommunismus« manifestierte sich immer mehr und es gab keinerlei Anzeichen, dass die sowjetische Zone ähnlich wie die amerikanische und englische Zone vielleicht neue Eigenständigkeiten erhielt.

Es kam der 1. Mai 1946 und er wurde von den neuen Machthabern natürlich als Festtag gefeiert. Ich blieb an diesem Tag im Hause, ich hatte nichts zu feiern. Sehr spät am Abend, so gegen elf Uhr, läutete das Telefon. Der Anruf kam aus Eisleben und ein Mann wollte mich sprechen. »Deine Mann ist frei«, wurde mir mitgeteilt. Ich könne ihn sofort abholen. Diese Nachricht kam wie ein Blitz aus heiterem Himmel. Es hatte keine Hinweise dafür gegeben und Aufregung erfüllte sofort das Haus. Augenblicklich stellte mein Vater mir sein Auto – als Arzt hatte er die Besitzerlaubnis – nebst Fahrer zur Verfügung, der mich sofort nach Eisleben zum Gefängnis brachte. Doch in mir spürte ich keine Freude oder Erleichterung. Im Gegenteil, während der Fahrt durch die dunkle Nacht war ich sehr bedrückt, wusste ich doch nicht, ob die Polizei vielleicht auf mein altes Angebot eingehen wollte und mich gegen Charly einzutauschen gedachte. Eigentlich rechnete ich damit und war auf das Schlimmste gefasst.

In Eisleben angekommen ging ich auf die Kommandantur und fragte nach meinem Mann. »Wensele? Njet!«, bekam ich zur Antwort. Ich blickte den Mann nur illusionslos an. Dies war wieder einer dieser grauslichen Scherze, die man mit mir spielte. Hämisch wurde ich wie immer aufgefordert, zu warten. Ich war müde und mein Kopf leer. Während ich wartete, war ich mehr als allein, ich war einsam. Ich wusste keinen, der mir noch hätte helfen können, und ich fragte mich, wann ich wohl abgeführt und eingesperrt werde. In einer Minute, zwei oder zwanzig? Oder sollte es Stunden dauern?

Es brauchte eine Weile bis ich registrierte, dass die Situation irgendwie anders war. Es tat sich etwas Ungewöhnliches. Auch wenn es einige Zeit dauerte – mein Mann trat tatsächlich ein. So viele Monate hatte ich ihn nicht gesehen und ich kann nicht sagen, dass er gut aussah. Carl-Friedrich blieb ruhig und wirkte doch angespannt. Als er auf mich zuging war es unübersehbar, dass er humpelte und ich musste annehmen, dass seine Beine nicht in Ordnung waren. Unsere Begegnung war nicht so emotional, wie man dies vielleicht vermuten sollte. Wir fanden wohl beide, dass dies der falsche Ort und die falsche Umgebung waren, um Sentimentalitäten zu zeigen. Zudem stand ich selbst noch vollständig unter dem Bann meiner dramatischen Erwartungen, was mit mir passieren würde. Wortkarg bewahrten wir Haltung und gaben uns geschäftsmäßig. Immerhin mussten Charlys Sachen kontrolliert und übergeben sowie seine Entlassungspapiere ordnungsgemäß erledigt werden. Die Wachhabenden unterließen es natürlich nicht, uns unverhohlen zu drohen. »Wir kriegen euch schon noch« und »Aus diesem Land kommt ihr nicht mehr heraus. Wir wissen, dass ihr noch Besitz im Westen habt.« Ich vernahm diese Warnungen und erwiderte nichts. Doch das Blut gefror mir in den Adern. Endlich konnten wir diese unseligen Mauern verlassen. Wir gingen zum Wagen und setzten uns auf die Rückbank. Die Wortlosigkeit zwischen uns entsprach unserem Zustand. Beide konnten wir seine Freilassung noch gar nicht fassen, zu sehr waren wir von diesem plötzlichen Ereignis überrollt worden. Zudem wussten wir nicht, wer oder was den Ausschlag für seine Entlassung gegeben hatte.

Nur eins fand ich während unserer Heimatfahrt noch heraus. Charly hatte gar nichts mit seinen Beinen. Er hatte den Sowjets die ganze Zeit diesbezüglich etwas vorgespielt. Er hat es tatsächlich geschafft, ein halbes Jahr zu hinken. Das war sehr klug von ihm gewesen, denn wer weiß, wäre er als gesund angesehen worden, hätte man ihn vielleicht doch nach Russland deportiert. Über seine Erlebnisse während der Inhaftierung zu sprechen oder über mich, war jetzt nicht der Augenblick. Wir beide wussten genau: Wir müssen hier weg. So schnell wie möglich.

»Nah an unseren Ohren rieb sich Metall auf Metall und das Knirschen und Knallen, das Rütteln, ist mir unvergesslich.«

Unsere Flucht

Ich war einfach nur froh, dass mein Charly wieder da war. Und dass ich meiner Schwiegermutter sagen konnte: »Dein Sohn ist frei.«, ja, das war für mich das Wichtigste. So unglaublich es auch klingt, in diesem Moment war dies wichtiger noch als die Frage an Charly: »Was haben sie mit dir gemacht?« Dass er wieder da war, allein das zählte, für Ella und für mich.

Später habe ich ihn natürlich gefragt, was ihm zugestoßen sei. Und er sagte, dass man ihn immer wieder ins Wasser gestellt habe. Der Mensch braucht nicht viel Fantasie um sich vorzustellen, was das heißt: Im Winter in einem kalten Raum in kaltes Wasser gestellt zu werden. Stundenlang. Mehr teilte Carl-Friedrich nicht mit. Irgendwie waren die erlebten Dinge wohl so entsetzlich, so grauenhaft, dass man sie im Einzelnen gar nicht besprechen konnte. Zumindest unter uns nicht, denn Charly wollte von seinen Erlebnissen nicht sprechen – und somit schmerzlich daran erinnert werden – und ich nahm Rücksicht auf seinen Zustand und fragte nicht weiter. Denn gesund war mein Mann nicht. Eigentlich hätte er professionelle Hilfe gebraucht. Wahrlich, eins ist sicher: Niemand kommt unbeschadet aus dem Gefängnis. Nicht in dieser Zeit.

Vielleicht war meine Rücksicht ein Fehler. Im Nachhinein betrachtet könnte dies durchaus möglich sein. Aber wann hätten wir uns auch besprechen sollen? Ich weiß nur, dass die Situation und die Zeit dafür nie da waren. Es war immer eine neue, andere Sache zu bestehen, und das galt für uns alle. Wir litten sehr unter der dauernden Anspannung und sie verhinderte wohl auch den klaren, Anteil nehmenden Blick auf die von uns geliebten Menschen. Mich fragte, außer aus Höflichkeit, wo man gar keine ehrliche Antwort erwartete, auch niemand, wie es mir ging.

Der Geist und der Körper kamen nie zur Ruhe. Mit Carl-Friedrichs Freilassung stand augenblicklich die Frage im Raum, wie wir aus diesem Land fliehen konnten. Wir glaubten beide nicht, dass wir dazu viel Zeit haben würden. Nur allzu berechtigt war unsere Angst, dass er abermals inhaftiert werden könnte – und diesmal vielleicht ich mit. Zu dieser Sorge beigetragen hat sicherlich unsere Unkenntnis hinsichtlich der Gründe, die zur Freilassung Charlys führten. In uns wuchsen Zweifel an diesen Vorgängen. Wir hätten niemandem geglaubt, der uns versichert hätte, dass wir von nun an in Ruhe und unbehelligt im Raum Halle leben könnten. Es gab für uns kein einziges Argument für ein Hierbleiben. Alles war uns genommen worden, wirklich alles. Und nun fühlten wir unsere Freiheit bedroht und fürchteten um unser Leben. Deshalb kamen wir gar nicht auf den Gedanken, abzuwägen, ob wir gehen oder lieber bleiben wollten. Für uns zählte nur: Wie und wann kommen wir hier weg?

Natürlich wohnten wir bei meinen Eltern. Ihre Wohnung war wirklich ein Hort der Zuflucht und jetzt auch des Pläneschmiedens, denn wir besprachen unsere Flucht ausführlich mit meinem Schwager Jochen Schmidt. Er hörte sich vorsichtig in seinem russischen Bekanntenkreis um und erhielt alsbald den Hinweis, dass es da einen Zug gäbe. Die Grubenbahn, die kaum kontrolliert würde, fuhr durch eine Grube im Harzgebirge auf die andere Seite in die britische Zone, in den »Westen«.

Wir dachten nicht lange über dieses abenteuerliche Unterfangen nach und wollten diesen ungewöhnlichen Weg nehmen. Und so machten wir uns unverzüglich an die Vorbereitungen. Sehr schnell wurde deutlich, dass der besagte Zug dann nicht kontrolliert wurde, wenn die jeweils Verantwortlichen Flaschen Schnaps erhielten. So wendete ich mich an Rolf Pfeiffer, dessen Eltern eine Schnapsfabrik besaßen und der sich aufgrund freundschaftlicher Beziehungen zur Familie Schmidt öfter bei uns aufhielt, und ich fragte ihn, ob er uns helfen könne. Selbstredend tat er das. Rolf Pfeiffer war einige Jahre jünger als ich und vor nicht allzu langer Zeit aus dem Krieg zurückgekehrt. Wir waren uns nicht fremd. Wie ich wusste, hatte er den Wunsch, zu studieren, doch wurde ihm aus politischen Gründen eine Hochschulausbildung verwehrt. Seine Eltern zählten zu den »Kapitalisten«. Doch so war es: Dem einen wurde ein Strick daraus gedreht, dem anderen nicht. Rolf Pfeiffer besorgte mir ganz selbstverständlich zehn Flaschen Schnaps und Jochen Schmidt sorgte mit seinen Beziehungen dafür, dass diese Flaschen in die richtigen Hände kamen.

Unseren Sohn Stefan konnten wir auf unsere Flucht nicht mitnehmen und meine Schwester erklärte sich bereit, für unser Kind zu sorgen bis wir im »Westen« so organisiert waren, dass wir uns selbst wieder um ihn kümmern konnten. Keiner von uns wusste, wie sich die Dinge in der Zukunft entwickeln würden. Stefan auf diese waghalsige Flucht mitzunehmen wäre Wahnsinn gewesen. Wir kannten nicht die Gefahr, in die wir uns begaben. So schmerzlich dies für mich auch war; der Verstand gebot mir, für Stefan ausschließlich die Sicherheit zu wollen. Würden wir auf der Flucht gefasst, so die Überlegung, wäre Stefan wohl ohne Frage von uns getrennt worden und vermutlich in ein Kinderheim gekommen. So wusste ich ihn gut aufgehoben bei meiner Schwester.

Mein Mann und ich packten nur das Nötigste ein, denn wir konnten nur das mitnehmen, was wir problemlos am Körper tragen konnten. Dazu gehörte auch die rote Tasche von Ella. Knapp vierzehn Tage nachdem mein Mann aus der Haft entlassen worden war, machten wir uns auf den Weg. Wiederum war es mein Schwager, der uns half. Er stellte uns ein Auto der Firma Assmann zur Verfügung, das mit zwei zuverlässigen Mitarbeitern von ihm besetzt war. Mit diesem Wagen wurden wir in der Geiststraße abgeholt und fuhren aus Halle hinaus in Richtung Harz nach Osterwieck, wo die Uniformfabrik der Familien Schmidt/Assmann ihren Standort hatte. Das fiel kaum auf. Diese Fahrt war schrecklich für mich. Die Panik, die von mir Besitz ergriffen hatte, ließ mich wie versteinert im Fond des Wagens sitzen und ich achtete kaum auf irgendetwas. Voller Angst, dass unsere Flucht nicht gelingen könnte, blickte ich nicht ein einziges Mal zurück, um vielleicht zu schauen, ob wir eventuell verfolgt wurden. Doch es passierte nichts.

Der Wagen brachte uns wie vereinbart von Osterwieck weiter in einen kleinen Ort namens Hötensleben. Hier gab es ein Bergbaugebiet mit Kalksteingruben. Das Gebiet war klein, aber es war da und unsere Rettung.

Ich erlebte alles, wie in einem Traum, so, als wäre ich persönlich gar nicht betroffen und registrierte nur wenig. Ich weiß auch nicht, wie Charly und ich zu diesem Zug kamen, der, wie vorhergesagt, kein Personenzug sondern eine Grubenbahn war. Zu meinem Entsetzen zog die Lokomotive anstatt geschlossener Waggons nur offene Ladeflächen auf Achsen, ohne Seitenwände. Der Zugführer kam eilig auf uns zu und herrschte uns an, uns unter den Zug zu legen. »Wohin denn?«, konnten wir nur fragen. »Auf die offene Achse«, war die Antwort, und: »Schnell, schnell.« Charly zögerte nicht und legte sich unter den vereinbarten Waggon auf die Achsen. Ich wusste nicht, wohin, und er zog mich auf sich. Ich lag auf ihm und beide sahen wir direkt den Boden unter uns. Der Weg, so wussten wir, sollte ungefähr zwei Kilometer lang sein und der Zug insgesamt fünf Mal auf östlicher Seite halten und beim sechsten Halt wären wir im »Westen«. Als der Zug losfuhr, krallten wir uns fest. Nah an unseren Ohren rieb sich Metall auf Metall und das Knirschen und Knallen, das Rütteln, ist mir unvergesslich. Wie der Zufall es wollte, hielt der Zug tatsächlich ein sechstes Mal noch auf östlicher Seite. Ich wollte schon vor Freude aufschreien, doch Charly mahnte mich, ruhig zu bleiben, denn der Zug fuhr noch einmal an. Grund des weiteren Aufenthaltes war, dass noch ein Waggon angehängt wurde. Eigentlich recht harmlos, doch dieser erneute Halt ließ meinen ganzen Körper zittern. Ich war wie von Sinnen und fest davon überzeugt, dass wir entdeckt worden seien. Panische Angst stieg in mir auf. Hatten die Russen uns nicht deutlich genug gesagt, dass sie uns nicht herauslassen wollten? Hatten sie uns nicht eindringlich gewarnt? Ich hatte es selbst gehört.

Der Schrecken lähmte mich. Ich war davon überzeugt, dass wir verraten worden waren. Doch wieder passierte nichts und der Zug setzte sich abermals in Bewegung. Kurz darauf erreichten wir den Ort Schöningen im »Westen«. Wir waren angekommen, dass erkannten wir schon an den Schildern am Gleis. Langsam entkrampften sich unsere Körper und wir kletterten unter dem Waggon hervor. Wir sahen uns an und fielen uns innig in die Arme.

Im Ort Schöningen befand sich ein Flüchtlingslager, wo wir uns beide erst einmal meldeten und die notwendigen Formalitäten erledigt wurden. Unsere Papiere und Ausweise mussten für unser neues Leben, das uns zweifellos erwartete, selbstredend in Ordnung sein. Den kurzen Weg dorthin schwankte ich und Charly musste mich festhalten. Ich konnte unser Glück darüber, dass wir es geschafft hatten, kaum fassen.

Charly und auch ich erhielten einen vorläufigen Flüchtlingsausweis. Im Lager waren wir sicher untergebracht und schliefen mit anderen Flüchtlingen zusammen in großen Räumen. Sobald wie möglich, ich glaube es war zwei oder drei Tage später, reisten wir anschließend weiter nach Braunschweig.

In dieser nahe der Zonengrenze liegenden Stadt hatten wir Kontakte durch die uns noch verbliebene Saataufzuchtstation in Equord bei Peine, einer Außenstelle der Saatzuchtanstalt in Salzmünde, und in Braunschweig gab es die Staatsbank, die unser Vertrauen besaß – und unter anderem den Koffer mit den 100.000 Reichsmark und Wertpapieren für uns verwahrte. Charly hatte den Koffer mit dem Geld unbemerkt von den Kommunisten mit einer der üblichen Lieferungen zwischen Salzmünde und Equord rechtzeitig in den »Westen« verbracht. Wir waren somit nicht gänzlich mittellos.

Was unsere haarsträubende Fahrt durch die Gruben anging weiß ich heute, dass wir bei Weitem nicht die Einzigen waren, die diesen abenteuerlichen Fluchtweg gewählt hatten. Andere sind ebenfalls auf diese Art geflüchtet.

»Und dann geschah das für mich Unfassbare.«

Ein anderes Leben in Kringwehrum

Durch den Saatzuchtgarten in Equord bei Peine waren uns im »Westen« die Unternehmen der Konservenindustrie bekannt. Gezüchtet wurde dort all die Jahre die begehrte Erbse »Edelperle«. Als wir nun nach unserer Flucht aus Halle in Braunschweig ankamen, halfen uns diese Geschäftspartner bei der Suche nach einer geeigneten Unterkunft. So wurde es möglich, dass wir trotz Wohnraumknappheit eine Bleibe mit zwei Zimmern bei der Familie Geese fanden. Während mein Mann sofort wieder geschäftlichen Tätigkeiten nachging und ihm eins unserer Zimmer tagsüber als Büro diente, wusste ich nicht so recht, was ich machen sollte. Ich hatte zuerst keine dringenden Aufgaben zu bewältigen. Es ging mir nicht gut. Für mein Dafürhalten lag Braunschweig zu nah an der Zonengrenze und die Angst der letzten Jahre beschwor in mir die Vision, dass wir vielleicht entführt und zurück in den »Osten« gebracht werden könnten. Ich hielt alles für möglich, zu präsent war mir die Drohung der Kommunisten: »Ihr entkommt uns nicht. Wir wissen alles, auch was ihr im Westen habt.« Trotzdem überwog erst einmal das Glück über unsere neue Freiheit.

Doch ich vermisste Stefan und meine Familie. Wie gerne hätte ich regelmäßig Kontakt gehalten, aber dies ging nicht. Als Familie Wentzel taten wir gut daran, uns zurückzuhalten.

Anfänglich besuchten Carl-Friedrich und ich noch die uns verbliebenen Bekannten und Freunde des Hauses Wentzel im »Westen«. Diese Reisen erledigten wir mit dem eigenen Auto nebst Fahrer, das zu haben für meinen Mann selbstverständlich war. Im Moment hatten wir ja auch das Geld. Sehr ergiebig waren diese Besuche allerdings nicht und sie sollten für unsere Zukunft keine Bedeutung haben. Das Vermögen der Familie Wentzel im »Westen« war überschaubar: Zu der Saatzuchtstation gab es eine Bierbrauerei in Wuppertal und Anteile an dem Unternehmen Lochow Petkus, das Roggen züchtete.

Der Koffer mit dem Bargeld war uns in der Braunschweiger Staatsbank übergeben worden. Wie überrascht war ich, als ich feststellen musste, dass dieser gar nicht abgeschlossen war. Ich konnte mich entsinnen, wie Carl-Friedrich diesen Koffer eines Tages eiligst mit einem Saatzucht-Transport auf den Weg gebracht haben wollte. In der Hektik hatte ich wohl übersehen, ihn zu verschließen. Es ist schon erstaunlich: Weder der Fahrer, der den Koffer transportierte, noch die Bank selbst haben wohl jemals den Koffer geöffnet. Wie einfach wäre das doch gewesen und wir wären eventuell um unser Geld erleichtert gewesen. Es gab also wirklich doch noch Anstand und Ehrlichkeit!

Meine Trübnis ließ nicht nach. Ich fühlte mich auch mit der Zeit nicht so befreit und glücklich, wie man es vielleicht erwarten sollte, und ich war nicht erfüllt von Zuversicht. Das ganze Auf und Ab der Vergangenheit hatte mir zugesetzt. Jetzt, wo ich etwas zur Ruhe kam, erfüllte mich Argwohn und die Unsicherheit verfolgte mich wie ein Schatten. Nachts konnte ich vor Sorge um unsere Zukunft nicht in den Schlaf finden und unerwartete Geräusche schreckten mich: Eine Autotür, die in der Nacht zugeschlagen wurde, ein unerwartetes Klingeln an der Haustür … Wie gut tat es mir, als kurze Zeit nach unserer Flucht meine geliebte Ama, Frau Richter, zu uns kam. Auch sie war über die Grenze gekommen mit keinem anderen Ziel, als bei mir zu bleiben. Wo sie mich finden konnte, hatte sie von meinen Eltern erfahren. Ich war gerührt und willigte gerne ein. Leider konnte ich ihr nur die Küchenbank unserer Vermieterin Frau Geese als Schlafplatz anbieten. Unsere beiden Zimmer waren einfach zu klein, doch machte ihr dieser Umstand nichts aus.

Alsbald bot sich für uns die Gelegenheit, als Landwirte einen Hof zu bewirtschaften. Die Bank hatte es möglich gemacht, dass wir im ostfriesischen Kringwehrum einen Bauernhof pachten konnten. Ich freute mich enorm auf diese neue Aufgabe und noch mehr über die Möglichkeit, Braunschweig endlich den Rücken zu kehren. Meine Angst vor den Kommunisten ließ einfach nicht nach und Ostfriesland erschien mir weit genug entfernt. Doch zuerst machten Carl-Friedrich und ich uns auf, den angebotenen Hof zu besichtigen.

In was für eine Landschaft uns das Schicksal entließ, merkten wir auf der Fahrt dorthin. Je näher wir unserem Ziel kamen, umso flacher wurde sie. Mir kam es so vor, als gäbe es dort nur Telefonmaste und weite grüne Weiden. Die Landschaft war für mein Auge so ungewohnt flach, und ich registrierte die wenigen Ackerflächen. Ich staunte und dies noch mehr, als wir den Hof begutachteten. Die Lebensumstände dort waren uns ungewohnt und fremd. Die Mägde schliefen doch tatsächlich noch in Schrankkästen! Die Betten in diesen eingebauten Schränken erlaubten ihnen gerade, sich lang auszustrecken. Eine Privatsphäre für sie war so gar nicht möglich und unwillkürlich dachte ich an die vielen Mägde- und Knechtekammern bei uns im »Osten«, die mehr Komfort boten. Die einfache Lebensweise in dieser Abgeschiedenheit zeigte sich ebenso im sanitären Bereich. Für die menschlichen Grundbedürfnisse stand außerhalb des Wohnhauses ein Plumpsklo zur Verfügung, was nichts anderes war als eine Holzkiste mit einem Loch in der Mitte. Eine Konservendose diente zum Nachspülen mit Wasser aus einem Wassereimer. Ich musste schlucken, als ich feststellte, dass diese Toilette lediglich durch eine dünne Holzwand vom Stall getrennt war. Nebenan standen Kühe.

Und trotzdem, hier bot sich für uns die Möglichkeit, ein neues Zuhause zu schaffen und wieder selbstständig in der Landwirtschaft zu arbeiten. Die Landwirtschaft: Das war doch Charlys ureigenes Gebiet. Also pachteten wir besagten Hof zum 1. Oktober 1946. Zuerst zogen nur Ama und ich in den Norden, denn Charly hatte noch in Braunschweig zu tun und wollte später nachkommen. Ama und ich machten uns erst einmal daran, alles im Hof zu sichten und im Wohnhaus für unsere Belange Platz zu schaffen. Wir krochen wirklich in jeden Winkel. Die Familie Ulferts als unsere Verpächter befürchtete schon, dass wir sie hinausbitten würden, denn sie verpachtete ihren Hof wahrlich nicht freiwillig. Doch ich wünschte, dass sie blieben, auch wenn Herr Ulferts, dem ein Arm fehlte und der erstaunlich gut mit dieser Behinderung zurechtkam, mit den Nazis im Ort sympathisiert hatte; das hatten so viele, die keine schlechten Menschen waren. Und so teilten wir kurzerhand das Wohnhaus und jeder bewohnte »seine« Hälfte. Getrennt wurden unsere privaten Räumlichkeiten durch einen langen Hausflur und die Wirtschaftsräume nutzten wir gemeinsam.

Doch wie sollten wir die Zimmer einrichten? Wieder half uns die Braunschweiger Bank. Sie vermittelte uns den Kontakt zu einem Architekten in Celle, ein ehemaliger Nazi, der nach Amerika auszuwandern beabsichtigte und bereit war, seine Möbel zu verkaufen. Da in dieser Zeit die Reichsmark nicht als feste Währung galt und der Schwarzmarkt blühte, wollte er keine hiesige Währung mit nach Amerika nehmen. Die hätte ihm dort wenig genutzt. Wir einigten uns darauf, dass er den kostbaren Stein aus Ellas Diadem als Bezahlung bekam. Was war die rote Tasche für uns doch für ein Segen.

Ich organisierte einen Fahrer mit einem Lastwagen und ich denke, dass dies ein ganz gewiefter Schwarzhändler war, mit dem Ama und ich dann von Braunschweig aus zügig starteten, um unser neues Mobiliar abzuholen und nach Kringwehrum zu bringen. Ich führte eine Umzugsgenehmigung für die Saatzuchtstation mit mir, die zeigte ich auf den Straßen und in den Städten bei den zahlreichen polizeilichen Kontrollen durch die englische Besatzungsmacht vor, sodass wir nicht behelligt wurden. Natürlich war dies nicht ganz korrekt, aber was blieb uns denn übrig. Vor jeder Ortschaft, ja fast an jeder Ecke stand ein englischer Soldat und fragte nach Papieren. Es war unübersehbar, dass in diesem Land die Besatzungsmacht herrschte. Als wir in Celle ankamen, konnten wir an Möbeln, was immer wir wollten, mitnehmen, doch ich suchte sorgsam aus. Das Interieur war wunderbar und darunter befanden sich auch kostbare Einzelstücke, die durchaus von Geschmack und Wohlhabenheit zeugten. Ich entschied mich für das Schlafzimmer, das Wohnzimmer und das Esszimmer. Dazu luden wir noch Schreibtische auf. Alles ging nicht, unser Platz auf dem Wagen war begrenzt. So musste ich einen schönen weißen Klavierflügel zurücklassen und weiße, mit rotem Samt bezogene Stühle. Mit diesen Möbeln wären wir als Umzug der Saatzuchtstation unglaubwürdig gewesen, doch bedauert habe ich das später schon.

Die ganze Packerei dauerte natürlich viele Stunden und ehe wir uns versahen, brach der Abend an. Da wir die Nacht über nicht fahren durften, waren wir gezwungen, auf einem Polizeihof zu halten und zu übernachten. Hier wurden wir quasi eingesperrt, denn alles wurde abgeschlossen. Während meine Ama und der Schwarzhändler, die sich gemeinsam mehrere Drinks genehmigt hatten und offensichtlich bester Laune waren, eingewickelt in Decken selig auf dem gerade erstandenen Sofa auf der Lade des Lastwagens schliefen, bin ich immer um unser Gefährt herumgegangen. Ich konnte nicht schlafen, unterhielt mich hin und wieder mit einem Soldaten und sorgte mich, nichts Falsches zu sagen damit wir nicht festgehalten wurden. Das Gefühl, eingeschlossen zu sein, behagte mir verständlicherweise gar nicht, aber andererseits waren wir hier sicherer als auf der Landstraße. Ich sehnte den Sonnenaufgang herbei und um sechs Uhr früh durften wir aufbrechen. Ich blieb unruhig und fragte ich mich ständig, wie das Leben wohl werden soll und was mich erwartete.

Ich wollte so schnell wie möglich mit unserem Gefährt, das mit den vielen Möbeln doch sehr auffällig war, die befahrenen öffentlichen Straßen verlassen. Als endlich der Blick vom Wagen aus auf den Hof der Familie Ulferts fiel, erschien mir dieser plötzlich wie ein zwar fremder, aber auch vertrauenswürdiger Bekannter, bei dem ich Zuflucht finden konnte. Die Familie Ulferts staunte über unsere erworbene Einrichtung und half uns ganz selbstverständlich, alles einzuräumen. Die neuen Möbel gaben den Räumen viel Atmosphäre und passten wirklich sehr gut. Sie hatten eben Stil und mit der Wohnlichkeit nahm auch unser Behagen über das neue Heim zu. Zudem nahm ich mich der Toilette an und zu meiner Freude gelang es mir tatsächlich, eine Porzellanschüssel zu besorgen, und zwar mit Brille! Ich war richtig stolz! Die Konservendose erklärte ich für ausgedient und stellte statt dieser einen Krug hin. Das war mir wichtig und das machte nun schon einen ganz anderen Eindruck.

Nach und nach lebte ich mich in Kringwehrum ein. Natürlich gab es anfänglich eine gewisse Reserviertheit zwischen der Familie Ulferts und mir, die jedoch langsam nachließ, und mit der Zeit wurde unser Verhältnis freundschaftlich und wir hörten auch gemeinsam Radio. Ich besaß noch keinen eigenen Rundfunkempfänger und wie sehr freute es mich, im

Kreis der Familie Ulferts schon mal ein schönes Musikstück zu hören, denn Radiohören bot doch so ziemlich die einzige Möglichkeit der Information und Unterhaltung mit ein bisschen Kultur.

Den Hof führte ich bis zum Weihnachtsfest, zu dem mein Mann endlich kam, allein. Das war kein Problem in diesen kalten Monaten, wo die Landwirtschaft ruht. Doch um die Arbeiter, für die wir mit der Hofübernahme ebenfalls verantwortlich waren, und um den Stall mit den Tieren musste ich mich schon kümmern.

Sehnlichst erwartete ich zum Heiligen Abend meinen Mann und voller Vorfreude schmückten Ama und ich das Haus. Selbst einen kleinen Weihnachtsbaum konnten wir organisieren und ich dichtete einige Verse als Willkommensgruß. Zum Weihnachtsfest gab es für jeden von uns ein Paar Socken, die ich im Tauschhandel erwarb, zu mehr reichte es derzeit nicht, doch haben Ama und ich wunderbar gebacken und gekocht und es in diesen Tagen an nichts, was in diesen Zeiten möglich war, fehlen lassen. Wie sehr wünschte ich mir ein trautes Heim und zum Heiligen Abend luden wir alle unsere Arbeiter ein, mit denen wir ein Weihnachtslied anstimmten und bewirteten sie mit einem großen Teller Gebäck.

Mit Charlys Ankunft wurden meine Tage wieder vermehrt mit zahlreichen Aktivitäten gefüllt. Schnell beschäftigten wir als Gutsbetrieb weitere Menschen aus dem hiesigen Raum oder auch Flüchtlinge aus den östlichen deutschen Gebieten, die Arbeit suchten. Viele von ihnen arbeiteten nur für ihr Essen. Sicher, Nahrungsmittel waren immer noch knapp und somit hatten wir zahlreiche Münder zu versorgen. Unsere Arbeiter bekamen von uns ein Frühstück mit Milchsuppe und drei Scheiben Brot, mittags einen warmen Eintopf und abends meist etwas Kaltes. Demzufolge standen Ama und ich schon morgens früh um sechs Uhr am Herd und kochten. Das alles hört sich sehr selbstverständlich an, doch in dieser Nachkriegszeit hatten wir mit den unglaublichsten Problemen zu kämpfen. Eins davon war der Kochtopf. Bei so vielen Essern passierte es, dass wir keinen ausreichend großen Topf zur Verfügung hatten und erschwerend kam hinzu, dass wir noch kein eigenes Küchengerät besaßen und ich musste mir alles Kochgeschirr nicht nur von Frau Ulferts erbitten, sondern es auch mit ihr teilen. Dieses »Teilen« ging so weit – was blieb uns anderes übrig, denn zu kaufen gab es noch nichts –, dass mir Frau Ulferts ihren großen Waschtopf, in dem sie die Windeln ihres jüngsten Sohnes auskochte, zum Suppekochen mit überließ. Meine Ama scheuerte sich die Hände wund, um diesen immer wieder wirklich rein zu haben. Doch ich vernahm nie irgendwelche Klagen, nicht von Ama und nicht von unseren Arbeitern, auch wenn nicht alles üppig war, was wir auf den Tisch bringen konnten. Fleisch gab es nur selten und die Lebensmittel wurden von mir genau geplant und sorgsam für Tage und Wochen eingeteilt. Bei allem Mangel um uns herum hatten wir doch einen gewaltigen Vorteil: Wir mussten nicht hungern.

Auch mit dem Umstand des fehlenden Badezimmers kamen wir zurecht. Einmal in der Woche wurde in der Waschküche die Waschwanne mit heißem Wasser gefüllt. In diesem badete zuerst Stefan, den ich später aus Halle abholen sollte, dann war ich an der Reihe, nach mir Charly und zum Schluss Ama. Das war unser rituelles Samstagsbad, wie wir es nannten, und wie dankbar waren wir vor allem im Winter, warmes Wasser genießen zu können. Nun soll man denken, dass es doch kein Problem wäre, auch öfter ein Bad zu nehmen. Aber das war so einfach für uns nicht. Wir waren gut beraten, mit einer Wanne Wasser zurechtzukommen, denn wir hatten noch kein fließendes Wasser im Haus und mussten das Wasser mit Eimern aus der im Keller vorhandenen Wasserkuhle nach oben schaffen und erwärmen. Das war viel Arbeit.

Es dauerte nicht lange und wir hatten wieder zahlreiche Tiere in den Ställen. Mit dem Frühjahr wurde der Boden bestellt und zur Verwunderung der hiesigen Landwirte fing mein Mann an, Rüben zu pflanzen. Er erntete viel Kopfschütteln, denn die Bauern dort sahen die hiesige Scholle als nicht geeignet an, doch er wollte unbedingt Rüben und Getreide anbauen und nicht allein Viehwirtschaft betreiben. Ein Büro für ihn wurde ebenfalls alsbald im Wohnhaus eingerichtet und seine Sekretärin kam aus Braunschweig nachgereist. Charly hatte in der Zwischenzeit die Unternehmung C. F. Wentzel Betriebsgesellschaft gegründet. Welch ein Glück, dass ich die Schreibtische mitgebracht hatte! Auch ein Vorarbeiter, ein mannhafter Ostfriese namens Köhler, wurde für die Arbeiten auf dem Hof verpflichtet. Und es gab so manches unerwartete Wiedersehen. Welche Wege manchmal das Schicksal wählt, wird mir immer unergründlich sein. So wurde der Herr Stüwe aus der Lederwarenhandlung in Eisleben bei uns im Büro eingestellt. Wie so viele hatte auch die Familie Stüwe die Heimat verlassen und suchte nun bei uns Hilfe. Mein Mann gab ihm selbstverständlich Arbeit und ich freute mich über die vertrauten Gesichter in der für mich immer noch ungewohnten Umgebung.

Nach einigen Monaten fing ich an, so etwas wie Frieden zu verspüren. Ich musste in dieser ländlichen Einsamkeit keine Angst mehr haben und meine Lebensfreude stieg. Ich konnte auf diesem Hof tatsächlich abspannen und wieder zu mir finden und ich wollte nichts anderes, als mit Charly zusammen zur Ruhe kommen. Sicher, die Umstände waren nicht komfortabel, nicht elegant und ganz gewiss nicht so, wie wir es von Teutschenthal oder Boltzenhöhe gewohnt waren, aber es war friedlich. Die Menschen wussten nichts von uns. Ohne

Gefahr für Leib und Leben konnten wir uns dort aufhalten und zwischenzeitlich hatte ich den Eindruck, dass auch mein Mann glückliche Momente verspürte. Das alles ließ mich Hoffnung schöpfen und an eine Zukunft für uns glauben, denn zu meiner Betroffenheit gab es zwischen Charly und mir immer wieder Momente einer gewissen Sprachlosigkeit. Über alles konnten wir uns austauschen, nur nicht über uns, zu schwer wog das Erlebte und Gefühlte in der jüngsten Vergangenheit.

Die Grenze in den »Osten« war 1947 für die Menschen noch durchlässig und es fand ein erstaunlich reger Austausch von West nach Ost und von Ost nach West statt. Grenzgänger gab es etliche. Viele nahmen Wege über die grüne Grenze und wieder andere passierten täglich ganz offiziell die Grenzkontrollen für ihre geschäftlichen Tätigkeiten oder zu Familienbesuchen. Mich hatte die neue Normalität des Alltags wieder sicherer gemacht und ich fand unser Leben soweit gefestigt und die Zeit reif dafür, unseren Sohn Steffi abzuholen. Ich konnte davon ausgehen, dass die Mitglieder der Familie Wentzel bei den Kommunisten im »Osten« kaum mehr so sehr im Blickpunkt standen. Immer häufiger konnte ich mit meiner Familie in Halle telefonieren. Anfänglich fuhr ich mit dem Fahrrad nach Hinte, dem Dorf dem wir angehörten, um vom kleinen Postamt aus anzurufen, später, als wir unser Büro im Hause hatten, konnte ich dies auch ganz einfach von dort aus tun. Einen Briefkontakt vermieden wir, um die Adresse nicht zu verraten. Wie sehr erschreckte es mich einmal, zu hören, dass Stefan mit einer Lungenentzündung im Krankenhaus sei. Natürlich sollte ich mir keine Sorgen machen, mein Vater war Arzt, er wusste, was gut und richtig war. Doch welche Chance hat schon die Vernunft gegen die mütterliche Besorgnis? Ich wollte Steffi endlich wieder bei uns haben.

Meine Reise nach Halle sollte so unauffällig wie möglich vonstatten gehen und war ein zwischen Charly und seinem Vetter Richard Rehfeld, meinem Vater und meinem Schwager abgestimmtes, genial einfaches Vorhaben. Ich trat die Fahrt ohne Charly an, da ich als alleinreisende Frau kaum auffiel. Ganz simpel fuhr ich mit dem öffentlichen Personenzug von Emden bis nach Halle. Irgendwo musste ich noch umsteigen, aber das weiß ich heute nicht mehr so genau. Ich saß in diesem Reisewagen und verhielt mich unauffällig, dabei war ich so aufgeregt, dass ich meinte, mein Körper vergisst das Atmen. Unbehelligt und vor allem unerkannt erreichte ich den Bahnhof in Halle, wo mich ein Auto abholte und zu meinen Eltern in die Geiststraße brachte. Was war unser Wiedersehen für eine Freude. Meine Eltern, Lilo und ihre Familie und natürlich Stefan: Alle waren gesund und es ging ihnen den Umständen entsprechend passabel. Ich war überglücklich und fühlte mich so sicher, dass ich sogar zwei Tage und Nächte dortblieb. Auf die Straße traute ich mich jedoch nicht, ich wollte jedes Risiko vermeiden.

Am dritten Tag nahm ich Stefan und wir wurden mit einem Wagen meines Schwagers zum Bahnhof gebracht. Dort stiegen wir wie gewöhnliche Reisende in den Zug und fuhren bis kurz vor die Zonengrenze. Nun mussten wir wenige Kilometer zu Richard Rehfeld, der Verwalter eines Gutes war, das nah an der innerdeutschen Grenze lag, laufen. Richard Rehfeld hatte mir den Weg über die Felder und durch den Wald vorher beschrieben, so war es leicht zu finden. Auf dem Gut angekommen, konnten wir an diesem Tag nicht weiter. Die Gutsbesitzerin, deren Namen mir nicht mehr präsent ist, ließ mich mit meinem Kind im Wohnzimmer übernachten. Sofort am nächsten Morgen brachte Richard Rehfeld Stefan und mich zum Grenzübergang. Er war den Grenzern durch seine Tätigkeit bestens bekannt, da das Gut wohl auch auf der Westseite Felder bestellte. Er gab sich gänzlich unbekümmert und sagte den russischen Kontrolleuren, dass er seine Cousine, damit meinte er mich, den Enkel, damit war Stefan gemeint, einmal zu den Großeltern nach Helmstedt bringen wolle und wir abends zurückkämen. Das konnte man uns schon glauben, denn wir sahen aus wie Spaziergänger. Wir hatten keinerlei Gepäck dabei, nur Stefan trug einen kleinen Rucksack. Der Grenzübertritt verlief völlig unproblematisch und auf der westlichen Seite angekommen wurden wir wie besprochen von einem Auto unserer Saatzuchtanstalt abgeholt, das uns zunächst nach Equord brachte. Wie war ich erleichtert, dass alles so undramatisch verlaufen war! Doch in Equord wollte ich nicht lange bleiben. Meine Angst vor den Kommunisten hatte noch nicht nachgelassen, ganz im Gegenteil. Diese kurze Reise hatte mir gezeigt, dass ich keinesfalls über den Dingen stand und dass ich, je näher ich der Grenze oder meiner Heimat Halle kam, immer unruhiger, unsicherer und nervöser wurde. Ich fühlte mich schutzlos und deshalb ging es dann schnellstmöglich im Wagen meines Mannes, den er aus Kringwehrum geschickt hatte und der mir wie eine Rettung erschien, weiter nach Ostfriesland. Jetzt waren wir wieder eine Familie und alles war gut gegangen. Es war richtig gewesen, den Gang nach Halle alleine zu unternehmen. Jedoch hatte die Reise Steffi und mich sehr angestrengt. Wir hatten uns erkältet und der damalige Landarzt Dr. Stechel kam ins Haus.

Als im Herbst die Rübenernte begann, musste mein Mann feststellen, dass in diesem Landstrich aus gutem Grund keine Rüben angebaut wurden. Der Boden war dafür einfach zu schwer und damit nicht geeignet. Unsere Leute standen mit ihren Gummistiefeln mehr als knöcheltief im Matsch und bekamen die Rüben nicht aus dem Boden, denn der hielt die Rüben fest wie Klebstoff. Charly ärgerte sich sehr darüber, hatte er doch als Landwirtschaftsunternehmer anderen und sich selbst beweisen wollen, dass der Anbau möglich ist. Auch wenn es nicht gelang, so war es doch einen Versuch wert gewesen, denn das viele Weideland brachte uns kaum Ertrag.

Irgendwann im darauffolgenden Jahr merkte ich eine Veränderung im Verhalten meines Mannes. Er ging wieder regelmäßig zum Arzt. Unser Mediziner in Emden hieß Dr. Reil, und er besaß auch mein volles Vertrauen. Ich beobachtete diese Entwicklung durchaus mit Sorge, denn ich konnte mich gut daran erinnern, wie es war, als mein Mann noch in Halle immer zu Prof. Freese fuhr. Jetzt gewöhnte sich mein Mann seinen alten Tagesablauf wieder an. Morgens war er im Büro und nachmittags beim Arzt und anderswo, Kaffee trinken zum Beispiel. Einmal sprach ich mit Dr. Reil über die Situation und er gab mir den Rat, doch zu versuchen, gemeinsam mit meinem Mann etwas zur Ablenkung zu unternehmen. Irgendwann müsse man doch die traurige Zeit etwas vergessen, meinte er.

Tatsächlich gingen Charly und ich in eine Filmvorführung. Diese fand in einer Turnhalle in Emden statt und gezeigt wurde »Caesar und Kleopatra«. Der Abend war herrlich und wir genossen es, nach vielen Jahren wieder einen Kinofilm zu sehen und unsere Gedanken lösten sich wirklich für einen Moment von unseren Sorgen. Wir waren so begeistert, dass wir spontan ein Kostümfest bei uns auf dem Hof arrangierten, und alle, die wir kannten, luden wir zu dieser Feier ein. Auch Dr. Stechel folgte unserer Einladung, was mich sehr freute. Natürlich konnte alles nur provisorisch sein und so wurde manche Matratze zum Diwan und manches Betttuch zum Gewand umfunktioniert. Aber dies war nicht wichtig, unser Fest war einmal etwas ganz anderes und wir hatten viel, viel Spaß und tanzten und tanzten bis in die frühen Morgenstunden.

Schneller als geahnt holte uns dann schlussendlich doch die Vergangenheit wieder ein. Es war im Frühjahr 1948. Die Situation in Halle erlaubte meiner Schwester und ihrer Familie nicht, dort zu bleiben. Mein Schwager Jochen Schmidt war als »Besitzender« ebenfalls enteignet worden und ebenso die Familie Pfeiffer. Die Unternehmen, gleich ob Schnapsbrennerei, Feinkostgeschäft oder die Bekleidungs- und Uniformproduktion gingen in Staatseigentum über. Lilo und auch ihr Mann Jochen fühlten sich nicht mehr sicher, und ihr Freund Rolf Pfeiffer hatte ebenfalls keinen Grund mehr, in seiner Heimatstadt zu bleiben. Die Enteignung seines elterlichen Betriebes hatte ihm schließlich jede berufliche Perspektive in Halle genommen. Studieren konnte er nur im »Westen« und es war zu befürchten, dass die kommunistischen Machthaber ihm seine vielfältigen unternehmerischen Aktivitäten, die eher umtriebigen Charakter hatten und ein bemerkenswertes Kommunikations- und Organisationstalent ahnen ließen, weiterhin nicht so umfänglich erlauben würden. Sie alle verließen den »Osten«, ihre Heimat, wenn auch auf verschiedenen Wegen: Meine Schwester ging mit der Kinderfrau Tante Lilo über die grüne Grenze, mein Schwager reiste zuerst nach Berlin und flog von dort aus in den »Westen« und Rolf Pfeiffer, der aufgrund seiner regen Geschäftstätigkeit häufig mit dem Auto von Ost nach West und zurückfuhr und den Grenzern gut bekannt war, brachte die drei Kinder Reinhart, Regine und Susanne im Auto herüber. Er hatte den Kontrolleuren an der Grenze mittels einiger Schnapsflaschen versichert, dass die Kinder nur einmal ihre Oma in Helmstedt besuchen wollten … Er war wahrlich ein Freund der Familie Schmidt. Getroffen haben sich dann alle Flüchtlinge in Essen, wo Gerhard Schmidt, der Bruder meines Schwagers und in Jugendjahren mein Tennispartner, bereits ein Referendariat im Rahmen seiner Juraausbildung absolvierte. Doch die der Familie Schmidt und Rolf Pfeiffer zur Verfügung gestellten Räumlichkeiten waren für die sieben Neuankömmlinge auf Dauer nicht geeignet, ich glaube, es waren zwei winzige Zimmer unter dem Dach, aber immerhin ausgestattet mit einem eigenen Waschbecken – und so wurde kurzerhand vereinbart, dass die drei Kinder mit der Kinderfrau Tante Lilo, die mir persönlich noch aus früheren Zeiten bekannt war, zu mir nach Kringwehrum kamen. Für mich war das selbstverständlich. Wir hatten den Platz und zudem war es auch schön für Stefan, wieder seine heimische Kinderschar um sich zu haben. Immerhin war er, so kann man es durchaus sagen, wie ein Bruder mit ihnen aufgewachsen. Ich kann mich noch gut erinnern, wie meine Schwester Lilo zusammen mit dem alles organisierenden Rolf Pfeiffer die Kinder nebst Kinderfrau Lilo zu uns brachte.

Lilo und Jochen Schmidt wie auch Rolf Pfeiffer wollten und mussten sich jetzt eine Existenz im »Westen« aufbauen. Aus dem »Osten« hatten sie nichts mitnehmen können. Da waren die Kinder bei mir am besten aufgehoben und wir beschlossen direkt, dass sie bei uns auch mit Stefan die Schule und den Kindergarten besuchen. Wir waren uns sicher, dass dieser Aufenthalt länger dauern würde.

Der Umsichtigkeit von Rolf Pfeiffer war es zu verdanken, dass er sowie Lilo und Jochen Schmidt gegen Jahresende nach Düsseldorf umziehen konnten. Er hatte noch im »Osten« die Gelegenheit genutzt und zehn Pelzmäntel aus einer russischen Quelle erstanden. Kurz vor der Flucht in den »Westen« hatte er die in Kartons gepackt und auf den postalischen Weg an die Essener Adresse gebracht. Ich kann mich noch gut an das bange Warten von Lilo erinnern; es war doch keinesfalls sicher, dass diese kostbare Ware auch tatsächlich an die westdeutsche Adresse ausgeliefert werden würde. Wenn es auch dauerte, nach einiger Zeit trafen die Mäntel tatsächlich in Essen ein. Sie fanden sehr schnell neue Besitzer und füllten die Startkasse der Flüchtlinge. Rolf Pfeiffer setzte dieses Geld für die Anmietung einer Wohnung in der Achenbachstraße in Düsseldorf ein. Eine intakte Mietwohnung zu bekommen war keinesfalls selbstverständlich und nur gegen eine sehr hohe Kaution möglich. Die allgemeine Wohnungsnot war, trotzdem der Krieg drei Jahre zurücklag, sehr groß und die Trümmer in den deutschen Großstädten prägten nach wie vor das Stadtbild.

Während sich die drei voller Elan gemeinsam in Düsseldorf niederließen und ihr neues Leben aufbauten, entwickelte sich die Situation bei uns in Kringwehrum anders als erwartet.

Mein Mann suchte verstärkt seinen eigenen Weg und schloss mich und die Kinder immer häufiger nicht nur von seinen Aktivitäten, sondern auch von seinen Gedanken aus. Irgendwie war er vermehrt abwesend. Ich bemerkte dies sehr wohl, doch konnte ich gegen die gefühlte Distanz wenig tun, außer da zu sein, wenn er mich brauchte. Mein Mann litt und ich wusste, es war die Vergangenheit, die ihm zu schaffen machte. Wir hatten so viel gemeinsam schmerzlich durchstanden, wer, wenn nicht ich, konnte ihn verstehen? Was er mir allerdings verschwieg, war, dass der so erhoffte wirtschaftliche Neubeginn nicht wie gewünscht voranschritt und das zur Verfügung stehende Kapital für seine Pläne nicht ausreichte. Ich ahnte davon nichts und kann mich noch an eine unschöne Szene erinnern. Ich stellte eines Tages fest, dass die rote Tasche von Ella, in meinen Augen unser Notgroschen, nicht mehr da war und stellte ihn zur Rede. Er gab zu, diese komplett, wie sie war, zum Verkauf an einen Schwarzhändler gegeben zu haben. Ich war entsetzt – gerade an einen solch wenig vertraulichen Mann. Wie konnte man denn diese Schmuckstücke alle einfach einem wildfremden Menschen anvertrauen, ohne sicher zu sein, das beste Angebot zu erhalten? Ich bedrängte ihn, machte ihm Vorwürfe und ließ erst nach, nachdem er mir die Person genannt hatte. Mit einem Fahrrad fuhr ich sofort dorthin – es war ein Schwarzhändler in Emden – und ließ mir die Tasche aushändigen. Ich sagte diesem, dass dies ein Versehen sei. Was sollte ich denn machen? In dieser Tasche befand sich doch auch die Uhr meines Schwiegervaters und die konnte doch unmöglich verkauft werden. Kaum zurück, hatte mein Unverständnis für sein Tun eine ungeheure Wut in mir hochkommen lassen. Ich nahm die Uhr und sagte ihm: »Wenn du sie nicht willst, nehme ich sie!«, und ich schleuderte ihm die Tasche mit den Schmuckstücken vor die Füße. Hätte ich die Tasche nur für mich behalten! Wie ich später erfuhr verkaufte er in dieser Zeit die Brauerei und den Saatzuchtgarten. Die finanzielle Situation hat ihn vermutlich hoffnungslos deprimiert.

Die Wochen gingen vorbei und das Weihnachtsfest 1948 kam. Zu Beginn der Weihnachtsferien waren die drei Kinder meiner Schwester mit Tante Lilo von Rolf Pfeiffer abgeholt worden, da sie fortan in Düsseldorf leben sollten. So kam es, dass ich mit der Familie Ulferts, Stefan und meinem Mann zum Heiligen Abend alleine war. Es war nach dem lärmenden Trubel mit der Kinderschar nun ungewohnt ruhig im Haus. Auf mich wirkte diese Ruhe mehr wie eine ungewollte Stille. Ich weiß noch, wie ich sagte, dass wir uns daran wohl erst wieder werden gewöhnen müssen.

Und dann geschah das für mich Unfassbare. Am darauffolgenden ersten Weihnachtstag teilte mir Carl-Friedrich mit, dass er geht. Weg von mir, dem Hof, von allem, was ihn belastet. Er hatte eine junge Frau kennengelernt und wünschte sich mit ihr zusammen einen Neuanfang. Damit hatte ich nicht gerechnet. Ich wollte das nicht. Nie wollte ich mich von ihm trennen, das hatte ich doch Vater Wentzel versprochen und wollte es auch nicht nach allem, was wir zusammen durchgestanden haben. Unfassbar. Schrecklich.

Am gleichen Tag verließ er den Hof. Irgendwie fuhr er wirklich einfach weg und ließ mich hoffnungslos zurück.

»Das Geschäft florierte, ich war angesehen, selbstständig und vor allem: Ich konnte wieder lachen.«

Ein neues Leben in Düsseldorf

Ich war allein. Allein und fassungslos. Mein Mann war einfach weg und ich wusste, dass er nicht zurückkommen würde. Ich konnte es nicht begreifen, doch blieb mir nichts anderes übrig, als die neue Realität des Alleinseins zu akzeptieren. Ich litt und mein Leid löste dunkle Ahnungen in mir aus, die mich schwermütig werden ließen. Wie ich die nächsten Tage verbrachte, weiß ich nicht mehr. Stefan war da und zum Glück meine Ama. Die Weihnachtsdekoration konnte ich Stefans wegen noch nicht wegräumen, auch verlangte die tägliche Arbeit meinen Einsatz, doch ich war nicht ich selbst. Ulferts staunten, sagten aber nichts. Ich sagte auch nichts. Es lag eine Sprachlosigkeit zwischen uns im Raum, die nie durchbrochen wurde. Sie waren einfach reizend, aber das änderte nichts. Ich war ganz allein und das mitten in diesem kalten Winter und in der ostfriesischen Einöde. Einzig Steffi, der mit seinen knapp fünf Lebensjahren zu klein war, um die Situation zu begreifen, dem allerdings seine »Geschwister« fehlten und der mich mit seiner kindlichen Unbedingtheit als Mutter forderte, zwang mich auf diese Weise, jeden neuen Tag anzugehen. Sofort muss ich auch heute noch an die Kühe in unserem Stall denken, zu denen er ein inniges Verhältnis hatte. Stefan liebte diese Tiere und frühmorgens und abends sind wir durch die Ställe gegangen und wünschten jedem Tier einzeln je nach Tageszeit ein unbekümmertes »Guten Morgen« oder »Guten Abend, liebe Kuh«. Leicht fiel mir das nicht, denn diesmal war ich es, die am liebsten im Bett geblieben wäre.

Meine körperliche Widerstandskraft ließ nach. Meine Gedanken verdüsterten sich und ich konnte nichts dagegen tun. Die Frage, was werden sollte, beherrschte mich und meine gefühlte Ausweglosigkeit provozierte in mir eine solche Unruhe, dass ich an einem Gallenleiden erkrankte und eine sofortige Operation nötig wurde. Es war Anfang März 1949. Die Operation ließ sich nicht aufschieben, zu stark waren meine Schmerzen und mir tat es unendlich leid, dass ich zu Steffis Geburtstag am 3. März nicht bei ihm sein konnte. Allerdings erwartete uns diesbezüglich eine erhebliche Überraschung. Was wir alle nicht wussten war, dass Steffi seine Klassenkameraden und Lehrer zu einem Geburtstagsfest eingeladen hatte. Nachmittags näherte sich eine lange Schlange dem Gut und Frau Ulferts, die diesen Zug vom Fenster aus beobachtete, war schier entsetzt über so viel Besuch. Und ich war nicht da! So mussten Frau Ulferts und Ama schnell etwas auf den Tisch zaubern. Die Aufregung stieß bei Stefan wohl auf Unverständnis. »Ich bin doch Wentzel sein Sohn«, soll der Knirps stolz gesagt haben.

Ich musste drei Wochen fest im Bett liegen und lag alleine auf einem Zimmer. Zu jener Zeit kannte man noch nicht die Wirkung eines stimmungsaufhellenden Ambientes in Krankenhäusern, stattdessen waren sie noch abgeschlossene Trutzburgen gegen – ja, wen eigentlich? Tatsache ist, dass ich nur ein einziges Mal Besuch bekam. Herr Ulferts, der mit mir Mitleid verspürte, kam vorbei. Doch miteinander sprechen konnten wir nur durch die halb geöffnete Tür. Er musste im

Flur stehen bleiben, denn Herrenbesuch war nicht erlaubt und er durfte das Krankenzimmer nicht betreten, da ich in diesem alleine lag. So winkte er mir zu.

Mein Körper gesundete zwar, doch Traurigkeit hatte von mir Besitz ergriffen. Auch die Vorgänge auf dem Hof trugen nicht zur Besserung meiner Situation bei. Mittlerweile hatte mein Mann, der nicht mehr nach Kringwehrum kam, seinen Vetter Richard Rehfeld, der geholfen hatte, Steffi und mich über die Grenze zu bringen, als Verwalter eingesetzt und somit begegnete ich zwar täglich einem weiteren vertrauten Gesicht, aber mit seinem Kommen war mir auch die Zuständigkeit für die Wirtschaft genommen worden. Es war deutlich: Ich konnte nicht in Kringwehrum bleiben.

Meine besorgte Schwester Lilo besuchte mich im Frühjahr und sie zeigte sich entsetzt über meinen Zustand. Sie reagierte schnell und entschied, dass ich zu ihnen nach Düsseldorf ziehen sollte. Wie seinerzeit in Halle hielten wir alle zusammen. Ich sammelte also meine wenigen persönlichen Sachen und überließ den hauptsächlichen Umzug meiner Schwester, Ama und Rolf Pfeiffer, der wie immer half. Steffi sollte noch bis zum Schuljahresende unter der Obhut von Richard Rehfeld und der Familie Ulferts in Kringwehrum bleiben. Alle meine Möbel wurden in Düsseldorf eingelagert, da mir in der Achenbachstraße nur ein kleines Zimmer zur Verfügung stand. Doch wie dankbar war ich, nicht mehr allein zu sein, und schnell half ich bei der Organisation des Haushaltes. Ich kümmerte mich zusammen mit der Kinderfrau Tante Lilo um die Kinder und meine treue, bescheidene Ama, die mit ins Rheinland kam, kochte für uns. Meine prekäre Situation wurde mir erst hier wirklich bewusst: Es war nichts für mich da, kein Geld, kein Betrieb und ich hatte auch keinen Beruf.

Erfreulich war allerdings die geschäftliche Entwicklung von Rolf Pfeiffer und Jochen Schmidt. Sie waren in den zurückliegenden Monaten nicht untätig gewesen. Mein Schwager hatte sich eines Kontaktes seines Vaters in der westdeutschen Bekleidungsproduktion erinnert. Die betreffende Unternehmung war gerade auf der Suche nach geeigneten Vertriebspartnern und so gesehen kamen Jochen Schmidt und Rolf Pfeiffer gerade zur rechten Zeit. Mein Schwager kannte das Textilgeschäft und im Gespann mit seinem Partner Rolf Pfeiffer, der sein Organisationstalent und seine Vertriebskenntnisse mit einbrachte, die in diesen schwierigen Zeiten des Aufbaus dringend gebraucht wurden, waren sie für diese Aufgabe ein perfektes Team. So übernahmen die beiden die Generalvertretung der Bekleidungskollektion »Muermann für den Herrn«. Das war eine kluge Entscheidung, denn man konnte absehen, dass Bekleidung, auch modische, in Zukunft gebraucht und es immer mehr Einzelhändler geben würde, die neu entstandene und entsprechend qualitative Produkte suchen würden.

Die Agentur Schmidt und Pfeiffer mietete sich ein Büro und 1949 lief die gemeinsame Unternehmung langsam an. Ein weiterer glücklicher Umstand war, dass zusätzlich eine Damenkollektion mit Kostümen und Mänteln unter dem Namen »Classic« aufgebaut wurde. Auch hierfür erhielten Jochen Schmidt und Rolf Pfeiffer die Generalvertretung. Dass die beiden sich trotz des erheblichen Altersunterschieds so gut verstanden, ist sicherlich auf die gemeinsame Vergangenheit in Halle zurückzuführen.

Auch im Rheinland hatten die Menschen genug vom Krieg. Sie wollten die zahlreichen Entbehrungen und wohl auch Erinnerungen an diese so schreckliche, ja tödliche, braune Zeit vergessen. Wer es sich leisten konnte, konsumierte. Natürlich wurde das immer noch rare Geld auch für Bekleidung in guter Qualität ausgegeben, denn »Kleider machen Leute« und sind nun einmal über ihre Funktion hinaus sehr gut geeignet, den

Menschen mehr Selbstbewusstsein, eine persönliche Identität und insgesamt ein Wohlgefühl zu vermitteln. Rolf Pfeiffer erwies sich als Naturtalent in Sachen Mode und erlernte als Autodidakt in kürzester Zeit das Textilgeschäft. Das war auch notwendig, denn die Agentur wuchs ständig und in den fünfziger Jahren, zu Zeiten des sogenannten »Wirtschaftswunders« in der inzwischen gegründeten Bundesrepublik Deutschland, beschäftigte sie zahlreiche Vertreter und verkaufte die Classic-Kollektion auch ins europäische Ausland.

Als ich 1949 aus dem einsamen Kringwehrum nach Düsseldorf kam, empfand ich die Schnelligkeit, ja die Euphorie des Aufbaus irgendwie als »verrückt«. Es wurde hart und viel gearbeitet, aber Vergnügungen jeglicher Art wurden nicht ausgeschlagen. Ausgehen stand täglich auf dem Plan. Ich hingegen blieb in der Wohnung und versorgte die Kinder. Es war eine irreale Situation: Die anderen gingen aus, ich passte zu Hause auf und konnte das Verlangen nach Vergnügen nicht so richtig verstehen. Ich erkannte mich selbst kaum wieder. Früher war ich doch immer bei allem dabei gewesen. Desinteressiert war ich zwar nicht, eher ein bisschen scheu, mir war einfach nicht danach, mich ins Vergnügen zu stürzen. Ich hatte so viel verloren und ich sah nichts, was mir diesen Verlust auch nur annähernd hätte ersetzen können. Ein bisschen erinnerte mich die Situation an meine Jugendzeit in Halle. Dort hatte ich auch schon bei meiner Schwester gewohnt und auf ihren Sohn Reinhart aufgepasst. Jetzt kümmerte ich mich um vier Kinder: Reinhart, Regine, Susanne und natürlich um Stefan.

Mein Unverständnis für die Vergnügungssucht der anderen hatte mit meinem Gemütszustand zu tun, denn im Herbst 1950 wurde ich geschieden. Der Grund Carl-Friedrichs, der die offizielle Trennung wünschte, war, dass er erneut Vater wurde. Ich wollte keinesfalls eine Scheidung, schon Stefans wegen. Aber meine Schwester und mein Schwager, selbst mein alter Tennispartner Gerhard Schmidt und nun mein Scheidungsanwalt, redeten auf mich ein. So ging es doch nicht weiter, meinten sie. »Kleb doch nicht an all den ganzen Dingen«, höre ich noch meine Schwester sagen. Ich denke mir, nicht allein die Familie Schmidt war meines ewigen Themas »Familie Wentzel« überdrüssig geworden. Ich dachte mir nur, ich kann doch gar nicht mehr an etwas kleben, es ist ja gar nichts mehr da! Doch ich musste die Haltung meiner Familie verstehen, denn in diesen Jahren wurde Neues geschaffen. Ich sah, erlebte es ja selbst: Mit ungeheurem Einsatz und Zuversicht engagierte sich jeder für ein neues Deutschland, die Bundesrepublik, und für seinen zukünftigen Platz darin. Keiner wollte sich immer wieder mit der so furchtbaren Vergangenheit befassen. Meine Scheidung hat man zwar in Aurich vor Gericht verhandelt, doch die Scheidungsvereinbarungen wurden in Düsseldorf getroffen und zu diesem Termin begegnete ich seit seinem Weggang zum ersten Mal wieder Carl-Friedrich. Wir fanden keine persönlichen Worte füreinander, der Anlass war nicht danach und zudem waren wir in der Begleitung unserer Anwälte. Ich selbst konnte die Verhandlung über das Ende meiner Ehe nicht ertragen und hielt mich in einem anderen Zimmer, für Rückfragen bereit, auf. Ich willigte letztendlich in die Trennung ein, doch davon überzeugt, das Richtige zu tun, war ich nicht. Doch was blieb mir? Ich war mittellos und mein Mann war willens, mir die Summe von 10.000 DM als Entschädigung zu zahlen. Das war kurz nach der Währungsreform, wobei die Reichsmark auf die Deutsche Mark umgestellt wurde, zumindest momentan keine allzu kleine Summe, aber – sollte dies alles sein, für das ich gekämpft und gelebt hatte? Von diesem Geld hätte ich für Stefan und mich noch nicht einmal ein kleines Haus kaufen können. So gab ich alles meinem Schwager, denn immerhin lebte ich ja bei der Familie Schmidt.

Nach meiner Scheidung wurde ich wiederum ernstlich krank. Der Zusammenbruch war nicht zu vermeiden. Zu sehr litt ich nach all dem Schrecklichen, was ich erlebt hatte, nun unter dem Verlassensein. Ich erinnere mich noch, wie mein ganzer Körper den Dienst versagte, verkrampfte und ich nicht mehr auch nur eine Treppenstufe bewältigen konnte. Mir fehlte der Lebensmut und Sorge um mein Los erfüllte mich. Trotz der liebevollen Aufnahme durch meine Schwester fühlte ich mich mit der Zeit in Düsseldorf irgendwie überflüssig, ohne festen Platz im Leben, entwurzelt und abhängig von der Gunst Dritter.

Es war schwer, aber auch diese Krise überstand ich mit der Hilfe von verständnisvollen Ärzten und natürlich mit der Stärke meiner – in diesem Falle möchte ich sagen – Wohngemeinschaft im Rücken. Langsam kehrte ich in das normale Leben zurück und damit stieg auch der Wunsch in mir auf, beruflich etwas zu tun. Ich wollte und musste Geld verdienen. Meine finanzielle Unabhängigkeit erlangte ich dank der Agentur Schmidt und Pfeiffer. Unter dem Dach der Modeagentur wurde mir die Vertretung einer Damen-Mantelkollektion aus dem strapazierfähigem Stoff Popeline der Firma Cloppenburg anvertraut. Die Kollektion umfasste zehn Modelle und für meine Reisen zwecks Kollektionsvorlagen erstand ich einen kleinen Wagen, einer, der wie kein zweites Symbol für das Wirtschaftswunder stand: Einen VW-Käfer. Wir hatten 1951, ich war 31 Jahre jung und, wie ich sehr schnell merkte, mit dieser neuen Tätigkeit in meinem Element. Der Umgang mit der Mode lag mir und die Kommunikation mit den Kunden fiel mir nicht schwer. Langsam baute ich mir einen eigenen Kundenstamm auf. Diese Arbeit war mein Tor in ein neues Leben und ich darf wohl sagen, dass ich sie mit Begeisterung und auch mit Erfolg gemacht habe. Sie gab mir Mut und Kraft, aber vor allem mein fast verlorenes Selbstwertgefühl zurück. Die Arbeitswelt der Mode erfüllte mich mit großer Freude. Stolz präsentierte ich »meine Kollektion«, wie ich sie alsbald nannte, und führte sie, wenn nötig, als Model auch selbst vor. Warum auch nicht, ich war eine attraktive junge Frau.

Ich genoss die neue Freiheit und vermisste noch nicht einmal den früher für mich so selbstverständlichen Fahrer auf meinen Touren quer durch die Bundesrepublik bis nach Hamburg und bis nach Nürnberg. Ich fuhr selbst. Das Geschäft florierte, ich war angesehen, selbstständig und vor allem: Ich konnte wieder lachen. Nun bekam auch ich mehr Lust auf Leben und inspiriert durch meine Umgebung schlug ich der Firma Cloppenburg das Design eines besonderen Mantels vor: Blau von außen mit rotem Innenfutter und dazu ein passendes Hütchen. Eigentlich war dies revolutionär, doch der Wunsch nach Neuem lag spürbar in der Luft. Tatsächlich wurde mein Design als Modell genäht. Dieser Mantel wurde ein – wie wir heute sagen – »Top-Seller« und mein Erfolg bestärkte und beflügelte mich. Ich selbst trug ihn zu gern, diesen Mantel. Ich war stolz auf meine Kreation.

Nur manchmal überkam mich noch Wehmut und ein wenig zweifelnd ging ich hin, und ließ von einem Grafologen ein neues Gutachten über meine Handschrift anfertigen. Wie beruhigt und wie glücklich war ich zu erfahren, dass sich mein Charakter durch die dramatischen Erlebnisse nicht verändert hatte.

1953 bekamen wir alle das Los der Flüchtlinge doch wieder zu spüren. Unsere Eltern konnten in der sowjetischen Besatzungszone nicht bleiben und so kamen sie zu uns in den »Westen«, die Eltern Petzhold, Pfeiffer und Schmidt. Und natürlich kamen sie alle auf einmal. Das war eine recht große

Herausforderung, denn wieder mussten Wohnungen gesucht werden, und natürlich mussten wir uns kümmern. Das war ein Problem, sicher, doch das taten wir gerne, zu viel verdankten wir unseren Eltern. Die Selbstverständlichkeit der gegenseitigen Unterstützung, das Füreinanderdasein lebte unsere Gemeinschaft auch in diesen gänzlich neuen, so anderen Zeiten. Lilo und ich teilten mit unserem Vater noch eine weitere Aufgabe: Unsere Mutter.

Unser Vater hat nie in den »Westen« gewollt, doch konnte er sich diesem Schicksal fügen und war darin so anders als unsere Mutter. Als sie bei uns ankamen, hatte meine Mutter nur ihre Handtasche und Gepäck für wenige Tage dabei. Niemand hatte ihr gesagt, dass sie von dieser als Kurzbesuch geplanten Reise bei den Töchtern im Wirtschaftswunderland Bundesrepublik Deutschland nie wieder nach Halle zurückkehren würde. Hätte sie es gewusst, geahnt, sie wäre nie von zu Hause fortgegangen und hätte alles zurückgelassen: Den gesamten Haushalt, die Praxis, all die persönlichen, lieb gewonnenen Dinge … Ihnen blieb nur die Erinnerung. Leider war meiner Mutter nur noch eine kurze Zeit in Düsseldorf vergönnt, schon 1955 verstarb sie viel zu früh an Diabetes. Mein Vater lebte noch einige Jahre als Witwer mit uns gemeinsam und starb 1962. Die Trauer um seine Frau hat ihn in seinen letzten Lebensjahren nie verlassen.

Die gemeinsame Fürsorge um die Eltern Petzhold, Pfeiffer und Schmidt brachten Rolf Pfeiffer und mich in dieser Zeit menschlich näher und der so verlässliche Freund meiner Familie wurde in diesen Jahren mein Ehemann. Mit ihm, den ich seit meiner Jugendzeit kannte, der immer wieder so viel für mich getan hatte und Betrachter meines Schicksals war, begann für mich wahrlich ein neues Leben. Mir wurden zu Stefan noch drei Kinder geschenkt: Gabriele, Claudia und Matthias.

Die guten sechziger Jahre bescherten uns weiteres wirtschaftliches Wohlergehen, das nicht zuletzt auf der guten Zusammenarbeit meines Mannes mit meinem Schwager beruhte. Meine Schwester Lilo und ich hielten privat engste Bande und kümmerten uns neben der Erziehung unserer Kinder um das Zusammenhalten unseres großen Familienclans.

Alles feierten wir zusammen: Taufen, Konfirmationen, sämtliche Geburtstage, Verlobungen und schließlich wunderschöne Hochzeiten unserer Kinder. Auch den einen oder anderen Urlaub verbrachten wir gemeinsam. Mit dem Bau unseres Ferienhauses am Venekotensee in der Nähe der holländischen Grenze im Jahre 1969 begann für unsere Familie eine besonders schöne Zeit. Es war unser Refugium für viele Wochenenden und die Ferienzeit. Hier verlebten meine Kinder eine unbeschwerte, glückliche Jugend. Sie lernten Reiten, Tennisspielen und vergnügten sich mit den Nachbarskindern in unserem hauseigenen Pool. Mein Mann und ich verbrachten hier unsere glücklichsten Stunden, in denen ich die Schrecken der Vergangenheit endlich hinter mir lassen konnte.

Mein Mann Rolf, dem das feine Gespür für Entwicklung und Veränderung gegeben war, ergriff Ende der sechziger Jahre die Chance der Übernahme des traditionsreichen Herrenausstattergeschäfts Schäffner auf der Steinstraße, in unmittelbarer Nachbarschaft der berühmten »Kö«, der Königsallee, in Düsseldorf und baute es zu einem der namhaften Herrenausstatter in Düsseldorf aus. Damit sicherte er mit dem ihm eigenen Elan uns, seiner Familie, weiterhin die Zukunft. Das Leben an der Seite meines Mannes entschädigte mich wahrlich für das Leid früherer Jahre und mit ihm und meinen Kindern erlebte ich fast vier Jahrzehnte lang nur Glück.

»Wenn ich heute nach Teutschenthal komme, ist es für mich, wie nach Hause zu kommen.«

Epilog

Nach all den Schrecken der Kriegsjahre empfanden wir unser gemeinsames Glück als ein wahres Gottesgeschenk. Langsam nahm der Schmerz ab und irgendwann wachte ich morgens auf und das Entsetzliche früherer Zeit war nicht mehr das Erste, woran ich dachte. Wir hatten den Verlust unserer Heimat zu beklagen, doch waren wir auf einem sehr guten Weg, uns eine neue zu schaffen. Rolf und ich – wir wussten beide um unsere schrecklichen Erlebnisse und deshalb war unsere Fürsorge füreinander durch Aufrichtigkeit geprägt. Wir waren ehrlich und gingen mit unseren geschlagenen Wunden mit einer Zartheit um, die uns erlaubte, das Trauma zu überwinden. Auch wenn das Alte in meinem neuen Leben keine dominante Rolle mehr spielte, so war es doch nicht vergessen. Ich legte alle mir verbliebenen Schriftstücke in eine Schublade und sagte Carl-Stefan, wo er sie finden könne, die Unterlagen der Familie Wentzel.

Und wieder waren es bedeutende politische Ereignisse, die mein Leben beeinflussten. 1990 wurde die Deutsche Teilung durch den Beitritt der Deutschen Demokratischen Republik zur Bundesrepublik Deutschland beendet und die Wiedervereinigung brachte die deutsche Einheit. Mein ganz persönlicher Blickwinkel auf diese umwälzenden Ereignisse war verständlicherweise ein ganz besonderer und Begriffe wie Aus- und Versöhnung – auch mit dem eigenen Schicksal – sollte ich mit neuen Inhalten erfahren.

Viele meiner Wegbegleiter lebten zur Zeit der »Wende« nicht mehr: Meine Schwester, mein Schwager, meine Ama, die bis zu ihrem Ableben 1976 bei mir wohnte, und natürlich meine Eltern und Schwiegereltern. Sie alle ruhen in Düsseldorf. Carl-Friedrich war bereits 1954 in Linz verstorben. Wir hatten keinerlei Verbindung mehr und später wurde mir erzählt, dass er an einem Nierenleiden erkrankte. Dass dies eine späte Auswirkung seiner Misshandlungen in der russischen Gefangenschaft in Eisleben war, ist gut möglich. Somit überlebte er seine Mutter nur um wenige Jahre, denn Ella verstarb 1949 und ruht heute auf dem Stadtgottesacker in Halle. Was ich über meinen ersten Mann Carl-Friedrich noch erfuhr, war, dass er noch einmal Vater eines Sohnes geworden war, der ebenfalls den Namen Carl-Friedrich trägt und den ich Jahre später erst als jungen Mann kennenlernen sollte.

In der Zeit der »Wende« eröffneten sich für meinen Tatendrang und vor allem auch für meinen Gerechtigkeitssinn völlig neue Möglichkeiten. Viel zu lange schon hatte ich das geschehene Unrecht und die Enteignung der Familie Wentzel hinnehmen müssen. Ich beschloss mit meinem Mann Rolf, im Sinne der Enkel von Carl Wentzel, Carl-Stefan und Carl-Friedrich, um die Rückgabe der enteigneten Güter zu kämpfen.

In unzähligen Gesprächen mit wichtigen Persönlichkeiten aus Politik, Gesellschaft und zuständigen Behörden kamen wir dem Ziel einer möglichen Rückgabe des Vermögens in kleinen Schritten näher. Im Sommer 1990 sollte ich nach so vielen Jahrzehnten zum ersten Mal meine alte Heimat wiedersehen. Mein Mann und ich, dazu Carl-Stefan, seine damalige Frau Christiane und ihr gemeinsamer Sohn Carl-Christian fuhren nach Teutschenthal. Meine Gefühle waren sehr ambivalent und die alte vertraute Angst – plötzlich zeigte sie sich wieder und Unruhe überfiel mich. Wir durften Schloss Teutschenthal besichtigen, in dem eine landwirtschaftliche Schule der SED untergebracht war und das aufgrund dieser Nutzung wohl vor dem Verfall bewahrt worden war. Der Schuldirektor begegnete uns sehr zuvorkommend und führte uns herum. Selbst den Dachboden zeigte er uns. Ein sehr hoher Zaun umgab das Schloss und war nur am Pförtnerhäuschen durchlässig. Auf mich wirkte dies abwehrend und beängstigend, weil man wieder registriert wurde. Eine zweite Reise 1991 führte uns über die alten mir bekannten Güter, die weitgehend alle genutzt wurden, und in Halle besuchten wir Amas Familie Mittag. Was für ein ungewöhnlicher Besuch und was für eine Überraschung erwartete uns dort, denn ihr Schwiegersohn, dieser ehrliche Mann, hatte tatsächlich Teile der Wentzelschen Silberwaren all die Jahrzehnte über in seinem Haus eingemauert verwahrt und übergab sie uns nun. Was war dies doch für ein Zeichen von unglaublicher Loyalität, Ehrenhaftigkeit und Anständigkeit! Ich war gerührt und ebenso berührte mich ein Wiedersehen mit der freudigen Martha Mücke, die sich damals so selbstlos um Carl-Stefan und Ella kümmerte, als ich mich wegen der Kommunisten bei Gretchen Winter verstecken musste und nicht das Haus verlassen durfte. Plötzlich merkte ich, dass meine Vergangenheit nicht so weit weg von mir war, wie ich geglaubt hatte.

Im Zuge des Wiedervereinigungsvertrages wurde ein Teil des Wentzelschen Besitzes an die Enkel von Carl Wentzel als Opfer des Faschismus zurückgegeben und 1991 traten die Stiefbrüder ihr Erbe an. Seit dieser Zeit leben Carl-Stefan, mit Ehefrau Christiane und später Ehefrau Heidelinde und Sohn Carl-Christian wie auch Carl-Friedrich mit Ehefrau Hannelore und den Söhnen Carl-Friedrich Christian und Carl Niklas gemeinsam auf Schloss Teutschenthal. Sie haben damit nicht nur die Verantwortung für das weltliche, sondern auch für das moralische Erbe übernommen.

In meinem Leben hat die Familie Wentzel wahrlich eine prägende Rolle gespielt. Ich bin meinem Schwiegervater Carl

Wentzel immer noch in tiefer Dankbarkeit verbunden und sehr froh, ja stolz, dass ich diesen außergewöhnlichen Mann kennenlernen durfte. Dass ich ihn durch seine schwere Zeit soweit wie möglich habe begleiten können, auch wenn es für mich sehr schwer war, hat mich bei allem Negativen aber auch stark gemacht. Ich empfinde heute noch Achtung vor diesem Menschen, der so viel Wärme und Menschlichkeit ausstrahlte, trotz seiner vielfachen Verantwortung und Aufgaben. Er nahm sich die Zeit für die kleinen Dinge im Leben, ein freundliches Wort, eine Geste, was ihn auszeichnete. Seine Bescheidenheit und sein Großmut waren bestechend und deshalb steht bei mir neben allen anderen Familienfotografien auch sein Foto.

Wenn ich heute nach Teutschenthal komme, ist es für mich, wie nach Hause zu kommen. Da habe ich sehr schöne, aber auch die schwersten Jahre meines Lebens erlebt. Schön waren sie, weil ich verheiratet war und einen Sohn, den Stammhalter, geboren habe, mit Carl Wentzel einen wunderbaren Schwiegervater und mit Ella eine liebenswerte Schwiegermutter gehabt habe. Ich erlebte das Glück, viel Neues kennenzulernen und mich in das Landleben einbringen zu dürfen, war für mich eine große Erfüllung.

Heute freue ich mich über die Reputation meines Schwiegervaters im öffentlichen Leben seines heimischen Wirkungskreises. Die Straße zum Schloss heißt heute Carl-Wentzel-Straße und die Berufsbildenden Schulen im Saalekreis tragen seit dem Jahr 2002 den Namen »Carl Wentzel«. Auf dem Stadtgottesacker in Halle wurde eine Gedenktafel für ihn angebracht, da ihm eine eigene Ruhestätte verwehrt worden war. Zu seinen Ehren steht sein Name mit auf der Tafel der Opfer des 20. Juli in der Gedenkstätte Plötzensee. Zu den offiziellen Feierlichkeiten für die Opfer des Hitler-Attentates in Berlin werden die Enkel von Carl Wentzel und ich von der

Stiftung »Hilfswerk 20. Juli 1944« eingeladen. Fast jährlich nahm ich an diesem Gedenktag teil. Das erste Mal wohnte ich diesem Festakt kurze Zeit nach dem Mauerfall bei und reiste allein mit dem Flugzeug von Düsseldorf nach Berlin. Noch in der Luft überkam mich Panik, wurde ich sehr unruhig, dachte an meine Kinder, meine Familie und fragte mich, ob ich wohl zurückkommen werde. Der Grund für meine Panikattacke im Flugzeug war der Zielflughafen Schönefeld, im ehemaligen Ostsektor der Stadt gelegen. Ich war ihr also immer noch hilflos ausgeliefert, der Angst: Sie ließ mich einfach nicht los.

Als ich im Rahmen der Feierlichkeiten die Gebäude der Hinrichtungsstätte Plötzensee betrat und in den Galgenraum eintrat, überwältigten mich die Gefühle derart, dass mir die Tränen kamen. In Gedanken erlebte ich die damalige Zeit nach. Für mich war das ein schreckliches Erinnern und nichts konnte mich, auch Stunden später noch nicht, beruhigen.

Mit meinem Mann Rolf lebte ich ein neues und glücklicheres Leben, in dem die schmerzliche Vergangenheit keinen Platz hatte. Auch zu unserer gemeinsamen Heimatstadt Halle knüpften wir neue Bande. Gemeinsam bauten wir das Elternhaus meines Mannes, das völlig ruinierte »Haus Pfeiffer« in der Ludwig Wucherer Straße/Ecke Lessing Straße wieder auf und freuten uns, so einen Beitrag zur Verschönerung unserer Heimatstadt geleistet zu haben. Plötzlich und unerwartet verstarb mein geliebter Mann Ende November 1997. Bis zum heutigen Tag kann ich diesen schweren Verlust kaum verwinden und zünde täglich neben seinem Bild und dem von Vater Wentzel eine Kerze zu ihrem Gedächtnis an. Seit 2002 lebe ich mit meinem Sohn Matthias und dessen Frau in Düsseldorf zusammen. Er übernahm nach dem Tod meines Mannes das elterliche Herrenausstattergeschäft Schäffner, das er bis heute mit seiner Frau Helmy erfolgreich weiterführt.

In den vergangenen drei Jahren habe ich mich intensiv mit der Entstehung dieses Buches beschäftigt. In vielen Gesprächen über mein Erlebtes spornten mich meine Kinder, besonders Matthias und Helmy, an, meine Lebensgeschichte niederzuschreiben. Mit meinen geschilderten Lebenserfahrungen möchte ich alle Menschen ermutigen, auch in existentiell schwersten Lebenslagen nie den Mut, die Kraft und vor allem den Glauben zu verlieren. Mein Schicksal und das Leid der Familie Wentzel, ausgelöst durch zwei diktatorische Regime, sollen auch Mahnung sein, einzustehen für unsere demokratische Grundordnung, die uns Frieden und Freiheit garantiert.

Anmerkungen

1 In: Richter 2003.
2 Ebenda.
3 In: Firmenschrift 1935.
4 In: Etzrodt 1937.
5 Was wir damals nicht wussten war, dass Ludolf von Alvensleben schon seit Längerem danach strebte, Schloss und Gut Schochwitz auch durch andere Mittel als eine gütliche Einigung zu übernehmen. Bereits im Juni 1943 hatte er erste Schritte eingeleitet. Dies mit dem Wohlwollen und der Unterstützung von Heinrich Himmler, wie aus Unterlagen und Briefen aus dem Jahre 1943 von Ludolf von Alvensleben an Heinrich Himmler, der übrigens auch zur Taufe des Sohnes von Alvensleben nach Schochwitz kam, ersichtlich ist. In: Olbrich 1981, S. 264–270.
6 Auszug aus einem Brief Carl Wentzels vom 14.3.1944 an Paul Hermann Reusch.
7 Was wir auch nicht ahnten, war, dass Carl Wentzel bereits in dieser Zeit gezielt denunziert wurde. Ludolf von Alvensleben scheute keine intrigante Mühe, um seinen Plan der Übernahme von Schloss und Gut Schochwitz voranzutreiben. In: Olbrich 1981, S. 271–274.
8 Elisabeth von Thadden wurde am 8. September 1944 in Plötzensee hingerichtet.
9 Siehe dazu auch im Briefwechsel zwischen Ludolf von Alvensleben und Heinrich Himmler. In: Olbrich 1981, S. 276–279. Doch auch das wusste ich damals noch nicht.
10 Siehe auch Feldpostbrief von Erich Neuß, der 1928 Stadtarchivar in Halle (Saale) wurde, an seine Frau: »Was Du von Herrn W.* schreibst, gefällt mir gar nicht. Soviel ich weiß, war er mit G. bekannt und hielt auf diesen als Menschen wie als Verwaltungsbeamter große Stücke. Mir ist es nur schwer begreiflich, dass G. mit in das Attentat auf den Führer verwickelt sein soll. Ich kann mir das nur mit persönlicher Verstimmung erklären, die auf Vorgänge beim Leipziger Oberbürgermeisterwechsel zurückzuführen sind, – Vorgänge, die freilich eine starke Persönlichkeit bis zur Weißglut erhitzen konnten. Ich hoffe von ganzem Herzen und glaube auch

zuversichtlich – ja, es kann nicht anders sein – dass Herr W. bis auf diese persönliche Bekanntschaft mit all den dunklen Dingen nichts zu tun hat. Er ist nicht nur zu klug dazu, sondern auch loyal genug. Aber man wollte ihm ja schon immer was am Zeuge flicken. Er hatte sehr mächtige Feinde,** die nur auf Gelegenheit warten, sich seiner Güter zu bemächtigen. Und was gelten heute Güte, Hilfsbereitschaft und die in den Herzen der Gewaltlosen brennende Sorge um die Zukunft unseres Volkes …«

* Carl Wentzel-Teutschenthal 1976. Erich Neuß' Freund und Verschwörer vom 20. Juli, hingerichtet am 21.12. 44.

** Z. B. Ludolf »Bubi« von Alvensleben* 1901, † 1970 in Argentinien, mitteldeutscher Großgrundbesitzer, Generalleutnant der SS.

11 Informationen von Reinhard Köhler an Lore Pfeiffer vom 13.9.2004. Niedergeschrieben wurde das Interview mit Pfarrer Poelchau in: Maser (Hrsg.) 1982.

12 Nachruf auf Carl Wentzel.

13 Brief von Herrn Ankermann vom 14. Oktober 1945 an die zuständige sowjetische Verwaltung.

Quellen

Bundesarchiv, Am Wöllershof 12, 5400 Koblenz 1:
- Dokumente aus den Akten des Persönlichen Stabes Reichsführer SS.
- NS-19-1265.
- NS-19-0909.

Etzrodt, Hermann (1937): Das Geschlecht Wentzel. Eisleben.

Firmenschrift (1924): C. Wentzel, Teutschenthal/Salzmünde. Buchdruckerei des Waisenhauses Halle a. S.

Firmenschrift (1935): C. Wentzel, Teutschenthal. J. G. Boltze/Salzmünde. Buchdruckerei Johannes Winkler Teutschenthal.

Maser, Werner (Hrsg.)/ Poelchau, Harald (1982): Pfarrer am Schafott der Nazis. Der authentische Bericht des Mannes, der über 1.000 Opfer des Hitlerregimes auf ihrem Gang zum Henker begleitete. Rastatt.

Neuß, Werner: Feldpostbriefe von Erich Neuß. http://www.kurland-kessel.de/feldpostbriefe/feldpost15.html.

Olbrich, Hubert (1981): Carl Wentzel-Teutschenthal. Zum Schicksal eines großen Lebenswerkes im Wandel der spezifisch deutschen Geschichte. In: ders. (Hrsg.): Schriften aus dem Zucker-Museum, Heft 14. Technische Universität Berlin.

Peter, Karl-Heinrich (Hrsg.) (1961): Spiegelbild einer Verschwörung. Die Kaltenbrunner-Berichte an Bormann und Hitler über das Attentat vom 20. Juli 1944. Geheime Dokumente aus dem ehemaligen Reichssicherheitshauptamt. Seewald Verlag Stuttgart, S. 549.

Richter, Lothar (2003): Zur Würdigung und Erinnerung an Carl Wentzel-Teutschenthal (1876–1944). »Fakultätsbote« der Gesellschaft der Freunde der Landwirtschaftlichen Fakultät e. V. der Martin-Luther-Universität in Halle-Wittenberg.

Dokumente

Handschrift-Analyse Lore Petzholds vom 6. August 1940

Rolshoven
Graphologisches Institut
Mitglied des Verbandes wissenschaftl. Graphologen e.V.
M. d. D. A. F.

Fernsprecher: 86 37 65
Postscheckkonto: Berlin 1070

Berlin-Wilm., den 6. August 1940
Kaiserallee 180

Herrn
Carl W e n t z e l,

Schloss Schochwitz
über Eisleben
Bez. Halle-Saale.

2214/40

Handschrift-Analyse Lore Petzholds

Schreiberin ist ein warmempfindender Mensch, mit einer tiefen, starken Gefühlsanlage und einem recht mutigen Herzen. Sie lässt sich von allem Schönen und Sinnvollen tief beeindrucken, lebt überall ihrem Schönheitssinn und bringt durch den starken Rhythmus der Schreiberin durchpulst, ihr Handeln stets in Harmonie mit ihrer Umgebung. Schreiberin besitzt viel Verst-ändnis für Kunst, das zwar noch nicht geschult zu sein scheint, sich aber bestim... durch das Leben bildet. Schon heute wird sie Verstösse gegen Tiefe und Geschmack mit körperlichem Unbehagen empfinden und lässt sich von allem, was Harmonie und Gleichklang darstellt, beleben und beglücken. Durch ihre leichte Beeindruckbarkeit lässt sie sich auch tief und heftig aufwühlen, wie ein tiefes Gewässer, das nach scheinbarer Ruhe auf der Oberfläche innerlich noch wühlt und tobt. In dieser Tiefe und Heftigkeit der Empfindungen kommt neben dem schon erwähnten starken Pulsieren auch ein sehr starkes Empfinden über Recht und Unrecht zum Durchbruch. Schreiberin ist ein durchaus rechtschaffen denkender, anständiger Charakter. Sie pflegt nicht nur landläufige Moralbegriffe und macht sich nicht zu abhängig von allgemein geltende, mehr auf Äusserlichkeiten als auf Empfindungen basierende XXXXXXX Gesetze, sondern trägt ihr eigenes Gesetz über Moral und Ehre in sich, das hohe Anforderungen an den inneren Menschen stellt und daher die Schreiberin zwingt, keine Handlungen zu begehen, die mit ihrer inneren Gesetzmässigkeit in Widerspruch stehen.

Schreiberin mag sich oft sehr trotzig und eigenwillig zeigen, doch ist diese Anlage durchaus nicht nur von der negativen Seite anzusehen.

Die Ausübung des grapholog. Berufes ist von behördl. Genehmigung abhängig. Diese wird zur Zeit auf Grund einer Prüfung und der Mitgliedschaft d[illegible] [illegible]andes wissenschaftlicher Gra[illegible]logen e. V., Sitz Berlin, erteilt

Abschrift der vollständigen Handschrift-Analyse

Schreiberin ist ein warmempfindender Mensch, mit einer tiefen, starken Gefühlslage und einem recht mutigen Herzen. Sie lässt sich von allem Schönen und Sinnvollen tief beeindrucken, lebt überall ihrem Schönheitssinn und bringt durch den starken Rhythmus der Schreiberin durchpulst, ihr Handeln stets in Harmonie mit ihrer Umgebung. Schreiberin besitzt viel Verständnis für Kunst, das zwar noch nicht geschult zu sein scheint, sich aber bestimmt durch das Leben bildet. Schon heute wird sie Verstösse gegen Tiefe [mit Bleistift geändert zu: Stil] und Geschmack mit körperlichem Unbehagen empfinden und lässt sich von allem, was Harmonie und Gleichklang darstellt, beleben und beglücken. Durch ihre leichte Beeindruckbarkeit lässt sie sich auch tief und heftig aufwühlen, wie ein tiefes Gewässer, das nach scheinbarer Ruhe auf der Oberfläche innerlich noch wühlt und tobt. In dieser Tiefe und Heftigkeit der Empfindungen kommt neben dem schon erwähnten starken Pulsieren auch ein sehr starkes Empfinden über [mit Bleistift verbessert zu: für] Recht und Unrecht zum Durchbruch. Schreiberin ist ein durchaus rechtschaffen denkender, anständiger Charakter. Sie pflegt nicht nur landläufige Moralbegriffe und macht sich nicht zu abhängig von allgemein geltende, mehr auf Äusserlichkeiten als auf Empfindungen basierende[mit Bleistift ergänzt: n] Gesetze, sondern trägt ihr eigenes Gesetz über Moral und Ehre in sich, das hohe Anforderungen an den inneren Menschen stellt und daher die Schreiberin zwingt, keine Handlungen zu begehen, die mit ihrer inneren Gesetzmässigkeit in Widerspruch stehen.
Schreiberin mag sich oft sehr trotzig und eigenwillig zeigen, doch ist diese Anlage durchaus nicht nur von der negativen Seite anzusehen. Hierin kommt vielmehr die Diskrepanz zwischen der weit über ihr Alter hinausreichenden Lebensreife und einer noch sehr kindlichen Hingabe an Genuss, Leben, Zeit und Umstände [mit Bleistift ergänzt: zum Ausdruck]. Aber trotz dieser Hingabefreudigkeit und einer gesunden Sinnlichkeit, trotz des stark pulsierenden Lebens in der Schreiberin ist nicht zu erwarten, dass sie in der Stunde untergeht. Sie verfügt über einen recht gesunden Stolz und eine Frauenwürde, die immer nach ihrem Recht verlangt. Bei aller Sinnenfreudigkeit ist Schreiberin nicht unbedingt sinnlich. Jedenfalls sind Wille[mit Bleistift durchgestrichen: n] und Vernunft stark genug ausgeprägt,

um über das starke Fühlen der Schreiberin die Herrschaft zu behalten. Sie ist sich stets der Tragweite ihres Handelns und der sich daraus ergebenden Konsequenzen bewusst und wird sich auf keinen Fall in schwächlicher Weise von ihren Trieben beherrschen lassen.
Alles an der Schreiberin ist kraftvoll und urgesund. Sowohl ihre Lebenshaltung wie auch ihre Lebensanschauungen. Sie übertreibt nicht, hat eine feste Linie in ihrem Tun, wenn es bei der Verfolgung derselben auch noch an der entsprechenden Planmässigkeit mangelt. Da Schreiberin sich aber gern anpasst und dort, wo sie liebt, ganz in Ideen und Gedanken der von ihr geliebten Menschen aufzugehen bemüht ist – ohne aber etwa kritiklos zu werden !! –; wird sie sich auch von einem Manne, für den sie ebenso viel Hochachtung empfindet als ihm Liebe zu schenken vermag, leiten und formen lassen. Bei der Schreiberin ist eine Liebe ohne Hochachtung nicht möglich. Sie ist ein durchaus wahrer, natürlicher Mensch, ist ohne Falsch, ohne bewusste Aufmachung, bedient sich keiner Heimlichkeiten und keiner Verschleierungen, ist weit entfernt von Täuschungen oder gar Lügenhaftigkeit, gibt sich vielmehr stets zwanglos, wie es die Stunde verlangt und macht nichts anderes aus sich als sie ist. Schreiberin ist zwar berechnend und abwägend, aber doch wohl vorwiegend dergestalt, dass sie ihre Vernunft vor der Liebe sprechen lässt, aber niemals letztere nur von materielle[mit Bleistift ergänzt: n] Vorteile[mit Bleistift ergänzt: n] abhängig macht. Schreiberin wird ihre Liebe niemals an Menschen verschenken können, die unter ihr stehen, die nicht ihrem Niveau entsprechen, doch wird sie ohne weiteres einen gebildeten, auf gleicher geistiger Stufe stehenden Menschen mit ganzer Seele zu lieben und ihm treu anzuhängen vermögen, wenn auch die wirtschaftlichen Verhältnisse nicht verlockend sind.
Schreiberin scheint mit mancherlei Kulturgütern in Berührung gekommen zu sein, hat vielerlei Interessen, die aber wohl am stärksten nach künstlerischem Erleben verlangen. Hierbei verlangen der stark ausgeprägte Sinn für Form, Linie, Farbe und Ton, neben allem rhytmischen, stark nach ihrem Recht. Schreiberin ist begeisterungsfähig, ist eine scharfe Beobachterin, der nicht so leicht etwas von Bedeutung entgeht. Alles Schöne empfindet sie mit der Freude eines Sammlers, der seine Werte nur solchen Menschen zeigt, von denen er ein tiefes Verständnis und eine gleiche Freude erwartet. Gerade diese Anlage wird die Schreiberin immer vor Banalitäten bewahren, wird ihr immer

eine besondere Note geben und wird sogar ihren ganzen Ehrgeiz darin setzen, über Alltäglichkeiten hinwegzugehen und das Besondere überall aus der Masse heraus zu holen.
Bei der Schreiberin ist noch vieles in Gärung, was einmal klar und ungetrübt als wertvolles Resultat in Ruhe kommt. Es lohnt sich, den starken, kraftvollen, naturgebundenen Anlagen der Schreiberin eine nicht allzu gehemmte Entwicklung zu lassen. Schreiberin wird sich eine selbständige Denk- und Handlungsweise, eine sachliche Kritik und Urteilsfähigkeit aneignen und wird in ihrer kraftvollen Art sich überall Recht und Achtung zu sichern wissen.
Schreiberin ist ohne Zweifel befähigt, ein Haus zu führen, sich grossen Anforderungen gewachsen zu erweisen und wird sowohl in lebenspraktischer wie auch schöngeistiger Hinsicht eine anregende Persönlichkeit bleiben. Trotz Grosszügigkeit wird sie recht ökonomisch wirtschaften, trotz Weitherzigkeit und Verständnis für Schwächen und Anlagen Anderer doch recht treffsicher in Kritik und Urteil werden. Schreiberin besitzt die glückliche Anlage, durch die allgemein gezeigte Aussenseite hindurch die innere Wesentlichkeit der Menschen zu erfassen und wird daher Wert von Unwert, echt von unecht und Treue von Untreue unschwer unterscheiden. Sie selbst ist ein durchaus treuer Charakter, der durchaus nicht prüde ist, sich gar nicht an engbegrenzte Anstandsbegriffe bindet, die aber eine hohe ethische Anschauung pflegt und ihr Handeln dementsprechend einrichtet. Als Hausfrau, Ehefrau und Mutter wird sie stets ihre Würde zu wahren zu wissen und sich allen Lebenslagen mit Geschick anzupassen verstehen. Den schon erwähnten Gärungszustand muss man noch abwarten, dürfte aber schon bald beendet sein. Mit dem Anwachsen ihrer Pflichten wächst die ganze Persönlichkeit. Schreiberin ist durchaus echt, aus einem Stück geschnitten, ohne Falsch und ohne effekthascheres Beiwerk.

Briefe von Ludolf von Alvensleben, Heinrich Himmler und anderen im Zusammenhang mit Carl Wentzel und Gut Schochwitz 1943/1944

Quelle: BArch, NS 19/1265

Der Reichsführer-SS
Tgb. Nr. 1/[illegible]/43
RF/Bn

Feld-Kommandostelle, den 8 Juni 1943.

113

Lieber A l v e n s l e b e n ! für übergeben. Bn.

Ich erkläre mich damit einverstanden, daß Sie neben Ihrer Tätigkeit als SS- und Polizeiführer die Wirtschaftsführung des der Selbstverwaltung des Reichsgaues Wartheland gehörenden Gutes Groß-Eichenbarleben übernehmen und gemäß dem abgeschlossenen Wirtschaftsvertrag für Ihre und Ihrer Frau Tätigkeit die festgesetzte Entschädigung annehmen.

Mit dieser Einnahme neben Ihrem Gehalt bin ich vor allem deswegen einverstanden, weil Sie damit in die Lage versetzt werden, Ihr Familiengut S c h l o c h w i t z als altererbten Familienbesitz finanziell zu sanieren und wieder voll und ganz in das Eigentum Ihrer Sippe zu überführen.

H e i l H i t l e r !

I h r

gez. H. H i m m l e r .

2.) An das
Stabshauptamt des Reichskommissars für die Festigung deutschen Volkstums

3.) SS-Obergruppenführer K o p p e , Posen

durchschriftlich mit der Bitte um Kenntnisnahme übersandt.

[illegible]

SS-Obersturmbannführer.

Persönlicher Stab Reichsführer-SS
Schriftgutverwaltung
Akt. Nr. Geh./ 279

Der Reichsführer-SS | Feld-Kommandostelle, den 9. Juni 1943.
Tgb.Nr. 1/81/43
RF/Bn

114

Lieber G r e i f e l t !

SS-Brigadeführer von A l v e n s l e b e n wird Sie in den nächsten Tagen besuchen. Aus bestimmten Gründen möchte ich sehr gern, daß die Hypothek, die der unrühmlichst bekannte Herr von W e n t z e l - T e u t - s c h e n t a l auf dem Familienbesitz Schlochwitz der Familie von Alvensleben hat, möglichst bald abgelöst wird. Die Ablösung stelle ich mir durch die Hypothek irgendeiner uns nahestehenden Landwirtschaftsbank oder sonstigen Geldinstitutionen zu gleichen Bedingungen vor.

H e i l H i t l e r !

I h r

2.) SS-Obergruppenführer K o p p e
3.) SS-Brigadeführer von A l v e n s l e b e n
durchschriftlich mit der Bitte um Kenntnisnahme übersandt.

SS-Obersturmbannführer.

Der Reichskommissar für die Festigung deutschen Volkstums
Stabshauptamt

IV - 178 096 /Bg.-Ma

Bitte in der Antwort vorstehendes Geschäftszeichen und Datum anzugeben

Referent: ꞩꞩ-Obersturmbannführer
Amtschef Hiege

Berlin-Halensee, den 23. Juli 1943
Kurfürstendamm 140-142
Fernsprecher: Sammelnummer 97 78 91 u. 96 39 91

116

15.8.43

Betrifft: Beleihungssache Gut Schochwitz, Kreis Mansfelder Seekreis (ꞩꞩ-Brigadeführer Generalmajor der Polizei von Alvensleben)

Bezug : Dort. Schreiben vom 9.6.1943 (Tgb.Nr.: 1/81/RF/Bn.)

Der RF ꞩꞩ u. Chef d. Dtsch. Polizei
der Chef d. Sicherheitspolizei u. des SD
25. 7. 1943
Anlg.:
Amt

An den
Reichsführer-ꞩꞩ
Berlin SW 11
Prinz-Albrecht-Str. 8

Reichsführer!

Der Unterzeichnete meldet gehorsamst, dass die Deutsche Hypothekenbank auf Veranlassung der hiesigen Dienststelle dem Rechtsanwalt und Notar Siebert, Berlin, dem Generalbevollmächtigten des ꞩꞩ-Brigadeführers und Generalmajor der Polizei von Alvensleben, nach erfolgter Schätzung des Gutes Schochwitz am 10. Juli 1943 die Zusage auf eine Hypothek von RM 220.000,- gegeben hat.

Aus dieser Hypothekenvaluta werden die Hypothek des Herrn Wentzel-Teutschenthal im Betrage von RM 120.000,- und die erststellige Hypothek der Landschaft der Provinz Sachsen in Höhe von RM 100.000,- abgelöst.

Die Auszahlung der Hypothekenvaluta durch die Deutsche Hypothekenbank wird erfolgen, sobald die Hypothek im Grundbuch eingetragen und der Hypothekenbrief gebildet ist.

Somit ist dem Wunsch des ꞩꞩ-Brigadeführers von Alvensleben in vollem Umfang Rechnung getragen worden.

Der Chef des Stabshauptamtes

ꞩꞩ-Gruppenführer
und Generalleutnant der Polizei

Eingang 27. JUL 1943
Tgb. Nr. 1/13/43 g
RF

Der höhere SS- und Polizeiführer
bei den Reichsstatthaltern und Oberpräsidenten
in Sachsen, der Provinz Sachsen, im Sudetengau,
in Schlesien und in Thüringen, im Wehrkreis IV

Dresden, den 5. April 1944 U.
Devrientstr. 2

140

Az.:
Betr.:
Bez.:

Mein Reichsführer !

Darf ich Ihnen von ganzem Herzen für das so schöne Geburtstagsgeschenk danken. Es hat auch in meiner Familie, besonders auch bei meiner Frau, große Freude ausgelöst. Sie hat es insofern mit Beschlag belegt, als der Reiter in Schochwitz in ihrem Zimmer auf dem Flügel steht.

Darf ich die Gelegenheit gleich benutzen, ganz kurz über die Lage hier zu berichten.

Persönlich ist Gauleiter Mutschmann zu mir jetzt sehr freundlich; sachlich aber ist eine Zusammenarbeit unendlich schwer. Er läßt sich von irgendwelchen Menschen seiner Umgebung Unwahres gegen die SS oder ihre Führer berichten und unterstellt dies dann als wahr und läßt sich bei Unterhaltungen darüber nur von persönlichen, aber nie von sachlichen Dingen leiten. Ich bin, wie Sie es, Reichsführer, mir befohlen haben, äußerst korrekt, gehe irgendwelchen Anschuldigungen sofort auf den Grund und beweise ihm dann die Haltlosigkeit derartiger Äußerungen. Aber, Reichsführer, ich bin der Hoffnung, daß ich die Verhältnisse hier selber meistern kann. Sofort, wenn Schwierigkeiten ernsterer Art auftreten, würde ich Ihnen das melden. Ich bin nur froh, daß ich die zweijährige Schule bei Ihnen, Reichsführer, als Chefadjutant durchgemacht habe ! Sonst würde ich hier in Sachsen sehr bald den "politischen Tod" finden.

Ich wäre Ihnen, Reichsführer, sehr dankbar, wenn ich in absehbarer Zeit mich einmal melden dürfte, um Ihnen Einzelheiten vorzutragen und Befehle entgegenzunehmen.

Außerdem bitte ich Sie, Reichsführer, den Brigadeführer Popp doch möglichst bald außerhalb Sachsens zu verwenden.

- 2 -

Vor einigen Tagen übergab mir der stellvertretende Präsident des Gauarbeitsamtes Halle/Saale, Oberregierungsrat Jacob, der bis vor kurzem Leiter des Arbeitsamtes in Dessau war und Träger des Goldenen Parteiabzeichens ist, die beigelegte Meldung über Oberamtmann W e n t z e l .
Jacob war nicht bekannt, wie mein Verhältnis zu Wentzel ist. Aus Gründen, die Ihnen, Reichsführer, ja bekannt sind, möchte ich von mir aus nichts veranlassen. Ich möchte noch nicht einmal den Gauleiter Eggeling darauf ansprechen, um den Anschein zu vermeiden, daß ich gegen einen Mann vorgehen möchte, den ich, wie bekannt, persönlich ablehne und mit dem ich leider in geschäftlicher Verbindung als Verpächter stehen muß.

Ich bin mit den gehorsamsten Grüßen und nochmaligem allerherzlichsten Dank für die Verwöhnung zu meinem Geburtstag mit

Heil Hitler !

Reichsführer treuer

1 Anlage.

6. APR. 1944

1/4/44 -off.-

RF

Alfons J a c o b
Oberregierungsrat

Abschrift

z.Zt. Halle/S., den 9.3.1944 141
Am Steintor 14/15

Vermerk:

Anlässlich eines Besuches bei dem Oberamtmann W e n t z e l , Teutschenthal, am 29.2.1944, erzählte dieser im Beisein von Herrn Präsident Weizmann, Ob.Reg.Rat Jacob und Amtmann Kitzing in einem kaum zu unterbrechenden Redeflusse unter anderem:

1.) dass ihm ein durch seine Reisen sehr bekannter amerikanischer Stahlkönig gesagt hat: wer den meisten Stahl hat, gewinnt den Krieg. Amerika = 130 000 to, Deutschland = 35 000 to, Japan = 8 000 to, durch die Eroberung weiterer Ostgebiete vielleicht bis auf 12 000 to.

2.) Deutschland habe 360-370 Milliarden Schulden, bis Kriegsende rund 400 Milliarden; das verzinst mir 3 % = 12 Mill., hierzu
2.) 1/2 % Amortisation = 14 Milliarden.
Das Gesamtaufkommen des Deutschen Reiches = 35 XXX Milliarden. Es 1/Mcht, wenn die Zinsen und Amortisation bezahlt werden sollen, Dasnit mehr aus, um Heer und Verwaltung zu bezahlen. Es wird daher die Reichsmark leichter werden. Beispiel: Es wird eine Mark nicht mehr 100 sondern 60 währen; man wird es nicht zu stark senken, um die Ersparnisse des deutschen Volkes nicht wieder vollkommen zunichte zu machen. Nur durch die "Erleichterung" der Reichsmark können die Schulden einigermassen bezahlt werden. Durch Beschlagnahme von Vermögenswerten oder Einkommen wird nichts erreicht.

3.) kam er auf die Einrichtung des Reichsnährstandes zu sprechen und äusserte sich hierüber dahingehend, dass man zu Orts- und Kreisbauernführern nur die Dümmsten gemacht habe, also diejenigen, die nicht wirtschaften konnten, die pleite gingen und dadurch sehr frühzeitig zur Partei kamen und nun als alte Parteigenossen in diese Stellung gesetzt wurden. Es sei klar, dass dabei nichts herauskommen könne.

4.) An der gesamten Ostfront vom Norden bis Süden stehen nur 800 000 Soldaten. Diese 800 000 Soldaten sollen den Ansturm der Russen aufhalten. -

Wenn wir auch ganz England vernichten würden, die Flugplätze blieben doch in England. Dadurch auch die Flugbasis für die Amerikaner. Es würde keinerlei Erfolg für uns sein. Nachdem wir von den Russen genügend weit zurückgedrängt wären, würde der Russe gegen Japan vorgehen; er würde sich vor allen Dingen Mandschukuo nehmen, hätte dadurch neue Häfen am Stillen Ozean. Er würde dann zusammen mit der amerikanischen Flotte mit einer riesigen Übermacht gegen Japan vorgehen und Japan vernichten, denn Japan könnte ja jetzt auch kaum Mehr. Es baue zur Aufrechterhaltung der Seefahrt zwischen seinem eroberten Ostasien und dem japanischen Mutterland Holzboote.

Am 6.3.1944 erschien Oberamtmann Wentzel im Gauarbeitsamt und teilt mir mit, er wäre bei der Treuhänderabteilung gewesen, um dort über eine grössere Gratifikation für seine Belegschaft anlässlich der Geburt seines Enkelsohnes, eines weiteren Hoferben, zu verhandeln. Er habe anlässlich der Geburt dieses Jungen bereits 100 000 RM dem Roten Kreuz gestiftet und wolle nun seiner gesamten Belegschaft, Beamten, Arbeitern und ausländischen Arbeitskräften ein Monatsgehalt bzw. einen Monatslohn als Gratifikation überreichen, das wären nochmal ca. 100 000 RM, insgesamt also 200 000 RM. Er bat mich, dieses auch dem Herrn Präsident Weizmann mitzuteilen.

Finnischer Medizinalrat
Felix Kersten
Arzt für Naturheilkunde

148

Gut Hartzwalde b/Königstädt
ü/Gransee i.d.Mark,
den 9. August 1944

Hochverehrter lieber Herr Reichsführer !

Einer meiner ältesten Patienten, der Oberamtmann Carl W e n t z e l , Teutschental B ez. Halle, welcher mir auch menschlich sehr nahe steht, ist jetzt am 30. Juli verhaftet worden und soll sich zurzeit im Polizeigefängnis von Halle befinden. Die Nachricht erhielt ich von seiner Familie, und sie bat mich um Hilfe. Ich persönlich wäre Ihnen ausserordentlich dankbar, wenn Sie Herrn Wentzel helfen würden, denn niemand, weder seine Familie noch ich,können verstehen, dass er etwas mit der Umsturzbewegung zu tun haben sollte. Lassen Sie hier Ihr gutes Herz sprechen und hören Sie nicht auf Denunzianten! Ich persönlich weiss, dass er weder ein Gegner vom Führer noch von Ihnen ist, denn darüber habe ich mich mit ihm genügend unterhalten.

Am 21. August komme ich wieder zu Ihnen und freue mich schon auf das Wiedersehen.

In Freundschaft und mit
Heil Hitler
bin ich immer Ihr

Felix Kersten

Kopie aus dem Bundesarchiv

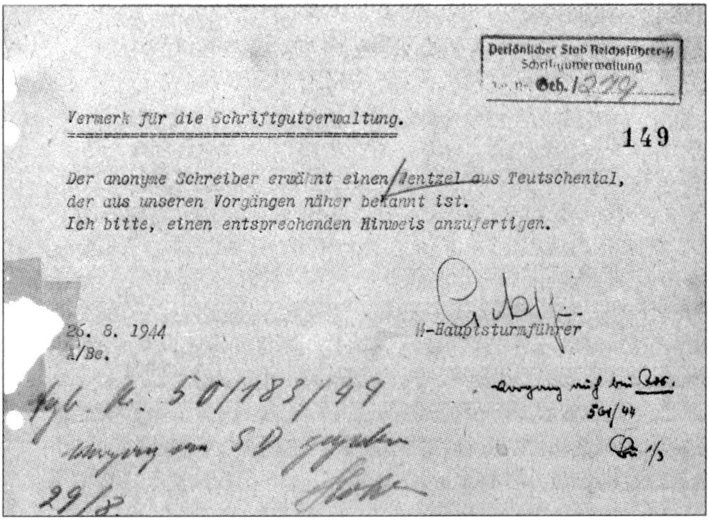

Persönlicher Stab Reichsführer-SS
Schriftgutverwaltung
Geh. /1229

149

Vermerk für die Schriftgutverwaltung.

Der anonyme Schreiber erwähnt einen Wentzel aus Teutschental, der aus unseren Vorgängen näher bekannt ist.
Ich bitte, einen entsprechenden Hinweis anzufertigen.

26. 8. 1944
A/Be.

SS-Hauptsturmführer

29/8.

Der höhere SS- und Polizeiführer Elbe

Dresden, 15.12.1944

849

163

Mein Reichsführer!

Darf ich Sie um einen Rat bitten.

Nachdem Oberamtmann Wenzel verurteilt ist und seine Frau nicht zurückkehrt, ist mein Pachtvertrag, da der Kontrahent ausgefallen ist, hinfällig. Der Gauleiter sowie der Landesbauernführer haben mir gesagt, dass ich Schochwitz unter diesen Umständen aus der Pacht übernehmen solle. Dies stellt ja in keiner Form eine Bereicherung dar, sondern im Gegenteil eine Mehrbelastung und Aufbürdung von Sorgen, besonders für meine Frau, die wir aber im Interesse des alten Besitzes gern auf uns nehmen.

Ich habe auf Grund der mündlichen Unterhaltung, die ich anlässlich des 60. Geburtstages des Gauleiters Eggeling mit ihm und dem Landesbauernführer gehabt habe, die Beendigung des Pachtverhältnisses festgestellt. Ich habe ausserdem, um jedem Angriff vorzubeugen, den Landesobmann mit seinem Stabsleiter gebeten, Schochwitz an Ort und Stelle zu besichtigen.

Dies ist unterdessen geschehen. Beide Herren sind zu dem Ergebnis gekommen, dass eine Übernahme berechtigt ist.

Ich benötige zur Übernahme schätzungsweise RM 200.000.--

Da die Ernte mir gehört, brauche ich noch etwa RM. 100.000.---. RM. 60.000.-- besitze ich, den Rest würde ich von der Genossenschaftsbank zur Verfügung gestellt bekommen. Übernehme ich Schochwitz jetzt nicht, müsste ich mir einen neuen Pächter suchen, was ich unter keinen Umständen möchte.

./.

Zu überlegen wäre, ob ich nicht den Gauleiter bitten sollte, von sich aus die Landesbauernschaft mit der Durchführung aller in diesem Zusammenhang stehenden geschäftlichen Dingen zu beauftragen. Man könnte bei diesem Verfahren alle evtl. schlechten Reden ausschalten. Schochwitz ist fast 100 Jahre verpachtet gewesen, so daß Auseinanderrechnungen notwendig sind, die am besten von einer absolut objektiven Stelle durchgeführt werden.

Ich wollte mich erst nicht ratsuchend an Sie, Reichsführer, wenden, weil Sie wichtigere Dinge zu tun haben und persönliche Angelegenheiten sowieso zurückzustehen haben. Durch die gegebenen Verhältnisse aber bin ich einfach gezwungen, zu diesen Ereignissen Stellung zu nehmen. Ich möchte aber nichts tun - auch im Privatleben - ohne Ihre Zustimmung zu haben.

Ich bin gerade heute von einer dreitägigen Inspektionsfahrt durch die Kriegsgefangenenlager zurückgekehrt und habe dabei festgestellt wie notwendig es war, dort frischen Geist hineinzubringen.

Darf ich gleichzeitig Ihnen meine allerherzlichsten Wünsche zum Julfest übermitteln.

Die beigelegten Fotos sollen Ihnen Ihren Patenjungen vorstellen.

Ich bin mit den gehorsamsten Grüßen

Heil Hitler!

Reichsführer treu ergebener

30. 12.1944

1/15/44 -Off.- Bra/H.

Feld-Kommandostelle

165

An
SS-Gruppenführer von Alvensleben
D r e s d e n
Devrientstr. 2

Lieber Gruppenführer!

Der Reichsführer-SS hat Ihren Brief vom 15.12.1944 erhalten. Er ist nach der ganzen Lage der Verhältnisse und nachdem der Gauleiter und Oberpräsident selbst diesen Vorschlag gemacht hat, sehr einverstanden, daß Sie Schochwitz, dessen Pächter durch die Haft und Verurteilung des Oberamtmanns Wenzel freigeworden ist, wieder in eigene Bewirtschaftung übernehmen. +)

Über die Bilder seines Patensohnes hat der Reichsführer-SS sich sehr gefreut. Er läßt Ihre sehr verehrte Gattin und Sie, sowie Ihre Kinder bestens grüßen.

Freundliche Grüße auch von mir.

H e i l H i t l e r !

+) Bitten Sie den Gauleiter, von sich aus die Landesbauernschaft mit der Durchführung der geschäftlichen Dinge zu beauftragen.

SS-Standartenführer.

Schriftwechsel vom 22. und 30. November 1944 an und von Martin Bormann im Zusammenhang mit Hitlers Besuch bei Carl Wentzel und der Vollstreckung des Todesurteils

Quelle: BArch, NS 19/0909

er Reichsführer-SS

gb. Nr. 1/81/43

SS/Bn

Feld-Kommandostelle, den 8 Juni 1943.

113

Lieber Alvensleben ! für übergeben. Bn.

Ich erkläre mich damit einverstanden, daß Sie neben Ihrer Tätigkeit als SS- und Polizeiführer die Wirtschaftsführung des der Selbstverwaltung des Reichsgaues Wartheland gehörenden Gutes Groß-Eichenbarleben übernehmen und gemäß dem abgeschlossenen Wirtschaftsvertrag für Ihre und Ihrer Frau Tätigkeit die festgesetzte Entschädigung annehmen.

Mit dieser Einnahme neben Ihrem Gehalt bin ich vor allem deswegen einverstanden, weil Sie damit in die Lage versetzt werden, Ihr Familiengut S c h l o c h - w i t z als altererbten Familienbesitz finanziell zu sanieren und wieder voll und ganz in das Eigentum Ihrer Sippe zu überführen.

H e i l H i t l e r !

I h r

gez. H. H i m m l e r .

2.) An das
Stabshauptamt des Reichskommissars für die Festigung deutschen Volkstums

3.) SS-Obergruppenführer K o p p e , Posen

durchschriftlich mit der Bitte um Kenntnisnahme übersandt.

SS-Obersturmbannführer.

Quelle: Peter, Karl-Heinrich (Hrsg.) (1961): Spiegelbild einer Verschwörung, S. 549

Der Reichsminister der Justiz
IV g^{10b} 64/44 g. Rs.

Berlin, 22. November 1944
Best. Nr. 450/13/27$_1$ [h]

An den Sekretär des Führers
Herrn Reichsleiter BORMANN
Führerhauptquartier

Geheime Reichssache!

Betrifft: Strafsache gegen den Großlandwirt Karl WENTZEL u. a. wegen Landesverrats
1 Anlage

Sehr verehrter Herr Reichsleiter!

Beiliegend übersende ich das Todesurteil des Volksgerichtshofs gegen den Großlandwirt Karl WENTZEL. WENTZEL soll einer der bedeutendsten Saatzüchter Europas sein. In der Verhandlung ist zur Sprache gekommen, daß der Führer 1932 drei Wochen lang Gast bei WENTZEL gewesen sei. Ich nehme daher an, daß der Führer sich für die Sache interessiert, und habe die Vollstreckung des Todesurteils gegen WENTZEL vorläufig ausgesetzt. Ich darf Sie bitten, die Entscheidung des Führers zur Frage der Vollstreckung herbeizuführen.

Heil Hitler!
Ihr THIERACK [h]

Der Sekretär des Führers
Bo/Ur.

30. Nov. 1944
Best. Nr. 450/13/27$_2$ [h]

An den Reichsminister der Justiz
Herrn Dr. THIERACK
Berlin W 8
Wilhelmstraße 65

Geheime Reichssache

Betrifft: Strafsache gegen den Großlandwirt WENTZEL

Sehr verehrter Herr Dr. THIERACK!
Auf Ihr Schreiben vom 22. 11. 44 erwidere ich:
Der Führer, den ich heute befragte, betonte, die Angabe, er sei einmal 3 Wochen auf einem Gute WENTZELS zu Besuch gewesen, sei völlig unzutreffend, da derartige längere Besuche auf Gütern überhaupt nicht stattgefunden hätten; an WENTZEL kann sich der Führer nicht erinnern.
Von seinem Gnadenrecht macht der Führer keinen Gebrauch.

Heil Hitler!
Ihr B. [h]
(M. BORMANN)

Offizielle Mitteilung über den Tod von Carl Wentzel vom 27. Dezember 1944

Abschrift

Wenzel

Der Oberreichsanwalt
beim Volksgerichtshof
Geschäftszeichen O.J.28/44

Berlin W 9, 27.Dez.1944

An Herrn Landwirt Carl F. Wentzel

in Boltzenhöhe über Eisleben/Land
Bez. Halle/S.

Der Oberamtmann Carl Wentzel ist wegen Hoch- und Landesverrats beim Volksgerichtshof des Grossdeutschen Reiches zum Tode verurteilt worden.

Das Urteil ist am 20. Deze,ber 1944 vollstreckt.

Die Veröffentlichung einer Todesanzeige ist unzulässig.

Der Sterbefall ist beim Standesamt Berlin-Charlottenburg Scharrenstr.23 beurkundet.

Beglaubigt
Wils, 8.6.45
Amtsvorsteher als Ortspolizeibehörde
in Schochwitz Mansfelder Seekreis
(Stempel)

Im Auftrage
gez. Unterschrift

Ella Wentzels Entlassungsschein aus dem KZ Ravensbrück vom 31. März 1945

Abschrift

Konzentrationslager Ravensbrück
Kommandantur
106848/Wi/Hö
II

Ravensbrück, den 31.3.45

Stempel: Fahrkartenausgabe
Fürstenberg

E n t l a s s u n g s s c h e i n

Der Häftling Ella W e n z e l
geb. am 25.9.77 in Salzunude hat von .....
bis zum heutigen Tage im Konzentrationslager eingesessen.
Ihm wurde aufgegeben, sich bis auf Widerruf jeden Werktag bei der Ortspolizeibehörde seines Wohnortes sofort bei in Teutschenthal bei Halle/S. zu melden.
Der Häftling war hier polizeilich n i c h t gemeldet. / Lebensmittelkarten, Kleider- und Volkskarteikarten sind für die Dauer des Aufenthaltes in dem Konzentrationslager nicht ausgestellt worden.

Beglaubigt
Wils, 8.6.45
Amtsvorsteher als Ortspolizeibehörde
in Schochwitz Mansfelder Seekreis
(Stempel)

Der Lagerkommandant
gez. Unterschrift
SS-Sturmbannführer

Stempel: Konzentrationslager
Ravensbrück

Brief des Beauftragten des Alliierten Militär-Gouvernements an Carl-Friedrich Wentzel vom 3. Mai 1945 zur Rückgabe der Güter des Unternehmens C. Wentzel/Teutschenthal & J. G. Boltze/Salzmünde

Abschrift.

ius F. Klinkowström
isultand to the Military Government

Halle (Saale), den 3. Mai 1945
Landwirtschaftskammer
Kaiserstr. 7
Tel. 24958/59 u. 24454/55/56

Herrn
Carl Friedrich Wentzel

Boltzenhöhe über Eisleben

Betr.: Beschlagnahme des gesamten Vermögens der Eheleute Carl und Ella Wentzel.

Als Beauftragter des alliierten Militär-Gouvernements in Halle habe ich die Ehre, Ihnen, sowohl als Alleinerbe nach Ihrem Herrn Vater, dem Oberamtmann Carl Wentzel, Teutschenthal, wie auch als Generalbevollmächtigter Ihrer Frau Mutter, der Frau Ella Wentzel geb. v. Zimmermann, folgendes anzuzeigen:

Durch Bescheid der Geheimen Staatspolizei, Staazspolizeistelle Halle, vom 16. August 1944 war das gesamte bewegliche und unbewegliche Vermögen der Eheleute Carl und Ella Wentzel mit Wirkung vom 20. Juli 1944 staatspolizeilich mit dem Ziel der Einziehung zu Gunsten des Deutschen Reiches beschlagnahmt worden. Zum Treuhänder war der Landwirt Carl Gustav Wendenburg, wohnhaft Seeburg, bestellt worden.

Weiter war durch Urteil des Volksgerichtshofes Berlin vom 13. November 1944, in welchem Ihr Herr Vater wegen staatsfeindlichen Verhaltens zum Tode verurteilt worden war, das gesamte bewegliche und unbewegliche Vermögen des Herrn Oberamtmann Wentzel zu Gunnten des Deutschen Reiches eingezogen worden.

Das alliierte Militär_Gouvernement Halle hat die vorgenannte Beschlagnahme- und Einziehungsverfügung aufgehoben und das gesamte bewegliche und unbewegliche Vermögen der Eheleute Carl und Ella Wentzel geb. v. Zimmermann steht damit wiederum zur freien Verfügung der Familie Wentzel

Die Freigabe des gesamten Vermögens bezieht sich auch auf die Firmer C. Wentzel, Teutschenthal, und I.G. Boltze, Salzmünde, sowie auf sämtliche sonstigen Vermögenswerte, wie Bankkonten, Beteiligungen an anderen Industrieunternehmungen, Wertpapieren, Schmucksachen, kurz gesagt auf alles, was von der Beschlagnahme bezw. Einziehung erfaßt war.

Der alte Zustand, wie er am 20. Juli 1944 bestand, ist nunmehr mit Wirkung vom 17. April 1945 wieder hergestellt und Sie sind berechtigt, über die vorgenannten Vermögenswerte in jeder Weise frei zu verfügen, die von Ihnen beauftragten und mit Vollmacht ausgestatteten Personen in Ihren Namen verfügen zu lassen.

Sie sind berechtigt, sämtliche Behördenstellen, sowie die Banken, Credit institute usw. von dieser Freigabe des gesamten vorgenannton Vermögens zu benachrichtigen.
Die Treuhänderschaft des Herrn Wendenburg ist gleichfalls erloschen und er hat Ihnen Abrechnung zu legen.

Mit vorzüglicher Hochachtung!
gez. Julius F. Klinkowström
Consultand to the Military Government

Amtliche Bescheinigung vom 3. November 1945 darüber, dass Carl-Friedrich Wentzel Eigentümer der Güter des Unternehmens C. Wentzel/Teutschenthal & J. G. Boltze/ Salzmünde ist

A b s c h r i f t

Beglaubigte Abschrift

Der Amtsvorsteher
als Ortspolizeibehörde
in Schochwitz

Am 3. November 1945

B e s c h e i n i g u n g

Es wird amtlich mitgeteilt und hierdurch bestätigt, dass

Carl Friedrich W e n t z e l, Boltzenhöhe über Eisleben (Mansfelder Seekreis) Bez. Halle/S. geb. 26.6.09

der Inhaber und Chef der landwirtschaftlichen und industriellen Grossbetriebe der Firma C. Wentzel-Teutschenthal, Bez. Halle/S. ist, und dass er ausserdem der Leiter der landwirtschaftlichen und industriellen Grossunternehmen seiner Mutter, Ella Wentzel geb. v. Zimmermann (Firma I.G. Boltze, Salzmünde) ist.

Herr Carl Friedrich Wentzel ist Landwirt, Kaufmann und Industrieller und hat in seinen berühmten Musterbetrieben (auch Saatgutwirtschaft) auf allen Gebieten einmaliges geleistet. Er ist ein allergrösster Spitzenfachmann in seinem Beruf, besonders auf kaufmännischer und organisatorischer Basis.

Der Ruf und das hohe Ansehen der international so bekannten Betriebe und der Familie Wentzel, sowie der persönliche Ruf des Carl Friedrich Wentzel (er ist das einzige Kind des Oberamtmann Carl Wentzel-Teutschenthal, welcher von der Gestapo in angeblichem Zusammenhang mit dem 20.7.1944 ermordet wurde) erübrigt wohl jedes weitere Wort der amtlichen Bestätigung.

Erwähnenswert wäre noch, dass die Familie Wentzel seit 400 Jahren im mitteldeutschem Raum ansässig ist, und dass nunmehr auf Grund der Bodenreform vom 3.9.45 Herr Carl Friedrich Wentzel nicht nur seine 26 landwirtschaftlichen Betriebe verloren hat, sondern dass auch seine etwa 18 industriellen Unternehmungen unter Treuhänderschaft gestellt sind.

Als Opfer des Faschismus bezw. Kampfer gegen den Faschismus wurde Herrn Carl Friedrich Wentzel das Restgut Fienstedt in Grösse von 400 Morgen von der Provinzial-Regierng und der russischen Militär-Administeration zugebilligt.

I.A.
L.S. gez. Ankermann

Beglaubigung

Die wörtliche Übereinstimmung der vorstehenden Abschrift mit der mir vorgelegten Urschrift wird hiermit öffentlich beglaubigt.
Braunschweig, den 10. Mai 1946
L.S. gez. Wasmus Notar

Kosten:

Die Autorin

1920 Lore Pfeiffer-Wentzel wurde als jüngste Tochter des bekannten Internisten Dr. Max Petzhold in Halle (Saale) geboren.
1938 Abitur am »Lyceum I nebst Studienanstalt« in Halle, danach Rot-Kreuz Schwester und gleichzeitig Tanzausbildung beim »Städtischen Theater« unter Meister Steinbach.
1940 Erste Begegnung mit Carl-Friedrich Wentzel, dem einzigen Sohn des Großgrundbesitzers und Zuckerkönigs Oberamtmann Carl Wentzel-Teutschenthal.
1941 Heirat mit Carl-Friedrich Wentzel und gemeinsames Leben in Schochwitz, Salzmünde und Boltzenhöhe.
1944 Geburt des ersten Sohnes Carl-Stefan. Im Zuge des 20. Juli 1944 Verhaftung und Deportation der Schwiegereltern. Hinrichtung des Schwiegervaters Carl Wentzel in Plötzensee am 20.12.1944, sowie Enteignung sämtlichen Eigentums durch die Nationalsozialisten.
1945 Freilassung der Schwiegermutter aus dem KZ Ravensbrück und Befreiung durch die Amerikaner.
1946 Enteignung durch die sowjetische Besatzungsmacht und Verhaftung ihres Ehemannes.
1947 Flucht in die Bundesrepublik Deutschland und Aufbau einer neuen Existenz.
1950 Scheidung von Carl-Friedrich Wentzel.
1959 Heirat mit Rudolf »Rolf« Pfeiffer und gemeinsames Leben in Düsseldorf mit den Kindern Gabriele, Claudia und Matthias.

Lore Pfeiffer-Wentzel hat vier Kinder, sieben Enkel und einen Urenkel. Sie lebt und arbeitet in Düsseldorf und Teutschenthal.

Danksagung

Ich danke Irmgard Ruhs-Woitschützke, die meine Geschichte aufgeschrieben hat und mit der ich neben intensiver Arbeit viele erfreuliche Stunden verbrachte, meinem Sohn Matthias und seiner Frau Helmy Pfeiffer, die mir zugeraten und dieses Buch zu schreiben ermöglicht haben, meinen Töchtern Claudia Sunderland und Gabriele Gell, die mich ermuntert und Teile des Manuskriptes gelesen haben, meinem Sohn Carl-Stefan, der das Buch fachlich begleitet und verfolgt hat und meinem Enkel Carl-Christian Wentzel, der sich mit vollem Herzen für mein Projekt eingesetzt hat, der die Illustrationen beigesteuert hat und mir eine wertvolle Unterstützung war.

Fotos im Innenteil aus Privatarchiv Lore Pfeiffer-Wentzel
Fotos von Carl Wentzel während der Verhandlung vor dem Volksgerichtshof am 13.11.1944: Gedenkstätte Deutscher Widerstand
Foto vor dem Kamin im Schlosshotel Teutschenthal: Mitteldeutsche Zeitung/Wolfgang Scholtysek
Illustrationen: Carl-Christian Wentzel

Umschlagfoto vorn: Privatarchiv Lore Pfeiffer-Wentzel
Umschlagfoto hinten: Henning Schröder

2. Auflage, 2015

www.mitteldeutscherverlag.de

Gesamtherstellung: Mitteldeutscher Verlag, Halle (Saale)

ISBN 978-3-89812-737-0

Printed in the EU

Stammbaum zu Lore Pfeiffer-Wentzel

Dr. Max Petzhold ⚭ Gertrud Petzhold, geb. Peters

Lieselotte Schmidt, geb. Petzhold ⚭ Dr. Hans Joachim Schmidt

Carl-Stefan Wentzel ⚭ Christiane Wentzel, geb. Schröder

⚭ Heidelinde Wentzel, geb. Förster

Carl-Christian Wentzel

Claudia Sunderland, geb. Pfeiffer ⚭ Keit

Nicholas Sunderland
Victoria Sunderland
Franziska Sunderland